GESTIÓN DE PROYECTOS

Una guía profunda para ayudarle a dominar e innovar proyectos con el pensamiento Lean, incluyendo cómo dominar Agile, Scrum, Kanban y Six Sigma.

JORGE MARTÍN

Ninguna parte de este libro puede ser reproducida o transmitida en cualquier forma o por cualquier medio, electrónico o mecánico, incluyendo fotocopias, grabaciones o por cualquier sistema de almacenamiento y recuperación de información, sin el permiso escrito del autor, excepto para la inclusión de breves citas en una reseña.

Límite de responsabilidad y exención de garantía: El editor ha puesto todo su empeño en la preparación de este libro, y la información que se ofrece en él se proporciona "tal cual". Este libro está diseñado para proporcionar información y motivación a nuestros lectores. Se vende con el entendimiento de que el editor no se compromete a prestar ningún tipo de asesoramiento psicológico, legal o de cualquier otro tipo. El contenido de cada artículo es la única expresión y opinión de su autor, y no necesariamente la del editor. La elección de la editorial de incluir cualquier contenido en este volumen no supone ninguna garantía ni está expresada por ella. Ni el editor ni el autor o autores individuales serán responsables de ningún daño físico, psicológico, emocional, financiero o comercial, incluidos, entre otros, los daños especiales, incidentales, consecuentes o de otro tipo. Nuestros puntos de vista y derechos son los mismos: usted es responsable de sus propias elecciones, acciones y resultados.

Copyright 2021©por Jorge Martìn. Todos los derechos reservados.

Índice de contenidos

¿QUÉ ES EL LEAN THINKING? 6

EL SISTEMA DE PRODUCCIÓN DE TOYOTA 13

GESTIÓN DE LA CALIDAD TOTAL 19

VENTAJAS Y BENEFICIOS 25

HERRAMIENTAS Y METODOLOGÍAS 32

COMPRENDER LOS PRINCIPIOS DE LEAN 38

PROCESO 44

KAIZEN 51

SEIS SIGMA 57

KANBAN 64

ANÁLISIS 73

CONSEJOS PARA EL ÉXITO 79

CICLOS DE ANÁLISIS LEAN 84

TIPOS DE SISTEMAS KANBAN 93

EJECUTAR UN PROYECTO CON KANBAN 101

CREACIÓN DE UN EQUIPO LEAN 110

EVENTOS KAIZEN 118

ESCALA SIX SIGMA 132

CONSEJOS PARA HACER QUE SIX SIGMA FUNCIONE PARA USTED 136

KANBAN COMBINADO CON LEAN MANUFACTURING 143

KAIZEN Y LAS CAPACIDADES DE LA ORGANIZACIÓN 152

TÉCNICAS DE ANÁLISIS EMPRESARIAL.............. 161

LAS MÉTRICAS QUE IMPORTAN A SU EMPRESA 169

CONCLUSIONES SOBRE LEAN 175

QUÉ ES LA GESTIÓN ÁGIL DE PROYECTOS 179

VENTAJAS Y BENEFICIOS 184

COMPRENDER LOS PRINCIPIOS DE AGILE 197

HERRAMIENTAS Y METODOLOGÍAS 212

HABILIDADES Y DESARROLLO DE SOFTWARE .. 227

SEGUIMIENTO Y CONSEJOS PARA EL ÉXITO 242

EL PROCESO ÁGIL 252

¿CUÁLES SON LAS RAZONES POR LAS QUE LA GESTIÓN ÁGIL DE PROYECTOS PUEDE FRACASAR? 259

HERRAMIENTAS PARA UNA MAYOR EFICACIA DEL EQUIPO EN LA GESTIÓN ÁGIL DE PROYECTOS ... 267

EL PROCESO DE DESARROLLO ÁGIL 273

BENEFICIOS DE LA METODOLOGÍA ÁGIL 288

DESVENTAJAS DE LA METODOLOGÍA ÁGIL 296

CÓMO SER ÁGIL: LA ÉTICA Y LOS VALORES DEL TRABAJO 306

LA AUTENTICIDAD DE LA GESTIÓN ÁGIL 314

CONCLUSIONES SOBRE LA AGILIDAD 318

¿QUÉ ES SCRUM? 321

VENTAJAS Y BENEFICIOS 325

ENTENDER SCRUM 330

CICLO DE SPRINT 335

HERRAMIENTAS Y METODOLOGÍAS 347

SEGUIMIENTO DE 362

SISTEMAS DE CONTROL EN SCRUM 377

APLICACIONES DE SCRUM 384

MÉTRICAS EN SCRUM 398

CÓMO CONSTRUIR UN EQUIPO SCRUM 410

ROLES NO CENTRALES EN SCRUM 425

ERRORES DE GESTIÓN DE SCRUM QUE HAY QUE EVITAR 428

RECURSOS ÚTILES 432

CONCLUSIONES SOBRE SCRUM 439

¿Qué es el Lean Thinking?

El pensamiento ajustado es una práctica que promueve la idea de que siempre debemos buscar cosas que puedan proporcionar más beneficios y valor a la sociedad y a los individuos, al tiempo que se reducen, si no se eliminan, los residuos.

Kanban es una práctica fundamental en el pensamiento Lean porque permite identificar dónde se producen los residuos en el flujo de trabajo para evitar más costes y uso de recursos innecesarios. Permite a los empleados ser conscientes de qué proyectos deben realizarse de inmediato y evitar la sobreproducción. La implementación de Kanban es una gran manera de practicar el pensamiento Lean, capacitando a los empleados para hacer frente a los cambios en el comportamiento del mercado.

El término fue acuñado por Daniel T. Jones y James P. Womack como representación de los conocimientos que obtuvieron tras un análisis en profundidad del Sistema de Producción Toyota. La forma en que Toyota ha formado a sus directivos a lo largo de los años se ha centrado en desarrollar la capacidad de razonamiento de sus empleados en lugar de empujarlos a seguir sistemas desarrollados por especialistas. La empresa también cuenta con un grupo de ancianos y coordinadores que se dedican a ayudar y enseñar a sus directivos a pensar de forma diferente y a hacer mejor su trabajo centrándose en los aspectos fundamentales.

Historia de Lean

La metodología Lean tiene su origen en el Sistema de Producción Toyota de los años 50. Después de la Segunda Guerra Mundial, Kiichiro Toyoda y Taiichi Ohno, de Toyota, retomaron las técnicas de fabricación de Henry Ford y los procesos de control estadístico de la calidad de Edwards Deming para sentar las bases del Sistema de Producción Toyota (TPS).

El Sistema de Producción Toyota cambió el enfoque de la mejora de productos o máquinas individuales a la optimización de todo el flujo de valor. Este sistema se estableció basada en dos conceptos principales: Jidoka y Just-in-Time. El término "Jidoka" significa "automatización con inteligencia humana" o "autonomía". Con Jidoka, el equipo se detiene cuando un problema que obliga a los trabajadores a resolver el problema en para poner en marcha la línea de producción. El concepto "Just-in-Time" consiste en producir sólo lo que se necesita, cuando se necesita y en las cantidades necesarias.

Fundamentos de Lean

El lugar de trabajo

Centrarse en el lugar de trabajo implica realizar visitas periódicas al lugar donde se realizan las tareas específicas. Estar en el lugar y experimentar de primera mano lo que allí ocurre da a los directivos y a los demás empleados la idea de lo que allí sucede. Esto también permite a los directivos tener una visión a vista de pájaro del proyecto. De este modo, adquieren la capacidad de evaluar los trabajos en curso y determinar si hay margen de mejora.

Además, estar presente también ofrece a los empleados una vía para expresar a la dirección sus preocupaciones sobre el trabajo en curso y otras cosas. El hecho de que se aborden estas preocupaciones da a los empleados la impresión de que cuentan con el apoyo y el respeto de la dirección.

Visitar el lugar de trabajo e involucrar a su personal les da la impresión de que usted se preocupa de verdad, los valora y confía en ellos. Esto también eleva la moral, ya que da más confianza a los empleados. Tener empleados confiados y dedicados es bueno para su empresa.

Valor

El valor se refiere a lo que un cliente está dispuesto a pagar para adquirir determinados productos o servicios. Para que una empresa sea rentable, debe crear algo de valor con el menor coste posible. Esto requiere un enfoque doble.

En primer lugar, debe conocer a sus clientes. Así podrá crear algo que ellos consideren útil. Tiene que implantar un sistema que ayude a evitar la producción y la entrega de trabajos defectuosos. Así evitará que los clientes gasten dinero en sus productos y queden insatisfechos con ellos. Los profesionales del Lean Management se refieren a esta práctica como la construcción de valor a través de la calidad incorporada está ligada a esto.

Debe eliminar la mayor cantidad de residuos posible. Asegúrese de conservar el esfuerzo, el tiempo, la energía y los recursos de la empresa. Esto significa poner fin a algo en el proceso una vez que vea que hay algo incorrecto o dudoso en el proceso del artículo que se está produciendo.

Flujos de valor

Un flujo de valor se refiere a la totalidad del ciclo de vida del producto, que abarca desde la recogida de las materias primas, el periodo en el que el producto acabado está en uso y, finalmente, la eliminación del producto. Esto significa que necesitará una buena comprensión de su tiempo "takt". Tenga en cuenta que en los sistemas de gestión como Lean, el tiempo takt se refiere a la velocidad a la que un equipo de producción debe completar un producto para satisfacer la demanda. El ritmo de la cadencia da lugar a la creación de flujos de valor estables en los que los equipos estables se encargan de trabajar en conjuntos estables de productos con equipos estables dados en lugar de optimizar el uso de máquinas o procesos específicos. El pensamiento Lean debe practicarse estudiando esta corriente en detalle. Hay que examinar todos los procesos para comprobar si añaden valor al producto. Obsérvese que cualquier parte de la corriente de valor puede ser cualquiera de estas tres:

1. *Creará claramente valor*
2. *No creará valor, pero los residuos son inevitables debido a la tecnología actual*
3. *No creará valor y es fácil e inmediatamente evitable*

Flujo

Otro aspecto esencial para la eliminación de residuos en el proceso es la comprensión completa del flujo de los procesos.

Si el flujo parece haberse estancado en un punto determinado, eso significa que se producirán o se han producido residuos. A veces, eso es inevitable.

Desgraciadamente, casi todas las empresas tradicionales son adictas a los procesos por lotes, en los que los procesos están orientados a producir el mayor número de artículos posible con el objetivo de reducir los costes unitarios

a un valor mínimo. El pensamiento Lean enfoca el asunto de otra manera, en la que el foco está en la optimización de la

flujo de trabajo que el costo general de la empresa se reduce a un ritmo dramático a través de la eliminación de la necesidad de transporte, el uso de subcontratistas, sistemas y almacenes.

Tire de

El pensamiento Lean tiene como objetivo garantizar que cada paso del proceso se ejecute porque es necesario en un momento preciso. Ningún paso se realizará con mucha antelación, lo que evitará la acumulación de inventario de trabajo en curso y los cuellos de botella. Como resultado, se mantendrá el flujo sincronizado.

Esto significa que los responsables de la toma de decisiones deben prever las diferencias entre los escenarios ideales y los reales en cualquier momento en el lugar de trabajo. Aquí es donde resulta útil el uso de herramientas de visualización como los tableros de tarjetas Kanban.

Con un tablero de este tipo, se puede extraer el trabajo de las fases anteriores en función de lo que dicte la cadencia.

Los proveedores de Six Sigma proponen una variante de sus artículos, que podría inculcarse en toda la estructura de la asociación. Usted no debe ser confundido por el costo de un marco de la gran empresa, a la luz del hecho de que un volumen de compensación total que trae es extremadamente digno de él. Además, no debería estresarse, ya que la preparación de Lean Six Sigma le dará todos los datos importantes que necesita para avanzar en otro marco y cómo mantenerse en contacto con los datos más recientes sobre Lean Six Sigma.

Además, también requiere formas eficientes de expresar lo que se necesita en cada paso de la cadena de valor. Por supuesto, se crean tensiones porque tener un sistema pull requiere flexibilidad y periodos de ciclo de diseño a entrega cortos.

No obstante, la extracción permitirá al equipo acercarse más a un trabajo a destajo. El equipo puede identificar los problemas a medida que aparecen, lo que puede conducir a la prevención de problemas mayores. Esto también puede contribuir a que las situaciones complejas se resuelvan con el tiempo.

Excelencia

Por último, el pensamiento Lean consiste en inculcar el espíritu kaizen a todos los empleados de la empresa. El kaizen se refiere a la noción de cambiar a mejor, aunque sea de forma pequeña y sostenible. El espíritu kaizen significa buscar el cambio del 1%

durante cien veces de cada miembro del equipo en lugar de un cambio instantáneo del 100%. Mediante la práctica del kaizen se desarrolla la confianza propia y colectiva para afrontar retos mayores.

El objetivo final del Lean Thinking no es la aplicación de las herramientas a todos los procesos, sino la búsqueda de la perfección mediante el cambio a mejor. Los sistemas inteligentes o las personas que van por libre no son los principales contribuyentes a la perfección y no se buscan. Lo que importa es la dedicación de todos en la empresa para mejorar las cosas poco a poco. Aplicando el pensamiento Lean en el flujo de trabajo general, se garantizará el control y la reducción de los residuos.

El sistema de producción de Toyota

El Sistema de Producción Toyota (TPS) es el Lean Thinking 1.0 porque en 1988 un estudiante de posgrado, John Krafcik en el MIT, dijo que lo era al denominar al TPS "Lean Thinking". La publicación en 1990 de The Machine That Changed the World (La máquina que cambió el mundo), de James Womack y Daniel Jones, introdujo el término en la corriente principal de la fabricación estadounidense.

Los fabricantes han buscado la eficiencia durante quinientos años, si no más. Pero nuestra breve historia de Lean comienza en 1913 con Henry Ford y su planta de Highland Park, Michigan, donde su línea de montaje móvil y las piezas, máquinas y trabajo estándar crearon una producción fluida. Aunque este método limitaba las alteraciones en el proceso de producción y, por tanto, la variedad de productos -se podía tener cualquier coche en cualquier color siempre que fuera un Modelo T, y fuera negro-, fue un impulso para aumentar la eficiencia en los procesos de producción. Este enfoque funcionaba mejor cuando se demandaban grandes volúmenes del mismo producto. Ford controlaba y minimizaba la variación hasta el más mínimo detalle. Pero cuando las opciones de producto se volvieron importantes, Ford se encogió de hombros. Hasta entonces, sin embargo, su genio y su obsesión por la eficiencia eran el rey.

Otro elemento sobredimensionado en el desarrollo del Lean Thinking 1.0 fue el telar automático inventado por Sakichi Toyoda, la primera máquina que reaccionaba como un humano (autonomía) deteniéndose automáticamente si se rompía un hilo.

De este modo, se minimizaba el tejido defectuoso y se reducía el número de trabajadores necesarios para controlar el funcionamiento de la máquina. Los ingresos procedentes de la licencia de la patente del telar permitieron a la empresa entrar en el mundo de la fabricación de automóviles en 1935. Unos quince años después, Eiji Toyoda estudió la fabricación estadounidense y, junto con Taiichi Ohno, que se había incorporado a la empresa durante la Segunda Guerra Mundial, inició los numerosos pasos para crear el Sistema de Producción Toyota. A mediados de la década de 1950, el ingeniero consultor Shigeo Shingo se unió al esfuerzo por reducir los residuos y se convirtió en un importante colaborador de los procesos y la gestión Lean.

Womack y Jones identificaron cinco principios del proceso de Lean Thinking:

1. *El valor lo define el cliente*
2. *Identificar el flujo de valor necesario para crear el producto y eliminar los residuos que contiene*
3. *Permitir que el proceso de producción del producto fluya sin problemas*
4. *Crear un flujo pull en lugar de push*
5. *La meta, nunca alcanzada, es la perfección*

Al principio de su desarrollo, el TPS tenía dos pilares básicos: justo a tiempo y autonomía. Hoy, los dos pilares son la mejora continua y el respeto a las personas. El respeto a las personas significa escuchar las sugerencias de las personas que hacen el trabajo y asegurarse de que están bien formadas y tienen confianza, con la intención de mejorar los procesos de producción, no las interacciones con las personas.

A lo largo de los años y hasta la actualidad, el Sistema de Producción Toyota (Lean Thinking 1.0) ha creado o enfatizado muchas herramientas y conceptos que ahora son estándar.

Entre ellos se encuentran el intercambio de troqueles en un minuto, los flujos de valor, las Cinco S, el poka-yoke (a prueba de errores), el mantenimiento productivo total, el Kanban (señalización de la información), la carga de niveles, el control visual y la implacable eliminación de residuos (trabajo sin valor añadido, sobrecarga y desniveles). Las herramientas y los conceptos no son más que soluciones hasta que se consiga el flujo ideal.

Taiichi Ohno, a menudo descrito como el "Padre de Lean", enumeró siete desechos que debían eliminarse en todos los procesos de producción:

- **Transporte**
- **Inventario**
- **Movimiento**
- **Esperando**
- **Sobreproducción**
- **Procesamiento excesivo**
- **Defectos**

Los directivos y los empleados identificaban y hacían lo necesario para reducir o eliminar cada residuo. La definición de los residuos se solapaba, pero no era importante nombrarlos, sino descubrirlos y eliminarlos. El peor residuo es la sobreproducción, porque incluye todos los demás residuos.

En "Decoding the DNA of the Toyota Production System" (Harvard Business Appraisal, septiembre de 1999), Spear y

Bowen enumeraron cuatro reglas del TPS, que se parafrasean a continuación:

- *Todo el trabajo está especificado en cuanto a contenido, secuencia, tiempo y resultado*
- *La conexión cliente-proveedor debe ser clara y directa*
- *La vía de acceso a los productos debe ser sencilla y directa*
- *El método científico se aplicará a las posibles mejoras*

Estas cuatro reglas ocultan la verdadera genialidad del enfoque. Toyota se centró en encontrar la respuesta más eficaz a los problemas reales -sin estar atado a un enfoque filosófico o estandarizado, utilizando sólo lo que funcionaba mejor- y ajustaría todo lo que fuera necesario para alcanzar los resultados predefinidos.

El TPS desplazó la atención de las grandes máquinas fijas al flujo de productos a través del montaje. Toyota adaptó el tamaño de las máquinas a la demanda, las trasladó para que tuvieran una secuencia correcta y ubicó a los operarios de forma óptima, y externalizó el montaje para reducir costes, mejorar la calidad y responder a los intereses cambiantes de los clientes.

A continuación se muestra un gráfico de lo que hace el Lean Thinking.

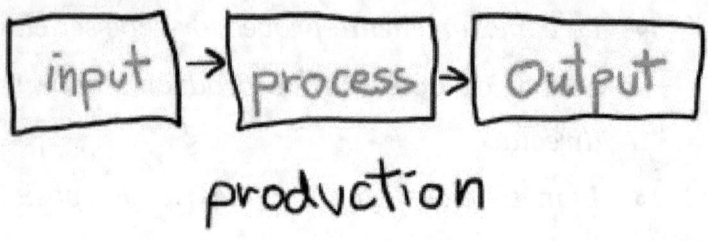

Garantiza que los insumos son los que se necesitan cuando se necesitan. El proceso añade valor al material sin desperdicio, y el producto es el que quiere el cliente.

Toyota sigue mejorando y ampliando el Lean Thinking 1.0 y se ha convertido en el fabricante de automóviles más exitoso del mundo.

Gestión de la calidad total

La gestión ajustada es una de las formas en las que puedes enfocar tu startup u organización. Esto va a tomar todos los principios que hemos estado viendo y aplicarlos a un nivel de gestión para permitirte lograr mejor los pequeños cambios incrementales que serían necesarios para mejorar la calidad y la eficiencia de tu startup.

Si quiere dirigir un negocio lean, este es uno de los puntos de partida más importantes para usted: debe ser capaz de asegurar que su sistema va a funcionar correctamente y, para ello, tendrá que aplicar los principios lean de arriba a abajo. Aunque podría empezar a trabajar duro en el uso de la analítica lean para mejorar los datos y los beneficios que tiene, también puede optimizar aún más con el uso de la gestión lean. Recuerde, los sistemas lean se preocupan por algo más que su línea de fondo: buscan crear una cultura de eficiencia que realmente sólo se puede lograr proporcionando todo lo que todos necesitan. Esto significa que va a querer que la dirección también ayude en este proceso.

En esta parte, vamos a abordar la gestión ajustada y cómo puede ser un valor importante para su empresa y su establecimiento. Al aplicar el lean management, estarás dedicando el tiempo y el esfuerzo necesarios para que tu startup prospere.

¿Qué es el Lean Management?

La gestión ajustada es la otra cara de la analítica ajustada cuando se trata de una empresa nueva. Cuando se trabaja con lean management, se trabaja con el lado personal. En lugar de centrarse en los números, también se centra en las personas. Estás buscando un mejor liderazgo, facilitándolo para que todo el proceso funcione en primer lugar.

Es casi imposible tener una startup lean si no se emplea también la gestión lean. Vas a querer asegurarte de que tu gestión ajustada permita compartir y distribuir la responsabilidad, a la vez que se pone un gran énfasis en poder hacerlo mientras se avanza hacia la mejora continua.

Muchos de los principios de la gestión ajustada son los mismos que se han visto hasta ahora. Los directivos de la organización volverán a aplicar esos mismos cinco principios de manera que se facilite la eficiencia.

Estos principios en la gestión ajustada aparecen como los siguientes:

Identificar el valor: Este paso consiste, una vez más, en encontrar el problema que hay que resolver. El gestor de lean va a buscar el problema que el cliente necesita resolver y, a continuación, idear un producto para comercializarlo como solución.

El producto debe ser algo que forme parte de la solución, y debe ser algo que añada valor.

Mapeo del flujo de valor: Se trata, una vez más, del proceso de limpieza del sistema para encontrar cualquier desperdicio. Los directivos hacen un gran uso de esto: les permite ver qué equipos están haciendo qué y cómo pueden optimizar los procesos y el equipo, lo que les permite facilitar la construcción que van a necesitar. Les ayudará a ver dónde tienen que centrarse en poner al día a la gente, o cómo podrían permitir que sus procesos fluyan más que nunca.

Crear un flujo de trabajo continuo: El trabajo del director es facilitar este flujo de trabajo. Si ven algún tipo de cuello de botella -un área dentro de la línea de producción que se atasca o se estrecha, causando una acumulación de trabajo- deben averiguar cómo resolverlo. Esto se hace a menudo con Kanban, el uso de señales visuales para desencadenar acciones cuando surgen problemas. El gestor va a ser el responsable de desglosar el trabajo y visualizar el flujo adecuado para permitir la eliminación de cualquier interrupción que pudiera surgir.

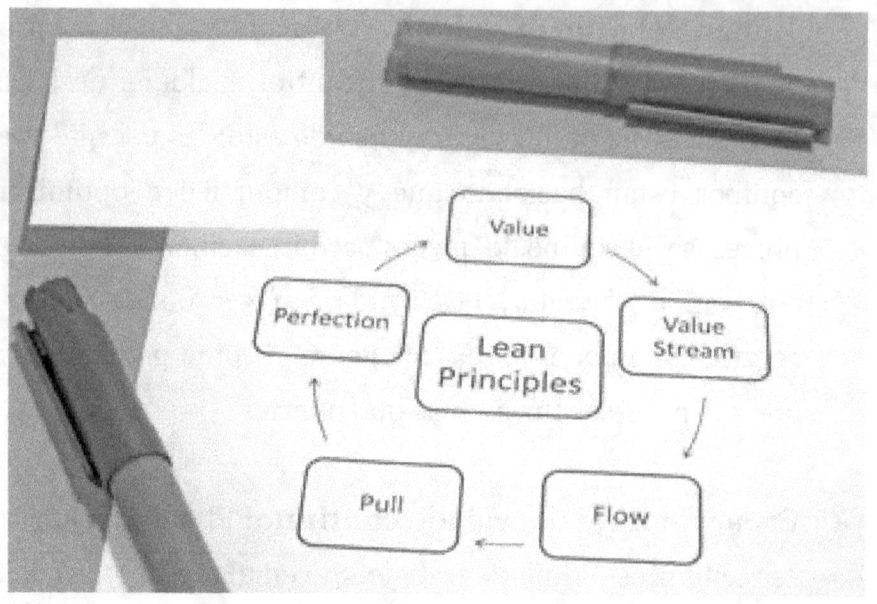

Utilizar un sistema pull: Se trata de asegurar que el flujo de trabajo sea consistentemente estable. Esto se va a hacer determinando con precisión la cantidad de trabajo que hay que hacer y luego averiguando cómo pueden facilitarlo para que funcione mejor. Cuando veas esto, vas a estar disminuyendo el desperdicio de cualquier proceso que surja. Asegura que el trabajo que está haciendo va a ser reducido y procesado en consecuencia para minimizar los gastos generales.

Facilitar la mejora continua: Dado que el gerente va a ser el responsable de todo, es naturalmente responsable de asegurar que la mejora continua esté siempre ocurriendo.

Para ello, reúnen técnicas y trabajos que ayuden a que el sistema funcione con eficacia.

Se trata de observar cómo la gente es capaz de organizarse. Es echar un vistazo a las áreas que podrían mejorarse y aplicar las ganancias de la optimización de algunas áreas y aplicarlas también a otras. Son aspectos muy importantes que el directivo debe aplicar. Deben ser capaces de garantizar que todos los empleados contribuyan activamente a esa mejora constante que hay en el flujo de trabajo. Con esta actitud, la organización es capaz de ser lo suficientemente ágil como para hacer frente a cualquier obstáculo que pueda surgir en diferentes puntos.

Aplicación de la gestión ajustada

En última instancia, la gestión ajustada abogará por tres cuestiones empresariales fundamentales. Al centrarse en los tres, podrá garantizar que toda la organización se transforme al mismo tiempo en algo que va a ser más eficiente en general. Estos tres enfoques son el propósito, el proceso y las personas.
Cuando te centras en el propósito, te planteas qué es lo que estás haciendo. ¿Qué resolverá este problema que ves hacer? ¿Será capaz de aumentar la oferta para satisfacer la demanda? Aumentar la oferta no importa si no hay demanda, así que no siempre es el mejor lugar para buscar. En este caso, deberá considerar si está resolviendo los problemas de los clientes o los problemas internos. Cuando consiga aliviar los problemas internos, podrá asegurarse de que su proceso sea más eficiente en general.

El proceso se refiere a ser capaz de organizar todo lo que hay que hacer. Se trata de un valor importante al que se sirve asegurando que todo el flujo es valioso, capaz y está disponible. ¿Está todo ahí? ¿El trabajo está fluyendo correctamente?

Por último, las personas se centran en todos los que participan en el proceso. ¿Cómo puede su organización actual permitir que para cada proceso que debe ocurrir, haya también alguien que sea capaz de gestionarlo? Se trata de poner a personas a cargo de ciertas áreas para asegurar que puedan mantener todo fluyendo regularmente. Se trata de que todas las personas implicadas puedan afirmar, con conocimiento de causa, que son capaces de participar en el funcionamiento del sistema de forma correcta y, al mismo tiempo, seguir mejorándolo, sin pisar a nadie más.

Hay muchas maneras diferentes de facilitar estos puntos, y las consideraremos todas aquí. Algunas de las implementaciones más sencillas para poder facilitar la gestión ajustada de manera significativa incluyen todo tipo de estrategias para asegurar que su negocio siga funcionando bien. Ahora vamos a repasar estas estrategias y tácticas.

Ventajas y beneficios

Convertirse en lean como individuo puede suponer una gran diferencia en tus tareas como empleado. Si aplicas sus conceptos con la suficiente constancia, seguro que afectan positivamente a otros aspectos de tu vida. Con el tiempo, descubrirás que eres capaz de procesar las decisiones de forma más sistemática. Si los conceptos lean pueden tener un efecto tan profundo a nivel personal, puedes imaginar las posibilidades si escalas el leanness hasta una empresa.

El cambio a Lean: ¿qué le conviene?

El pensamiento Lean anima a aplicar cambios factibles en pequeños incrementos. El objetivo final es acelerar todos los flujos de trabajo dentro de un sistema sin comprometer la calidad del producto o del servicio. Ciertamente, Lean no es una solución rápida para eliminar los residuos de la empresa.

Implica estar en un compromiso a largo plazo con el crecimiento y la mejora continuos.

Aunque muchas empresas hayan demostrado la eficacia de una determinada técnica de optimización, los cambios no se producen en unos pocos meses de aplicación de los métodos. Por lo general, se necesita mucho más tiempo para que se note algo significativo. Por supuesto, también es comprensible que la gente se sienta desanimada para seguir con los nuevos métodos si los beneficios no son tan evidentes. Para ayudarte a mantenerte delgado cuando tengas la tentación de pensar que no funciona, aquí tienes una lista de sus beneficios a corto y largo plazo:

Beneficios a corto plazo

Mejora de la gestión: Aunque los problemas seguirán apareciendo de vez en cuando, el lean hace que el entorno de trabajo sea más cómodo de tratar si eres un gestor. Con mejores estándares de tareas, le resultará más fácil identificar cualquier cosa que interrumpa el flujo de valor. La mayor parte de las veces, podrá darse cuenta de que algo no está del todo bien con sólo mirar la configuración o la disposición de un área.

Mejora de la eficiencia y la productividad: Como resultado de la estandarización de cada pieza del flujo de trabajo, se convierte en algo automático para que los empleados sepan exactamente lo que tienen que hacer, y cuándo tienen que hacerlo. Se reduce una gran cantidad de redundancias y solapamientos que se derivan de la confusión de tareas. También garantiza que hagan su trabajo correctamente en todo momento. Ya no tienen que preguntar constantemente si una determinada tarea es de su responsabilidad. Pueden centrarse en su propia lista de tareas sin preocuparse de nada más.

Disposiciones más seguras y cómodas: Dado que los desechos literales serán desordenados, la conversión de lean le da a su empresa más espacio para moverse. Esto hará que los movimientos de las tareas sean mucho más cómodos. Además, proporcionará a su personal un espacio más seguro para trabajar cuando se reorganice la distribución para eliminar los peligros.

Implicación de toda la empresa: El lean es algo que no se aplica sólo a un equipo o departamento. Cuando una empresa se decide por el lean, todos los niveles jerárquicos están implicados, desde los más altos hasta los más bajos. Al fin y al cabo, los sistemas lean dependen de la cooperación de todos los implicados.

Beneficios a medio y largo plazo

Mejora del flujo de caja: Una vez que se haya deshecho del DOWNTIME, podrá centrar su energía en asegurar que los pasos que añaden valor a su flujo de valor fluyan lo mejor posible. En ausencia de bloqueos, cuellos de botella en el flujo de trabajo y retrasos, no solo podrá entregar los productos justo a tiempo, sino que también mejorará el flujo de caja de su empresa.

Satisfacción y fidelidad de los clientes: La satisfacción de los clientes es uno de los resultados más inmediatos de la aplicación de lean, por lo que es más probable que vuelvan a confiar en tu marca en el futuro. Si sigues haciendo lo que funciona, seguro que te ganas su fidelidad a largo plazo.

Satisfacción y lealtad de los empleados: Aunque los sistemas lean se centran principalmente en los deseos del cliente, también fomentan un mejor estado de ánimo y moral entre los empleados. Los cambios pueden ser recibidos con resistencia al principio, pero una vez que vean que les lleva mucho menos tiempo completar las tareas en comparación con lo que hacían antes, estarán más abiertos a la idea general de lean. Además, dado que el lean se basa en la mejora constante y la colaboración, tienden a sentirse mejor consigo mismos porque forman parte de un equipo que realmente se preocupa por los demás. Los sistemas lean les ofrecen un espacio seguro para expresar sus preocupaciones y aportar sugerencias para seguir mejorando.

Comercialización de la colaboración: ¿Qué hace que algo sea comercializable? En términos de empresas, las empresas comercializables suelen ser las que no tienen problemas.

Usted debe ser esa empresa si desea formar parte de una empresa lean. Al fin y al cabo, la eficiencia es lo más importante, y hay que ser un jugador de equipo eficiente para garantizar que no se interrumpe el flujo de todo el sistema.

El Lean no es un mero ejercicio de reducción de costes. Es más bien una oportunidad a largo plazo de crecimiento constante. Una vez que haya allanado sus procesos lean dentro de la empresa, acabará convirtiéndose en el proveedor preferido de determinados productos y servicios.

Esto se debe a que su coherencia y sus normas se trasladan a sus productos, algo que permite a sus clientes y colaboradores saber que es una empresa en la que pueden confiar.

Principio principal

Aunque el proceso Lean se desarrolló originalmente para ayudar a la industria de la fabricación y la producción, Lean ha sido tan eficaz que muchas otras empresas e industrias han encontrado formas de adaptarlo a sus propias necesidades. Todas las empresas quieren aumentar los beneficios, reducir los residuos, mejorar la experiencia del cliente y, en general, ser más eficientes. El proceso Lean puede contribuir a ello.

Antes de adoptar cualquiera de los procesos Lean, debe comprender los dos principios principales. El primero es centrarse en la importancia de la mejora incremental. El segundo es que la empresa debe tener un alto nivel de respeto por las personas, tanto por las que compran el producto como por sus propios empleados.

En cuanto al enfoque de las empresas en sus mejoras incrementales, las mejoras no tienen que hacerse de la noche a la mañana. Sin embargo, la empresa debe esforzarse por mejorar de forma constante y eficaz sus procesos para que haya menos residuos. Hay que analizar bien los procesos que se utilizan actualmente y ver dónde se pueden mejorar las cosas. ¿Hay demasiado tiempo de espera en un área? ¿Los proveedores no entregan las cosas a tiempo? ¿Hay mucho movimiento para una parte, como por ejemplo que un papel necesite la aprobación de tres áreas diferentes antes de empezar? ¿Algunos de los departamentos que deberían trabajar juntos están en lados diferentes de la empresa?

Todo esto puede conducir a un mayor despilfarro en su empresa, y es importante evitarlo en la medida de lo posible. Cuando dé un paso atrás y observe objetivamente el sistema que tiene en marcha, es probable que vea varios puntos en los que puede hacer mejoras. Incluso si se trata de cambios pequeños o graduales, se sorprenderá de lo que pueden hacer para eliminar los residuos, acelerar el proceso e incluso ayudar a los clientes a disfrutar de una mejor experiencia.

Pero cuando se trabaja con la metodología Lean, no podemos olvidar que debe haber un alto nivel de respeto por las personas. Este inquilino debe aplicarse no sólo a sus clientes, sino también a su propia gente, los empleados. Cuando mostramos respeto a los clientes, significa que vamos más allá cada vez que hay un problema. Los escuchamos y trabajamos para mejorar la experiencia. Ayudamos a solucionar el problema, y quizás incluso aportamos algo más para ayudar a resolverlo.

Esta misma idea debe aplicarse a los empleados cuando se trabaja en el proceso Lean. Cuando una empresa quiere respetar a su equipo, trabajará en la creación de una fuerte cultura interna dedicada al trabajo en equipo y al tratamiento justo de los empleados.

Los empleados aprenderán que se les valora, que su opinión significa algo y que no son un número más que aporta dinero.

Cualquier empresa que quiera implantar el proceso Lean necesitará mejorar la moral de los empleados, el trabajo en equipo y mucho más, porque se dan cuenta de que al mejorar el equipo, son capaces de mejorar efectivamente la empresa también.

Herramientas y metodologías

Para desarrollar herramientas que ayuden a que el proceso y la empresa sean esbeltos, se utilizan muchas técnicas y un simple pensamiento creativo. Las herramientas Lean, básicamente, no son más que una aplicación práctica del sentido común en la gestión empresarial para hacerla más impactante, eficiente y rentable.

A continuación se enumeran algunas herramientas de lean:

- Las 5S
- A prueba de errores
- Kanban
- SMED
- Andon
- Análisis de cuellos de botella
- Flujo continuo
- Muda (residuos)
- Análisis de la causa raíz
- Objetivos SMART
- Jidoka
- KPI

- Nivelación de la producción
- Gamba
- Hoshin Kanri
- Mapeo del flujo de valor

La descripción y el análisis detallados de las herramientas utilizadas en la metodología Lean podrían requerir un volumen propio, pero en los párrafos siguientes se analizan brevemente algunas de las herramientas más importantes y más utilizadas de Lean.

Para comprender mejor el pensamiento Lean, debemos examinar las herramientas y los términos utilizados en el Sistema de Producción Toyota japonés. La metodología TPS se orienta esencialmente a comprender cómo funcionan los procesos, a identificar formas de mejorarlos y a hacerlos más fluidos y rápidos. Si alguna actividad del proceso es innecesaria, hay que eliminarla.

Por otra parte, toda empresa que adopte el enfoque TPS debe darse cuenta de que no es una panacea para todos los problemas de la organización. No se trata de los elementos por sí solos, sino de cómo se reúnen para crear un sistema que se pone en práctica diariamente de forma coherente. Los principios deben estar arraigados en el pensamiento de todos los miembros de la organización. Debe haber acción y aplicación.

Aprovechar el potencial humano

Las personas constituyen el núcleo del enfoque TPS. Para conseguir unos resultados organizativos excelentes, hay que formar a los empleados en la adopción de valores y creencias que den lugar a una cultura organizativa fuerte y estable. La empresa tiene que esforzarse por reforzar constantemente esta nueva cultura para que se convierta en una característica permanente de su paisaje empresarial.

Toda organización debe recordar siempre que son las personas las que crean valor. Son las personas las que aplican los procesos y utilizan los equipos y la tecnología. Para eliminar el despilfarro desde dentro es necesario establecer una cultura y un entorno adecuados, en los que los empleados sean innovadores, estén comprometidos y realicen un trabajo que tenga sentido.

La filosofía Lean se confunde a menudo con un conjunto de herramientas y técnicas. Sin embargo, Lean es ante todo una cuestión de personas. Hay empresas que no han captado esta sencilla idea y han sufrido las consecuencias. El Lean requiere que todos los miembros de la organización cambien su mentalidad y luego utilicen las herramientas para eliminar el despilfarro y mejorar el valor para el cliente. La organización debe respetar a su gente, educándola, formándola, desafiándola y dándole poder. Cualquier organización que se considere Lean tiene que ver a su gente como su activo más preciado, y este activo debe ser estimulado, celebrado y compensado adecuadamente.

Introduzcamos ahora algunos términos que debe conocer.

Heijunka

Heijunka significa "nivelación" en japonés y es la base del modelo TPS. Está diseñado para ayudar a las organizaciones a satisfacer la demanda de los clientes con un mínimo de residuos en el proceso de producción. La mayoría de los expertos coinciden en que la heijunka debe considerarse durante las últimas etapas de la implantación de una estrategia Lean. Funciona mejor después de que la organización haya identificado, solidificado y refinado sus flujos de valor, y la filosofía Lean esté ya arraigada en la cultura organizativa. Implica tres ideas:

- **Nivelación** - Se trata de minimizar las variaciones en el volumen de producción para facilitar la planificación. Su objetivo es garantizar que la producción sea un proceso predecible a lo largo del mes en lugar de un asunto de "picos" y "valles". En otras palabras, una empresa debe producir el mismo número medio de un producto cada día en lugar de variar sus cifras de producción.

- **Secuenciación** - Se refiere a la combinación del tipo de trabajo realizado. El objetivo es crear un proceso en el que la producción se ajuste a la demanda de los consumidores. Cada producto se fabrica según una secuencia determinada, y esta secuencia es un subproducto de la demanda del cliente. Las tareas se procesan en función de la fecha para satisfacer la demanda del cliente.

- **Estandarización y estabilidad** - Se refiere a garantizar que los estándares de trabajo se mantienen a un nivel constante. Implica reducir la variación en los estándares de los procesos y emplear continuamente las mejores prácticas. Una vez que se ha logrado la estandarización dentro de una organización, se pueden estabilizar los procesos empresariales y, finalmente, mejorarlos.

Jidoka

Jidoka significa automatización humanizada y consiste en prevenir los defectos en los productos y detener el trabajo si se detecta alguno. Al detener el proceso de trabajo en el momento en que se produce un problema, se puede identificar inmediatamente la causa del mismo. A continuación, se pueden eliminar las causas de raíz y mejorar el proceso. Jidoka es uno de los dos pilares del sistema TPS y tiene dos elementos principales:

- **Automatización** - Esto significa automatización con inteligencia humana. El equipo utilizado en el proceso de producción está diseñado para diferenciar automáticamente los productos buenos de los defectuosos. No es necesario que un operario humano vigile la máquina, lo que permite que una persona supervise varias máquinas a la vez. Esta forma de innovación puede verse en las máquinas de impresión que dejan de imprimir automáticamente cuando se acaba la tinta.

- **Parar ante cualquier anomalía** - Si se detecta un defecto, un empleado puede parar toda la línea de producción para resolver el problema inmediatamente. Puede parecer una medida extrema, pero si la empresa está procesando un producto por lotes, se evita la posibilidad de que se produzcan defectos masivos si se soluciona la causa raíz lo antes posible.

El pensamiento esbelto proporciona a una organización formas eficaces de aumentar el valor para los clientes eliminando los residuos y suavizando el flujo del proceso.

Comprender los principios de Lean

La filosofía Lean es un conjunto de métodos, estrategias y prácticas empresariales que se centran principalmente en la mejora continua y la eliminación de los residuos dentro de una empresa. A pesar de la creencia popular de que el modelo Lean es exclusivo de la industria manufacturera y de producción, es un concepto que puede adaptarse a cualquier tipo de empresa. Lean abarca los distintos aspectos de las operaciones, como las funciones internas, las redes de suministro y las cadenas de valor para el consumidor.

Debido a sus orígenes, la filosofía Lean tiende a hacer muchas referencias a situaciones de fabricación. Sin embargo, en realidad, el enfoque Lean puede ser útil para cualquier tipo de organización empresarial gracias a sus métodos vigilantes y rigurosos para reducir los residuos y mejorar la eficiencia. Actualmente, Lean se utiliza en casi todos los sectores, como la construcción, la sanidad, la industria aeroespacial, el comercio minorista, la banca y la administración pública.

Para apreciar plenamente la filosofía Lean, es importante remontarse a sus orígenes. Esta filosofía de gestión surgió del Sistema de Producción Toyota (TPS), que tenía un sistema de fabricación y operaciones de automóviles muy exitoso. El aspecto central de la filosofía Lean era intentar reducir tres tipos de variación en la fabricación: *muda, mura y muri*.

Muda es una palabra japonesa que significa inutilidad o futilidad. En las empresas, esto representaría el despilfarro. Para reducir y eliminar el despilfarro, primero hay que separar claramente las actividades que se consideran de valor añadido de las que se han identificado como despilfarro.

El término **"mura"** hace referencia a los desajustes en los procesos de flujo de trabajo de las empresas. Esta forma de despilfarro puede causar tiempos de inactividad innecesarios o fases de tensión innecesaria en empleados, procesos y equipos. Desde el punto de vista de la gestión, los desniveles provocan uno de los mayores retos para las empresas: la incertidumbre. Es difícil planificar con antelación y dirigir una empresa con éxito si los niveles de incertidumbre son demasiado altos. Cualquier tipo de interrupción en el proceso del flujo de trabajo puede conducir fácilmente a una reducción de la capacidad de una organización para responder a las necesidades del cliente. Si un cliente pide un producto y la expectativa es que la entrega se haga en una fecha determinada, añadir incertidumbre a la mezcla provoca de repente caos y retrasos. Para que una organización de fabricación supere la mura, debe considerar seriamente la disposición de sus instalaciones y el protocolo de montaje. Para cualquier otro tipo de negocio, tiene que haber una metodología para entender mejor los procesos y mejorar la capacidad de prever posibles problemas.

El término **"muri"** se refiere al despilfarro resultante de la sobrecarga de un sistema o de la falta de comprensión de sus capacidades.

Si un sistema de producción o un proceso empresarial se sobrecarga de trabajo, es inevitable que se produzca un desgaste, tanto en las máquinas como en el personal.

Una carga de trabajo extremadamente alta puede provocar fallos en el sistema y la producción de un elevado número de productos defectuosos. Cuando mura y muri se combinan, surgen cuellos de botella en toda la organización. La mejor manera de evitar que las máquinas o los empleados se atasquen es asegurarse de que el foco de atención se mantenga sólo en las actividades que añaden valor. La organización también debe minimizar el despilfarro en otras áreas relevantes.

Otro concepto Lean que va de la mano de la identificación y reducción de los residuos es el Kaizen. El kaizen se refiere a la mejora continua. Implica la creación de una cultura en la que un individuo o una organización deciden mejorar de forma constante. Se trata de un concepto que ha sido adoptado por casi todos los sectores, desde las empresas multinacionales globales hasta los entrenadores personales.

La filosofía Lean incorpora numerosas herramientas, pero el principal factor que afecta a su impacto en una organización es una mentalidad atenta. Todos los miembros de la organización, desde el director general hasta el jefe de taller, deben estar atentos a la hora de eliminar el despilfarro, mejorar continuamente y realizar cambios positivos.

Implementación de Lean

Esto es lo que tienes que aclarar con ellos:
- ¿Cuáles son los cambios que va a aplicar?
- ¿Por qué las aplica?
- ¿Cómo van a beneficiarse de estos cambios?
- ¿Cómo beneficiará a toda la empresa?

El pensamiento Lean suena bien en teoría, y puede ser emocionante seguir aplicándolo una vez que se ha visto lo bueno que puede ser en la práctica. Sin embargo, las tareas entre equipos o entidades no siempre pueden ser tan cómodas como ir del Punto A al Punto B en una línea limpia y recta. Su implicación con los demás va de un lado a otro, lo que pone de relieve cómo cada componente debe estar libre de desperdicios para garantizar un flujo fluido.

Por supuesto, el cambio a lean tiene su propio conjunto de problemas y desafíos. Como cualquier otra forma de cambio, hay que resistirse a esperar que haga su "magia" en unas pocas semanas o meses.

Técnicamente hablando, cuando todos los factores se resuelven desde el principio, puede ser posible tener todo resuelto en poco tiempo. Pero eso sólo se aplica cuando el escenario es ideal. La experiencia le dirá que las situaciones rara vez son ideales, especialmente cuando se trata de transiciones.

A continuación se exponen algunas cuestiones a las que podría tener que enfrentarse en su camino hacia la implantación de lean:

Resistencia cultural

Este puede ser el mayor obstáculo que hay que superar en la transición del despilfarro al lean. Cuando ya se ha establecido un statu quo, la mayoría de las personas se resisten a cualquier cambio en la cultura de la empresa.

Eso suele ser el resultado de permanecer en sus zonas de confort durante mucho tiempo. Creen que el cambio es innecesario porque ya les gusta el flujo de trabajo actual.

Para facilitar la incorporación gradual de los trabajadores al sistema Lean, debe darse prioridad a la formación (o al reciclaje) de las personas.

Aunque las cuatro consideraciones son importantes, es probable que les preocupe más el tercer punto, ya que implica su papel en la empresa. Sin embargo, si puedes explicar claramente las cosas buenas de estos cambios, la gente estará más dispuesta a aceptarlos.

Costes y mantenimiento

A nivel personal, hay casos en los que tendrá que gastar dinero hoy para poder beneficiarse o ahorrar más dinero en el futuro.

Para conseguir una mayor eficiencia se necesita lo mismo. La eliminación de los residuos requerirá dinero, porque ir a por la solución a largo plazo requiere dinero. Sin embargo, a la larga, el dinero que se gaste acabará volviendo a usted en forma de aumento de los beneficios gracias a la reducción de los defectos. Y, al igual que su casa necesita un mantenimiento anual, el lean también requiere un mantenimiento. Una planificación y ejecución adecuadas le garantizarán que no tendrá que preocuparse por quedarse sin ciertas piezas o tener sistemas anticuados.

Lagunas de talento

Dado que los procesos lean pueden requerir ahora tecnologías actualizadas, las empresas que se están inclinando por el lean deben salvar la brecha de talento. Esto significa que pueden tener que prescindir de los empleados de la mano de obra general en favor de los que tienen licencias y certificaciones para manejar los equipos del sistema lean. Estos empleados no sólo son expertos en el manejo de estos sistemas, sino que también son capaces de realizar el mantenimiento, las inspecciones, las reparaciones y los diseños.

Proceso

Esta es otra parte divertida del proceso a la que podemos dedicar un poco de nuestro tiempo. Encontrarás que hay muchas herramientas y opciones que podemos utilizar cuando sacamos el Lean y tratamos de utilizarlo para algunas de nuestras propias necesidades. Es un proceso sencillo que puede funcionar junto con muchas otras partes que necesitamos para mejorar nuestro negocio y reducir los residuos.

Cuando llega el momento de determinar lo que se considera un proceso de despilfarro en nuestro negocio, queremos asegurarnos de que vamos con algo de lo correcto y que no estamos tirando procesos que son buenos para nosotros, o manteniendo otros de los que tenemos que deshacernos en el proceso. Mientras trabajamos en todo esto, es muy importante que volvamos a comprobar y mirar si el entorno de trabajo que utilizamos está en la forma óptima que puede ser.

Las 5S se consideran un componente fundamental del sistema de producción de Toyota porque ayudan a mantener el lugar de trabajo limpio y muy organizado. Esta metodología se puso en práctica porque sabían lo difícil que era producir resultados consistentes cuando un lugar está totalmente desordenado.

El ciclo de las 5S para la limpieza sistemática en el lugar de trabajo.

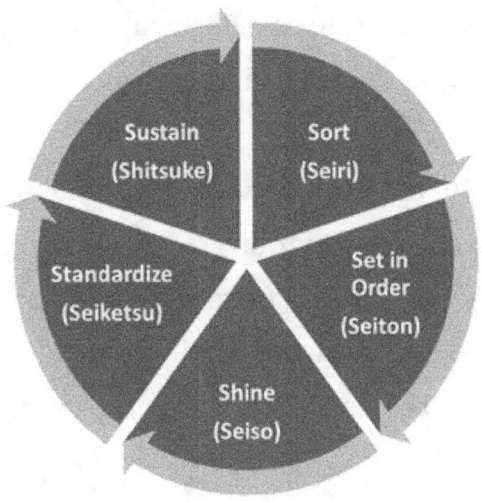

Esto es exactamente para lo que sirve el proceso de las 5S. Cada S del ciclo tiene como objetivo organizar los espacios de trabajo de manera que todas las tareas puedan realizarse de forma segura y eficiente. Se basa en la idea de que si el lugar de trabajo se mantiene limpio y las cosas están donde deben estar, será más fácil para los empleados realizar sus tareas sin perder el tiempo en pasos que no añaden valor o exponerse a riesgos de seguridad.

Al igual que Kanban, just-in-time y jidoka, las 5S son un concepto que comenzó como una herramienta en la planta de producción de Toyota.

Es probable que los errores, los retrasos y los accidentes no se achaquen inmediatamente a todo el desorden del lugar de trabajo. Sin embargo, si se piensa realmente en ello, todo el desorden suele impedir que la gente se concentre en su trabajo.

En consecuencia, esto sólo obstaculiza el flujo y es sólo cuestión de tiempo que todo el mundo se quede atascado en el mismo sitio.

Por lo tanto, para garantizar la funcionalidad de un espacio de trabajo, las 5S pueden utilizarse como norma para mantener el orden y la estructura. Los términos estaban originalmente en japonés, pero para la traducción al inglés se utilizan equivalentes cercanos. Esto es lo que significan:

Ordenar (Seiri / Ordenar)

La primera etapa consiste en examinar todas las herramientas y equipos que hay actualmente en la zona. El objetivo es determinar cuáles deben permanecer y cuáles deben retirarse para liberar espacio. Al final de este proceso, sólo deben dejarse las herramientas necesarias.

Por lo tanto, vale la pena preguntar:
- *¿Cuál es la finalidad de este artículo en particular?*
- *¿Quién lo utiliza?*
- *¿Cuándo fue la última vez que se utilizó?*
- *¿Con qué frecuencia lo utiliza la gente?*
- *¿Es realmente una necesidad en este espacio de trabajo?*

Las personas más indicadas para preguntar por el valor de los artículos son las que trabajan en ese ámbito. En el caso de los artículos etiquetados como "innecesarios", pueden ser cedidos a otro departamento, reciclados, vendidos, tirados o depositados en el almacén.

Poner en orden (Seiton / Orderliness)

Ahora que ha establecido qué herramientas o equipos se quedarán, puede proceder a organizar los artículos en función de lo que más reduzca el desperdicio de movimiento. La clave es recordar la frase: "Un lugar para cada cosa; cada cosa en su lugar".

Esto significa que las cosas no sólo deben estar agrupadas de forma lógica, sino que también deben estar colocadas en un lugar lógico. Por ejemplo, si un artículo se utiliza con frecuencia, debe estar situado en un lugar donde sea fácil sacarlo.

Brillo (Seiso / Limpieza)

Por supuesto, mantener una zona limpia y organizada requiere trabajo. Aunque suene muy trivial, la limpieza general es lo suficientemente importante como para implicarse realmente como un paso crucial en este proceso.

En esta etapa se hace hincapié en la limpieza periódica de las áreas de trabajo, lo que incluye guardar los artículos, barrer, fregar, limpiar, etc. También se incluye el mantenimiento regular de los equipos. La limpieza garantiza que los problemas no queden ocultos por el desorden, mientras que el mantenimiento prolonga la vida útil de sus herramientas y equipos.

Normalizar (Seiketsu / Normalización)

Para saber qué estrategias le funcionan realmente, hay que realizar una documentación detallada. Esto le ayudará a establecer normas que sirvan de referencia instantánea sobre cómo se pueden mantener las 5S en su empresa.
A menudo, el lugar de trabajo se transforma instantáneamente cuando se han completado las tres primeras etapas de las 5S. Hacer que los cambios sean permanentes suele ser el siguiente reto. Para convertir los nuevos hábitos en un estilo de vida, hay que establecer normas. Éstas pueden consistir en establecer horarios o asignar rutinas. Las normas garantizan que todos los esfuerzos por el orden no se pierdan.

Sostenimiento (Shitsuke / Disciplina)

Cuando el proceso de limpieza se ha normalizado finalmente, hay que hacer el trabajo necesario para mantener las nuevas rutinas y actualizarlas cuando la situación lo considere oportuno. Esta etapa final consiste en mantener las 5S con la ayuda de toda la plantilla, desde los directivos hasta los empleados.

El objetivo es hacer de las 5S un compromiso a largo plazo, y no sólo una solución a corto plazo para la eficiencia del flujo de trabajo. Cuando las personas son lo suficientemente disciplinadas como para seguir las 5S, suelen producirse mejoras notables.

Aunque las 5S son relativamente asequibles, su plena eficacia sigue dependiendo de los recursos disponibles. Como mínimo, supondrá gastos durante el proceso de limpieza. Además, tendrá que formar a sus empleados con regularidad y adquirir suministros como etiquetas, estanterías, marcas en el suelo, etc. para mantener la nueva práctica.

En teoría, la metodología de las 5S es muy similar a la limpieza general de una casa. En el lugar de trabajo, sin embargo, existe esta consideración añadida de si la colocación de los artículos ayuda de alguna manera al movimiento y a la comodidad de los empleados. El consenso general es que cuanto más cómodo sea para todos conseguir lo que realmente necesitan, mejor.

Por supuesto, iniciar todo el proceso puede ser desalentador al principio, especialmente si sus espacios de trabajo no han estado ordenados durante bastante tiempo. Afortunadamente, la implantación de las 5S puede empezar por algo pequeño, y sólo es necesario asignar a unas pocas personas -o a un equipo a la vez- para iniciar el proceso. Se recomienda encarecidamente un módulo de formación para mostrar todos los beneficios de las 5S a largo plazo.

En última instancia, la metodología de las 5S considera que un espacio de trabajo limpio es un espacio de trabajo productivo. Si la gente no tiene que perder el tiempo buscando cosas nunca más, entonces una limpieza general es realmente una gran inversión.

Kaizen

Hay un montón de grandes opciones que somos capaces de trabajar cuando es el momento de manejar nuestros negocios e incluso nuestras propias formas de vida. Y muchos de ellos van a ser capaces de ayudarnos a ver algunos resultados sorprendentes también. Pero una de las mejores opciones que podemos ver aquí es la conocida como Kaizen. Este Kaizen es una palabra japonesa que significa "mejora continua" o "Cambio para mejorar". Es una filosofía que se encuentra en Japón y habla de todos los procesos con los que podemos trabajar para ayudarnos a mejorar las operaciones. Y cuando se hacen bien, también van a involucrar a todos los empleados en el proceso. El kaizen va a funcionar bien y va a proporcionar una gran mejora en la productividad al ir en un tipo de proceso metódico y gradual.

Los conceptos que vienen con Kaizen van a incluir un montón de ideas diferentes a lo largo del camino también. Va a implicar que hagamos más eficiente el entorno de trabajo que tenemos y puede ayudar a mejorar algunos beneficios con la ayuda de la creación de un buen ambiente para un equipo de trabajo, mediante la mejora de algunos de los procedimientos que ocurren en su empresa durante todo el día. También puede incluir asegurar la satisfacción de los empleados, en lugar de ignorarlos, lo que puede ayudar a que el trabajo que están haciendo sea más satisfactorio, más seguro y menos agotador.

Entender el Kaizen

Mientras que las opciones y la discusión que tuvimos anteriormente nos van a proporcionar mucha información sobre el Kaizen y lo que podemos hacer con ellos, es hora de profundizar en lo que se trata. Algunas de las partes clave que tenemos que recordar con este tipo de filosofía incluyen el control de calidad, las formas estandarizadas de hacer el trabajo, la entrega que es justo a tiempo, el uso de equipos que son eficientes y seguros, y la eliminación de los residuos en el lugar de trabajo tanto como sea posible.

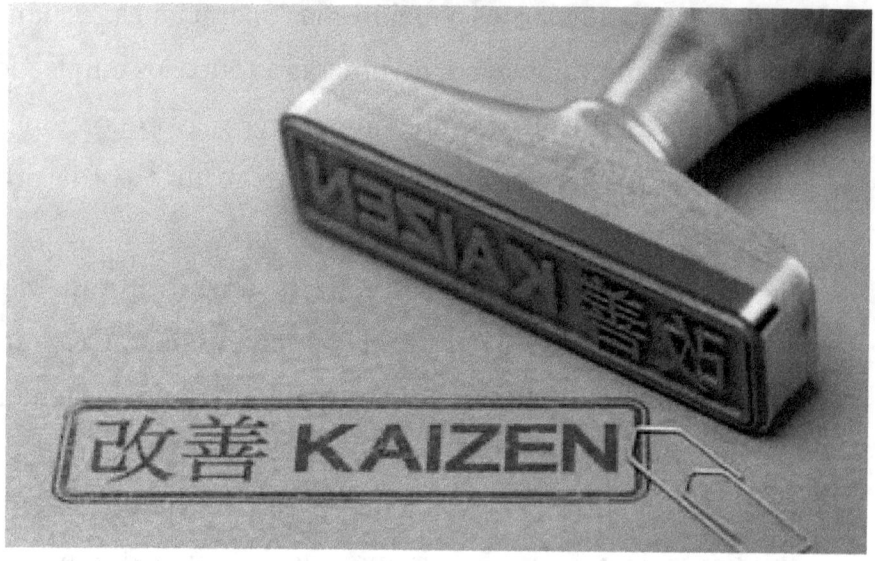

Hay muchas partes que van a aparecer con esto, pero el objetivo general que vemos es que el kaizen se supone que nos ayuda a hacer algunos pequeños cambios, los que van a suceder con el tiempo con el fin de ayudar a mejorar la empresa y la forma en que hacen las cosas. Hay que tener en cuenta que las alteraciones van a ocurrir. La idea aquí es que va a reconocer que algunos pequeños cambios que hacemos aquí y ahora no sólo van a impactar en nosotros ahora, sino que también ayudarán a hacer algunos grandes impactos en el futuro de la empresa también.

En realidad, hay muchas empresas que han adoptado el concepto kaizen. Una opción notable de esto es Toyota.

Los requisitos para el Kaizen

Otro aspecto que debemos analizar es el de los requisitos que debe cumplir el kaizen. Hay algunas cosas que las empresas que quieran trabajar con el Kaizen tendrán que tener en cuenta. Algunas de las ideas tradicionales que vienen de Japón en relación con el Kaizen van a venir con cinco partes básicas en las que tenemos que centrarnos en el camino. Estas van a incluir:

1. **Trabajo en equipo**
2. **Disciplina personal entre todos los miembros**
3. **Mejora de la moral de los empleados a todos los niveles**
4. **Calidad**
5. **Sugerencias de mejora de cualquier persona**

Todo esto va a ser importante para lo que podamos hacer con el proceso kaizen. En primer lugar, debemos contar con un trabajo en equipo. Cuando todos los miembros de nuestro equipo estén de acuerdo y sean capaces de trabajar juntos, ocurrirán cosas maravillosas. Si trabajan separados unos de otros y no valoran las ideas que cada uno aporta, esto supondrá un desastre para su empresa El kaizen fomenta mucho el trabajo en equipo.

A partir de ahí, hay que asegurarse de que los empleados son capaces de manejar su propia disciplina personal. No es necesario contratar a alguien que micro gestione a los empleados en este tipo de proceso, porque usted tendrá suficiente confianza en sus empleados para saber que pueden dar un paso adelante y manejarse por sí mismos. Este tipo de libertad puede aumentar la moral y ayuda a los empleados a sentir que usted los valora como una parte importante del equipo, en lugar de verlos sólo como un número más, del que es fácil deshacerse.

Como hemos mencionado, se trata de un sistema que nos exigirá tener a nuestros empleados como parte de un equipo, y que tenemos que dejar espacio a los empleados para que tomen decisiones, aporten sugerencias y hagan su trabajo sin ser supervisados constantemente. Cuando somos capaces de crear este tipo de entorno en nuestra empresa, nos aseguramos de que la moral de los empleados sea más alta. A muchas empresas les gustaría tener una moral más alta porque es muy

beneficiosa, pero como no siguen las reglas del Kaizen, tienen que prescindir de ella.

Entonces tenemos que centrarnos en la calidad. Sí, queremos

aumentar los beneficios y hacer un buen producto reduciendo los residuos. Pero si no somos capaces de hacer esto al mismo tiempo que fabricamos un producto de calidad para ofrecer al cliente, entonces es posible que renuncies a trabajar con Kaizen porque no lo estás utilizando bien

Y, por último, cuando se trata de sugerencias e ideas sobre cómo mejorar la empresa y los procesos, hay que aceptarlas de cualquiera. No hagas reuniones a puerta cerrada sobre esto y no eches a nadie. Cada persona es valiosa en todo esto, y tienes que reconocerlo, o te estás perdiendo algunas de las mejores partes del proceso Kaizen.

Estos cinco inquilinos nos van a llevar a ver tres resultados que pueden ser muy importantes para su empresa. Pueden ayudarnos a crear cierta estandarización, una buena gestión dentro de la empresa y la eliminación de los residuos. Lo ideal es que el Kaizen esté tan arraigado en lo que hace la empresa que se convierta en parte de la cultura de la misma, y que también se convierta en algo natural para los empleados. Esto garantizará que funcione bien en poco tiempo.

El concepto de Kaizen dice que no hay un final perfecto y que hay margen de mejora para que todo el mundo lo disfrute. La gente tiene que esforzarse para evolucionar y hacer innovaciones en todo momento.

Los principios básicos que conlleva esto son que la mayoría de las personas que realizan ciertas tareas y actividades son las que van a tener el conocimiento más íntimo sobre esa actividad y tarea, incluirlas para efectuar el cambio va a tener sentido.

Por lo tanto, si hay alguien por ahí que ha pasado mucho tiempo trabajando en una parte de todo el proceso, entonces estos son los individuos que debe ir a través y pedir sugerencias y ayuda con la realización de cambios. Es probable que tengan un montón de sugerencias realmente buenas que podemos utilizar junto con esto y se asegurará de que vamos a hacer cambios que funcionan, en lugar de los que tienen sentido en el papel, pero no nos ayudará en el camino en la vida real.

Verá que las diferentes mejoras que se van a producir con esto seguirán el formato de PDCA. Esto significa "planificar, comprobar y actuar". Esta parte del plan va a trabajar en incluirnos en el mapeo de algunos de los cambios que tenemos para que cualquier persona que está trabajando en ese plan, no importa dónde están en todo el proceso, saben lo que deben esperar cuando los equipos tratan de resolver un problema.

En parte, esto va a significar que queremos trabajar en la aplicación de algunas de las mejores soluciones a nuestros propios problemas.

Y luego nos ponemos a trabajar en el paso de comprobación de esto. Este paso es importante cuando queremos evaluar una solución a nuestro problema y luego ver si está funcionando o no como queremos.

Esto va a ser muy importante porque no queremos pasar y trabajar en todo el proceso sin estar seguros de que va a funcionar como queremos.

Seis Sigma

Seis Sigma es el nombre que se da a un sistema que podemos utilizar para medir la calidad de un objetivo de acercarse lo más posible a la perfección en nuestros procesos. Una empresa que funcione en perfecta sincronía sería capaz de generar tan sólo 3,4 defectos por millón con la esperanza de tener muy pocos clientes insatisfechos en el proceso.

Hay diferentes niveles de esto en función de dónde se encuentre su empresa y a dónde le gustaría llegar. El objetivo final es alcanzar ese nivel de perfección del que hablamos anteriormente, pero para algunas empresas, cualquier tipo de mejora será algo bueno y poder avanzar en esto, y llegar con menos defectos en sus proyectos, será un buen objetivo en el que trabajar también.

La certificación

Lo primero que veremos al trabajar con este proceso de Seis Sigma son los niveles de certificación que usted y los miembros de su equipo pueden obtener. Esto tendrá unas cuantas opciones dependiendo del conocimiento que tenga la persona sobre el proceso e incluso del tiempo que haya podido trabajar con él.

Por ejemplo, el nivel ejecutivo, que incluye a los miembros de su equipo directivo, sería el responsable de establecer Seis Sigma y todas sus partes dentro de su empresa.

Luego podemos pasar al Campeón en esto, que será la persona que tiene el conocimiento y la capacidad de liderar proyectos e incluso ser la voz del proyecto si es necesario.

Los cinturones blancos serían los siguientes, y serán básicamente los trabajadores de base. Entienden de qué trata Six Sigma, pero acaban de entrar en este proceso y puede que no estén tan versados como otros que trabajan con esto. Aun así, son importantes porque a menudo serán los que implementen algunos de los planes que surjan a través de este proceso.

Luego pasamos a los cinturones amarillos, que serán los miembros activos del equipo que trabaja en Seis Sigma. También pueden dedicar algún tiempo a determinar, en algunas áreas, dónde son necesarias algunas mejoras. A continuación, podemos pasar a algunos de los cinturones verdes, que trabajarán junto con el siguiente nivel, los cinturones negros, para hacer las cosas y decidir en qué proyectos trabajar.

Los cinturones negros siguen, y serán capaces de liderar algunos de los proyectos que se consideran realmente importantes o más altos en su negocio, mientras que apoyan y asesoran a algunos de los otros cinturones a medida que hacen más y más de su propio trabajo. A continuación, podemos acabar con los cinturones negros del maestro. Estos serán los individuos que normalmente se traen a un proyecto o negocio específicamente para ayudar a implementarlo en el camino. ellos estarán allí para guiar y monitorear a todos los demás en el equipo para que puedan manejar este proyecto.

Todos los niveles de cinturón son importantes, y podrán asumir el trabajo necesario para aprender sobre Six Sigma, implementar y utilizar el proyecto, y hacer todos los demás pasos que son necesarios para que esto sea lo más exitoso posible. Nadie es realmente más importante que los demás, y todos tienen una voz y algo importante que añadir a la conversación a medida que avanzamos en este proceso.

Implantación de Six Sigma

Cuando hayamos terminado de preparar a todo el mundo para tener los cinturones adecuados y saber cómo manejar todo este proceso, es el momento de subir a bordo y empezar a implementar Six Sigma y todos los pasos que necesita para ello. Dar a su equipo una razón realmente buena y convincente para ir con Seis Sigma y mostrarles lo mucho que puede beneficiarles será muy importante para el éxito que usted es capaz de obtener con esto. Si no tiene a todo el mundo a bordo con esto, entonces no verá una buena cantidad de implementación cuando se trata de hacer que las cosas funcionen. Es importante motivar y ayudar a su equipo a ver por qué esto es algo tan bueno para todos ellos.

Una plataforma ardiente es una táctica motivacional en la que usted puede explicar la situación en la que se encuentra la empresa en este momento y por qué esa situación es tan grave en primer lugar. A continuación, puede mostrar cómo Six Sigma es el único método que puede ayudar a sacar a la empresa de esa situación y a que la empresa vea algunos resultados mejores en poco tiempo.

A veces, puede que tenga que pasar y hacer el proceso a modo de prueba. Es posible que la dirección de tu empresa tenga dificultades para ver por qué es una buena idea, y que no quiera subirse al carro e intentarlo. Puedes conseguir que acepten hacer una pequeña parte de esto, viendo cómo funciona en un departamento, y luego implementarlo. Esto ayuda a ahorrar dinero y puede hacer que sea más fácil para usted mostrar realmente lo bueno que será Six Sigma para todos.

Mientras que estamos pasando por todo esto, también hay que asegurarse de que todas las herramientas que sus empleados necesitan para la auto-mejora están fácilmente disponibles para ellos. Una vez que haya terminado con esa ronda inicial de formación para Six Sigma, entonces es importante tener otras herramientas que pueden ayudar a sus empleados a mantenerse al día y también puede estar allí para apoyarlos y ayudarlos a subir de rango. Recompense esto, ofrezca una buena tutoría para ayudar a los demás a obtener esto, y simplemente asegúrese de que sus empleados no se queden estancados debido a los procesos o reglas que usted hace.

Sin esto, te arriesgas a que tus empleados entren en esto confundidos. Y si quieres que esto funcione bien, entonces los recursos, la autoayuda, la tutoría y cualquier otra cosa que tus empleados necesiten tienen que estar presentes todo el tiempo para ellos sin problemas. Habrá algunas preguntas que surjan y tus empleados pueden confundirse con algunas de las partes. Si ofrece los recursos adecuados desde el principio, puede evitar algunos de estos problemas y asegurarse de que sus empleados vean los grandes beneficios que conlleva Six Sigma.

Los principios clave

Ahora que tenemos una comprensión básica de cómo funciona este proceso, es hora de que avancemos y veamos algunos de los principios clave que aparecerán con Six Sigma para que podamos entender mejor cómo esto encajará en algunos de los trabajos que estamos tratando de hacer. Lean Six Sigma funcionará sobre la base de la aceptación común de cinco leyes importantes. Tenemos que hablar de todas ellas aquí.

Esa primera ley será conocida como la ley del mercado. Esto significa que hay que tener en cuenta al cliente antes de tomar cualquier decisión. Si tratas de tomar algunas decisiones sin tener en cuenta primero al cliente, entonces terminarás con algunos problemas a medida que avanzamos.

Entonces podemos pasar a la segunda ley. Esta será la ley de la flexibilidad, en la que los mejores procesos serán los que puedas utilizar para el mayor número de funciones dispares. Hay que ser flexible en cualquier negocio. Esto te permite adaptarte y hacer algunos de los cambios que necesitas en el camino y puede ser una forma fantástica de no quedarte estancado en lo viejo.

Entonces vemos aquí la tercera ley. Esta es la ley sobre el enfoque, que nos ayudará a asegurarnos de que no tratamos de abarcar demasiado a la vez. Esta ley establece que una empresa debe centrarse en un solo problema para el negocio, incluso si hay un montón de problemas potenciales que se pueden arreglar. Además, hay que centrarse sólo en el problema y no en todo el negocio. Esto le ayuda a mantener su enfoque y a no dejarse llevar por demasiadas cosas a la vez.

Podemos entonces pasar a nuestra cuarta ley aquí. Esta es la ley de la velocidad. Ésta te dirá que cuanto mayor sea el número de pasos que añadas al proceso, menos eficiente será. Hay veces en las que el proceso necesita más pasos que otros, pero si sólo se añaden pasos para que se vea bien, entonces se crea una gran cantidad de residuos, y eso es un problema. En este caso, tendremos que examinar más de cerca el proceso y luego determinar si podemos hacer algunos cambios en él o no para eliminar los pasos que causan el despilfarro.

Y terminaremos con el último paso, la ley de la complejidad. Este es muy divertido, y es potencialmente el lugar donde se encuentra un montón de residuos.

Esta afirma que cuanto más simple o fácil sea un proceso, mejor. No queremos muchas complicaciones en nuestro sistema porque esto conduce a más errores y a un gran desperdicio en el proceso.

A continuación, tenemos que asegurarnos de que elegimos los procesos adecuados. Al igual que con el método Lean del que hemos hablado a lo largo de esta guía, Six Sigma quiere ser capaz de deshacerse de los residuos tanto como sea posible. Y la elección del proceso adecuado a nuestras necesidades asegurará que esto pueda ocurrir realmente.

Cuando llegue el momento de decidir qué proceso debe aplicar el método de Seis Sigma, el mejor lugar por el que puede empezar es con cualquiera de los procesos que ya sabe de antemano que son defectuosos, y los que realmente le gustaría reducir el número de veces que se produce el defecto en primer lugar. Estas deben ser cuestiones obvias en las que debe trabajar si ya sabe que son un problema, así que eso puede ser una buena noticia.

A partir de este punto, sólo es cuestión de buscar los casos en los que su cadencia no está funcionando del todo bien. Cuando encuentre estos lugares, podrá buscar los pasos en los que se puede reducir el número de recursos disponibles y ver si puede hacer esto un poco más efectivo en el proceso.

Kanban

Kanban se refiere a un programa informático que no sólo se utiliza en una pizarra para enumerar las tareas utilizando tarjetas de diferentes colores. Puede hacer mucho más que eso y ayudar a una organización de diferentes maneras, pero es importante atenerse a los principios establecidos por el sistema. Como sabes, Kanban se utiliza en una gran cantidad de industrias, y su popularidad está en constante aumento. Desde las empresas establecidas hasta las nuevas, todo el mundo utiliza Kanban en su beneficio.

Sistema Kanban

Ahora bien, es posible que se pregunte cómo puede aplicarse Kanban en las empresas de software, ya que tiene sus raíces en la industria manufacturera. Para ello, tenemos que examinar las diferencias entre Kanban y otros métodos ágiles.

Para empezar, la principal diferencia entre los sistemas Kanban y SCRUM es que en Kanban no hay cajas de tiempo para las tareas. Las tareas que forman parte del sistema Kanban son más grandes y pueden ser menos numerosas. La evaluación del período de tiempo en los sistemas Kanban suele ser opcional, o no habrá ninguna. En los sistemas Kanban no hay velocidad de equipo, y sólo se evalúa el tiempo medio de ejecución.

Estas especificaciones nos hacen pensar en qué quedará de los métodos ágiles si se eliminan todos los elementos principales.

Aumentar las dimensiones y reducir la velocidad de conteo de un equipo nos dejará sin nada. Uno se preguntará cómo es posible considerar la supervisión si se han eliminado la mayoría de las herramientas.

La mayoría de los gestores de proyectos tienden a pensar en el control y tratan de mantenerlo incluso cuando no lo tienen. Es un mito que la supervisión de un gestor sobre el desarrollo sea una mera ficción. Si su equipo no está interesado en trabajar, el proyecto está abocado al fracaso aunque tenga un control total sobre el equipo.

Si el equipo se divierte cuando trabaja en un proyecto con la debida eficiencia, entonces no habrá necesidad de control, ya que sólo aumentará los costes.

Digamos, por ejemplo, que uno de los problemas que se asocian a SCRUM es el mayor coste derivado de las discusiones y reuniones y que puede acabar provocando la pérdida de tiempo y la pérdida de al menos un día entero para terminar el sprint y otro día para empezar el siguiente.

Los sistemas Kanban son diferentes de SCRUM, ya que se centran más en las tareas. El objetivo principal de los sistemas Kanban es completar con éxito un sprint. Las tareas son el foco principal. Normalmente no hay sprint. El despliegue suele hacerse cuando el trabajo completado está listo para su presentación. El equipo que trabaja en las tareas debe evitar dedicarse a estimar el tiempo que se necesita para realizar una tarea, ya que puede ser incorrecto y dar lugar a una pérdida de tiempo.

Un directivo no debe preocuparse por las estimaciones de tiempo si tiene fe en su equipo. El objetivo principal del directivo es priorizar las tareas y cumplir los objetivos. Ese es su trabajo principal. No es necesario que controle nada más. El gestor tiene que añadir elementos al tablero en función de su prioridad. Esta es la responsabilidad de un gestor que adopta el sistema Kanban.

El tablero de equipo de un sistema Kanban puede tener el siguiente aspecto. Los siguientes se colocan de izquierda a derecha.

Objetivos

Esta es una columna opcional pero será bastante útil en un tablero Kanban. Los objetivos de alto nivel se colocarán aquí para que todos los miembros del equipo sepan lo que persiguen y tengan un recordatorio visual constante. Algunos ejemplos son el aumento de la velocidad de trabajo en un 15% o el nombre de la tarea.

Cola de tareas

La cola de tareas se refiere a las tareas que están listas para ser iniciadas. La tarjeta más alta que se coloque en la cola tiene la máxima prioridad y pasa a la siguiente columna.

Aceptación

Esta columna de aceptación y las columnas que preceden a la de "Hecho" pueden variar en función de cómo fluya el trabajo para el equipo. Las tareas que se están llevando a cabo actualmente deben finalizarse en esta columna. Una vez que se haya terminado la discusión sobre la misma, se trasladará a la siguiente columna.

Desarrollo

La tarea se mantiene aquí hasta que se completa. Una vez realizada, se trasladará a la siguiente columna. Si la estructura de la tarea no es correcta o es algo incierta, entonces se puede volver a mover a esta columna.

Prueba

La columna de pruebas en un sistema Kanban es aquella en la que se mencionan los proyectos que se están probando. Si hay algún problema en esta columna, las tareas se trasladan a la columna de desarrollo. Si no hay ninguno, se trasladan a la columna siguiente.

Hecho

Esto tiene tarjetas de tareas que están completamente terminadas. La gente ya no tiene que preocuparse por estas tareas. Las tareas prioritarias también pueden aparecer en esta columna. Son aquellas que deben realizarse de forma prioritaria. Si la tarea necesita atención inmediata, debe mencionarse en las tareas "aceleradas". Estas deben completarse lo antes posible.

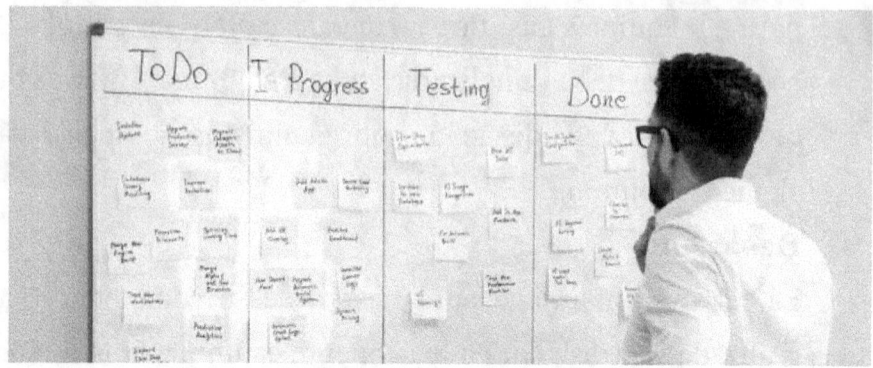

A lo largo de este manuscrito hemos deliberado sobre los límites de WIP y por qué es importante que todos los gerentes establezcan límites de WIP. Debajo de cada tarea que se fija en el tablero, es importante colocar un número, que representará el número de tareas WIP que se pueden asignar en un momento dado. Estas cifras suelen elegirse en función de la capacidad del equipo. Un gestor de proyectos conocerá los números que debe colocar basándose en la prueba y el error.

Digamos que hay diez programadores que forman parte de un proyecto, las tareas de Desarrollo llevarán un número entre 4 y 5, dependiendo de la capacidad del equipo. Este número tiene que ser ideal, es decir, ni demasiado pequeño ni demasiado grande. Si es demasiado pequeño, el equipo puede aburrirse, y si es demasiado grande, puede que no sean capaces de terminar las tareas.

Una buena forma de dar con el número adecuado es dividir el número de desarrolladores en un equipo de dos personas y luego dar una cifra basada en las experiencias de proyectos anteriores.

Del mismo modo, hay que asignar tareas para el personal perteneciente a otros departamentos como el de ventas y el de marketing, entre otros.

Cómo se benefician los equipos de Kanban

Estos son algunos de los beneficios que un equipo puede obtener al adoptar el método Kanban.

Para empezar, es importante reducir el número de tareas que se realizan a la vez para centrarse en terminar la mayoría. No será necesario entrar en detalles de dos o más tareas, ya que puede llevar a confusión. El gestor habrá planificado la cola de historias y bastará con que los miembros del equipo la repasen para asegurarse de que las tareas se llevan a cabo a tiempo. Como sabes, no todo lo que hay en la cola de pruebas acabará siendo un éxito. Algunas pueden dar problemas. En esos casos, hay que trabajar en equipo para resolver el problema. Una vez hecho esto, puedes mover los elementos a la siguiente columna. Hay que calcular el tiempo que se tarda en terminar una tarea. Para ello, hay que registrar las fechas en función de cuándo se añadió una tarjeta a la cola de tareas y cuándo se completó. El tiempo medio de espera se calculará en base al tiempo que se ha tardado en terminar una tarea. El gestor o propietario del producto lo calculará en función de las cifras de que disponga.

Como sabemos, los sistemas Kanban requieren que un gestor se adhiera a algunos principios básicos, como la visualización del producto para dividir el trabajo en diferentes tareas mediante la colocación de tarjetas de colores en el tablero, la limitación del límite WIP en cada tarea en cada etapa posterior de la producción, y la medición del tiempo de ciclo para mejorar los procesos involucrados, y para reducir el tiempo total. Estos son los términos básicos del uso de Kanban, mientras que cuando se trata de SCRUM, puede haber nueve términos, 13 términos en el método XP, y 120 en los métodos RUP.

Kanban no es una herramienta de gestión de proyectos o de desarrollo de software y no dice a la gente cómo deben llevarse a cabo los proyectos. No dice a la gente cómo deben planificarse y ejecutarse los diferentes procesos. Sólo proporciona una representación visual del trabajo y mide el progreso de cada equipo.

A diferencia de SCRUM, Kanban puede ayudar a organizar los equipos y mejorar su trabajo en general. Microsoft utiliza Kanban desde 2004 y lo ha empleado en el desarrollo de operaciones en toda la organización.

Lo mejor de este sistema es que puede aplicarse a diferentes departamentos y procesos. Si una organización está acostumbrada a hacer uso de técnicas ágiles como SCRUM y XP, o tradicionales como la cascada, entonces Kanban puede extenderse a estos métodos para mejorar su funcionamiento general, es decir, la calidad del trabajo, el tiempo que se tarda en terminar las tareas, los tiempos de ciclo, etc. Puede ayudar a la organización a producir trabajo de calidad en periodos de tiempo más cortos.

Kanban en el desarrollo de software o productos

Los equipos de desarrollo de software de aplicaciones utilizan Kanban para aplicar los principios Agile y Lean. Los sistemas Kanban proporcionan a los equipos ciertos principios y prácticas que pueden ayudarles a visualizar su trabajo y a ofrecer resultados de calidad en plazos cortos.

Los equipos que utilicen estos sistemas tendrán acceso a una retroalimentación constante que puede ayudarles a mejorar sus estándares de trabajo.

También tendrán acceso a los estudios de mercado y a los gustos de los clientes, lo que agilizará aún más los plazos de entrega.

Los sistemas kanban han evolucionado a lo largo de los años y se han adaptado a diferentes sectores. La industria de la informática se ha beneficiado enormemente de él y sigue invitando a participar. Puede llevar algún tiempo que una empresa adopte los diferentes aspectos que forman parte del sistema, pero una vez hecho, resultará un buen ajuste.

Los sistemas kanban también proporcionan a los equipos las herramientas y técnicas necesarias para mejorar sus acuerdos de nivel de servicio y reducir el riesgo que conlleva la tramitación y el coste de los retrasos en la entrega de los productos finales a los clientes en los plazos adecuados. Los sistemas Kanban ayudan a los equipos de entrega a cumplir las expectativas de los clientes.

Muchas empresas han empezado a utilizar Kanban para la gestión de carteras. Puede proporcionarles agilidad y permite a los equipos realizar las tareas mucho más rápido.

Análisis

Lean Analytics es un enfoque para mejorar su negocio. Se basa en que usted se centre en una única métrica para medir su progreso hacia sus objetivos. El manuscrito se refiere a esa métrica como la Métrica Única que Importa. Es bastante sencillo, ¿no cree?

Para empezar con Lean analytics, debe tener un gran conocimiento del sector en el que se encuentra. También debe conocer el estado actual de su negocio. ¿Está en el camino del éxito? ¿Está fracasando? ¿O todo va bien sin signos de éxito o fracaso repentinos?

El siguiente paso es establecer un objetivo. Puede ser la mejora de las ventas o la expansión de la empresa. Una vez fijado el objetivo, tendrá que determinar la métrica que importa. Si su objetivo es mejorar las ventas, la métrica que importa es el número de ventas que hará su empresa.

La analítica ajustada no es un enfoque estático. Cada empresa tiene sus propias necesidades y cambia, dependiendo del estado en que se encuentre. Esto significa que tiene que cambiar su métrica única que importa de vez en cuando. Debe reevaluar el rendimiento y el objetivo de su empresa para saber cuál es la métrica adecuada que debe utilizar en cada momento.

Startups y Lean analytics

La analítica ajustada impide que una empresa pierda el foco en su objetivo. Las startups se benefician de ello. Les ayuda a superar los escollos iniciales de la creación de una empresa. Ese escollo es el fervor por hacer todas las cosas a la vez y recuperar las inversiones realizadas.

La analítica ajustada empuja a las startups a no pasar por una escala o un crecimiento prematuros. En lugar de expandirse, empuja a una empresa a establecer una base sólida. Las empresas que utilizan lean analytics se convierten en especialistas en soluciones.

Da a la empresa una dirección, y una muy estrecha, por cierto. Como ya se ha mencionado, la analítica lean utiliza una única métrica para medir el progreso. Este enfoque se ha desarrollado a partir de una metodología empresarial llamada Lean Startup.

Lean Startup

Lean startup es una metodología empresarial que promueve la gestión de un negocio lo más ajustado posible. Steve Blank y Eric Reis ayudaron a popularizarla.

La metodología anima a un empresario a crear una empresa con un mínimo de recursos. Esto incluye minimizar los empleados, los productos y los servicios.

Las empresas normales y a gran escala utilizan una navaja suiza para funcionar. Una startup lean solo utiliza un cuchillo sencillo, afilado y flexible.

A medida que la empresa funciona, mejora y añade elementos al negocio cuando es necesario. La progresión significa que la empresa obtiene herramientas esenciales para ayudar al cuchillo único.

Construir, medir y aprender

Cuando se trata del desarrollo de productos y servicios, una Lean Startup utiliza la analítica ajustada. La analítica lean sigue un sencillo ciclo de desarrollo de construir, medir y aprender.

Por ejemplo, si el empresario tiene una idea para un producto, empezará a construirlo. Luego medirá y probará el producto. A continuación, recopilará datos de las mediciones. Y luego aprenderá cómo puede mejorar el producto basándose en los datos y en el análisis de las necesidades.

Las mejoras aprendidas son ideas que utilizará para construir de nuevo. El ciclo se repite hasta que crea el producto perfecto. Durante los ciclos de medición y aprendizaje, las empresas pasan por cinco etapas:

Empatía: Conectar con los clientes y saber lo que quieren.

Familiaridad: Hacer que su marca, productos y servicios se queden en la mente de los clientes.

Viralidad: Hacer que los no clientes descubran tu marca, producto o servicio.

Ingresos: Desarrollar métodos para mejorar aún más los ingresos de sus productos y servicios.

Escala: Ampliar su alcance y su base de clientes.

Por ejemplo, has construido un nuevo modelo de coche. Primero tratará con los clientes y probará el producto. Una vez que terminen de probar el coche, recopilará datos de ellos pidiéndoles su opinión. A continuación, entrará de nuevo en la fase de aprendizaje y construcción.

En la siguiente fase de medición, te abrirás camino para presentar el coche a más gente. Lo harás haciendo el coche más atractivo. Entonces pasa otro ciclo.

Después, te centrarás en el aspecto de los ingresos del nuevo coche. Si compruebas que el modelo es viable para tu negocio, entonces podrás empezar a escalar tu producción.

Para avanzar por las etapas, hay que seguir el modelo de gancho. El modelo de gancho tiene cuatro fases. Lo son:

Desencadenante: Evento que debe realizarse para iniciar la etapa de análisis lean.

Acción: Acción que hay que realizar para actuar sobre el desencadenante.

Recompensa variable: Motivador para hacer que la acción continúe.

Inversión: Motivador para que los interesados pasen a la siguiente fase.

La trampa

Los aficionados, como yo antes, siempre tienden a quedar atrapados en una mentalidad equivocada. Cuando empiezan un negocio, tienden a pensar que es tan simple como:

- Piensa en un producto
- Desarrollar el producto
- Vender el producto
- ¡Ganancia!

Eso sí, no es una mala mentalidad. Al fin y al cabo, se puede simplificar un negocio así. El único problema es que se quedan con esa simplificación. No ven ni descubren los entresijos que hay detrás de cada proceso.

Por ejemplo, un empresario quiere abrir una cafetería. Encuentra un local para ello. Construye la tienda. Enumera el menú que quiere que esté presente en la tienda. Y la abre. Y como antes, su negocio fracasa. ¿Por qué ocurrió eso?

El problema es que el dueño de la cafetería pensó que había terminado después de la etapa inicial. Pensó que el negocio crecería por sí mismo.

Desgraciadamente, no se puede plantar una semilla, regarla durante unos días, dejar que crezca por sí sola y recoger los frutos después. No se puede tratar un negocio de esa manera. No te paras a esperar.

Por un lado, nunca debe terminar la conexión entre usted y el cliente después de que éste compre su producto. Tu trabajo no ha terminado todavía si alguien recibe tu servicio y tu producto. Debes recibir comentarios.

La opinión de los clientes es el elemento más importante para el éxito de un negocio. Los deseos del cliente son su boleto al éxito.

Por ejemplo, ¿se acuerda todavía de Crepúsculo? ¿Recuerda la época en que era el título de manuscritos románticos más popular del mercado? Debido a su inmensa popularidad, muchos autores aficionados y veteranos tuvieron una idea. Se propusieron escribir manuscritos sobre vampiros.

¿Qué ha pasado? ¿Se hizo popular otra historia de vampiros? No. Lo que ocurrió fue que Cincuenta Sombras de Gray ocupó el trono. ¿Era una historia de vampiros? No. ¿Entonces por qué se hizo popular?

El autor de ese manuscrito es un fan del autor de Crepúsculo. Y sabe bien lo que hizo bueno a Crepúsculo. Era una clienta. No se trataba de los vampiros. Se trataba del tipo de romance que hacía que el manuscrito se vendiera bien.

Lo mismo ocurre con otros productos. El hecho de que el té de burbujas sea popular no significa que la gente vaya a comprarte té de burbujas. Los clientes tienen necesidades individuales.

Y si quieres que tu producto se venda, debes satisfacer esas necesidades. Si un determinado té de burbujas es popular, consiga uno y analícelo. Habla con las personas que beben ese producto y pregúntales qué les gusta.

Utiliza los comentarios e imita el té. Véndelo. Y ahora tienes más posibilidades de tener un negocio exitoso.

Consejos para el éxito

¿Por qué no hay más empresas grandes que adopten este enfoque de "lean start-up" cuando se trata de desarrollar nuevos productos o servicios? Para muchas grandes empresas, el proceso y la cultura varían de forma significativa. Una start-up suele tener grupos más pequeños trabajando en un proyecto. Estos grupos más pequeños pueden tomar decisiones con mayor rapidez, obtener fondos y trabajar de forma más eficiente porque son sólo un pequeño grupo de individuos. Muchas grandes empresas no pueden o no quieren trabajar con una mentalidad de grupo pequeño.

En las grandes empresas, las decisiones tardan mucho en tomarse porque los grupos son grandes, por lo que la comunicación se ralentiza y es más difícil. Mantener a todo el mundo en la misma página es casi imposible porque el número de personas que tienen que estar alineadas es muy grande. Según un estudio publicado en el sitio web The Harvard Business View, los contratiempos más comunes con los que se encuentran muchas grandes empresas cuando intentan adoptar un enfoque más ajustado son:

1. **Mostrar a los clientes, inversores o partes interesadas un producto demasiado pronto.**
2. **Ser incapaz de crear productos viables.**
3. **Falta de recursos necesarios.**
4. **Tener un modelo de negocio poco flexible.**

La relación con el cliente cambia. Además, otra de las principales preocupaciones de las grandes empresas proviene de los altos ejecutivos, que consideran que este enfoque de la creación de productos les quita parte de su autoridad, tanto entre los empleados como a los ojos de los clientes. Temen que al mostrar los productos demasiado pronto a los clientes, su credibilidad esté en juego. Confiar en los datos y los análisis les hace sentir que no tienen los conocimientos necesarios para tomar las decisiones más acertadas a la hora de dar vida a un producto.

Las grandes empresas también carecen de innovadores en la empresa. Mientras que muchas de las personas están capacitadas en los aspectos operativos, no muchas tienen el talento para crear productos, servicios o sistemas únicos para seguir el ritmo del mercado cambiante. Hay una cuña que divide el concepto de una empresa de nueva creación y la incorporación de estos conceptos en una gran empresa que tiene más estructura, políticas, ejecutivos y normas.

Con los numerosos desafíos, es obvio por qué muchas grandes empresas o compañías establecidas no logran implementar o implementar adecuadamente el concepto de un modelo lean. En la mayoría de los casos, hay una mayor incomprensión de lo que realmente debe medirse y de lo que debe aprenderse a través del desarrollo del producto. Es posible que las empresas no comprendan la analítica lean o los aspectos de medición y aprendizaje del ciclo lean. Esto se centra en lo que se debe medir y por qué y en cómo hacer un seguimiento adecuado de lo que es importante.

No importa si estás empezando o llevas años en el negocio porque, aunque la idea de lean Start-up es la mejor manera de que muchas empresas crezcan más rápido, también puede ser la solución para que una empresa ya establecida pueda crear productos más innovadores en menos tiempo. A continuación, te presentamos tres sencillos pasos que puedes seguir para incorporar el método lean Start-up a tu pequeña empresa.

1. Identificar el problema del cliente y crear una solución.

Todas las empresas intentan constantemente aportar nuevas ideas, productos, servicios y estrategias de marketing.

Esto se hace hablando con los clientes. No se puede entender lo que necesitan si no se habla primero con ellos. Como en el caso de la creación de Swiffer, esto no tiene por qué significar siempre la realización de entrevistas; puede consistir simplemente en observar lo que hacen tus clientes y cómo lo hacen, y luego prestar atención a la forma en que se les podría facilitar.

Una vez que haya identificado el problema potencial al que se enfrentan sus clientes, tiene que ver si es un problema válido. Para ello, basta con preguntar a personas al azar si creen que es una buena idea o si la utilizarían. Si descubres que hay más gente interesada en esta idea, entonces pasa a probarla.

2. Desarrolle su MVP

El MVP es el punto en el que muchas empresas tienen un problema al aplicar el método Lean Start-up. ¿Cómo se puede sacar un producto al mercado antes de que esté completado al 100%? Esta es la principal preocupación de la mayoría de las empresas que dudan en adoptar un enfoque Lean. Muchas empresas establecidas creen que sacar un MVP desacreditará sus logros, ya que el MVP suele ser la demostración mínima de un producto.

Los empresarios de la generación anterior tampoco comprenden el valor de probar un MVP. Esto se debe a que están acostumbrados a la forma en que siempre han funcionado los negocios y simplemente aceptan que algunas ideas tienen éxito y otras fracasan. Un MVP les obliga a cambiar esta forma de pensar. Esto se debe a menudo a un malentendido de lo que el MVP es o puede ser realmente. El MVP ofrece a un grupo selecto de su público objetivo un adelanto de las características más importantes. Esto puede hacerse a través de un vídeo de presentación, una maqueta a pequeña escala o una inscripción previa al pedido. La idea es dar a conocer el producto a una pequeña parte del público para determinar si tendrá éxito o no y qué se puede cambiar o ajustar para que tenga más éxito.

Este MVP ayudará a eliminar la pérdida de tiempo en el desarrollo de un producto completo que acaba siendo inútil para tus clientes. El MVP no debería llevar mucho tiempo de desarrollo, y no tiene que tener todas las campanas y silbatos; sólo tiene que hacer lo que se pretende hacer. Haz que lo vean y obtén comentarios para determinar si vale la pena seguir adelante.

3. Experimentar y medir los resultados

Experimentar, medir, repetir. Este es el núcleo del método Lean Start-up. Al realizar experimentos, se eliminan los principales riesgos de la ecuación. Se determinan los problemas con los que se puede tropezar, se propone una solución y, a continuación, se prueba la solución para comprobar su validez. Aquí es donde puedes empezar a desarrollar tus ideas y conceptos sobre un producto concreto de forma completa y cómo funcionarán las cosas cuando estén en plena producción. Se trata de experimentos de bajo coste que deberían llevar poco tiempo para empezar. Cuantos más experimentos pueda realizar en un plazo más corto, más información podrá obtener y más seguro estará antes de seguir adelante.

Ciclos de Análisis Lean

El ciclo analítico de Lean es similar al del método científico. A través del ciclo, usted comienza a reunir todos los datos, conceptos e información que tiene hasta el momento y empieza a ejecutar la mejor manera de abordar cada problema empresarial. Para cada etapa, comenzará un nuevo ciclo en el que identificará el problema principal, elegirá la métrica única

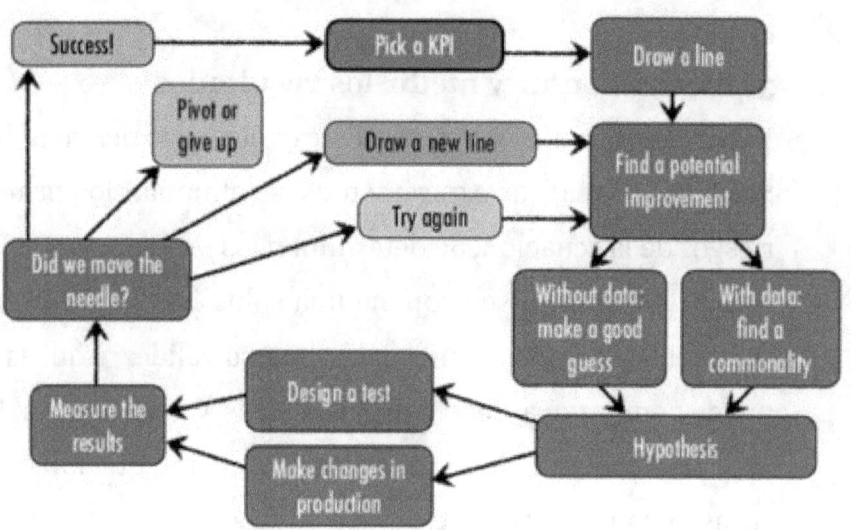

y se pondrá a trabajar.

El ciclo de análisis Lean es vital para ayudarle a empezar esta parte de la metodología de apoyo Lean con su empresa. Este proceso consta de cuatro pasos y el seguimiento de cada uno de ellos puede ser crucial para garantizar su funcionamiento.

El ciclo de Lean Analytics será increíblemente útil cuando comience a recorrer todo el proceso. Echemos un vistazo a los pasos que debe cumplir para utilizar el ciclo de Lean Analytics.

Formular una hipótesis

La hipótesis es cuando se crean diferentes formas de poner a prueba los KPI. Esto puede ser mediante el desarrollo de una campaña de marketing para probar las características de un producto o cambiar sus precios, por nombrar algunos ejemplos. Esta es una etapa en la que debe entrar en juego un nivel de creatividad. La hipótesis te da las respuestas que necesitas para avanzar. Tendrás que buscar la inspiración, y puedes encontrarla de dos maneras. Puedes buscar una respuesta para algo como "Si realizo ____, creo que _____ ocurrirá, y _____ será el resultado".

El primer lugar en el que puede buscar es en los datos que tenga disponibles. A menudo, estos datos le proporcionarán la respuesta que necesita. Si no dispone de ningún dato, es posible que tenga que estudiar un poco para encontrar una respuesta. Podría utilizar algunas de las estrategias de sus competidores, seguir las prácticas que han funcionado bien para otros, hacer una encuesta o estudiar el mercado para ver cuál es la mejor opción.

Lo que tienes que tener en cuenta aquí es que la hipótesis está ahí para ayudarte a pensar como tu público.

Debes seguir haciendo preguntas hasta que entiendas lo que están pensando o aprendas a entender el comportamiento de tu público o cliente.

A menudo puede recurrir a los datos recopilados para encontrar la mejor manera de mejorar su KPI. Fíjese en lo que tienen en común sus clientes. Céntrese en los clientes que hacen lo que usted quiere. Por ejemplo, si se está centrando en reducir su tasa de abandono, o la tasa anual de la frecuencia con la que los clientes dejan de suscribirse a sus servicios, entonces querrá entender por qué los clientes que se quedan se quedan. ¿De dónde vienen? ¿Cuál es su proceso de compra? Métase en la cabeza de sus clientes para formar su hipótesis.

Si no tiene datos recogidos, puede recurrir a otras fuentes para hacer la mejor conjetura. Hazlo así:

- **Entender su mercado.** Las encuestas, los comentarios, o simplemente salir a la calle y hablar con su público pueden darle suficiente información para crear su hipótesis.

- **Observe lo que hacen sus competidores.** Aunque tengas tu idea única en mente, no está de más basarte en lo que ya se está haciendo para entender cómo se puede mejorar. Puede que tus competidores estén haciendo algo bien que tú puedes implementar pero también mejorar; no sabrás cómo mejorarlo si no lo pruebas tú primero.

- **Póngase al día sobre las mejores prácticas.** Puedes inspirarte leyendo sobre las formas de hacer negocios de diferentes empresas. ¿Cómo utilizan el marketing de contenidos? ¿Cómo han podido crecer rápidamente? Entender las mejores prácticas en su industria y en el mundo de los negocios puede conducir a una hipótesis que realmente acelere su crecimiento.

- **La hipótesis se crea pensando en la acción que se va a realizar y en el resultado de la misma.** El resultado debe llevarle al resultado deseado. Debe redactarse de esta manera:

- **Si hago (inserte la acción), creo que ocurrirá (inserte el resultado), lo que me permitirá obtener (el resultado deseado).**

- **Esta hipótesis debe colocarse en un lugar donde usted y su equipo puedan verla a diario.** Tenerla presente de forma visual le recordará en qué está trabajando.

Experimento

Una vez que haya establecido su hipótesis, empezará a idear una forma de ponerla en práctica. Esto puede requerir hacer cambios en el proceso de producción para probar el producto con la mitad de sus clientes.

A la hora de elegir una vía de experimentación, debe ser capaz de responder al quién, al qué y al por qué de su público objetivo.

- **¿A quién va a ir dirigido su experimento?** Tienes que saber con qué público objetivo quieres probar tu experimento o qué público objetivo esperas que actúe de una manera determinada. Tienes que saber si el público al que intentas llegar es el adecuado si le atraes y si su comportamiento puede cambiar.

- **¿Qué quiere que haga este público objetivo?** Tiene que tener claro lo que le pedirá a este público que haga. Deberá determinar si hay algo que pueda obstaculizar que realicen lo que usted espera que hagan y cuántos de ellos harán lo que usted quiere que hagan.

- **¿Vale la pena lo que les pides?** Tiene que asegurarse de que sus objetivos entienden por qué querrían hacer lo que usted les pide. ¿Cuál es su motivación para hacerlo, o qué los lleva a hacer lo mismo por un competidor pero no por ti? Su público objetivo quiere saber qué les aporta, y si lo que usted ofrece es más atractivo o conveniente que lo que ya ofrece su competidor.

Las respuestas a estas preguntas se derivan del desarrollo de sus clientes, que es la forma en que usted puede entender completamente a sus clientes.

Después de responder a estas preguntas, deberías tener una declaración parecida a: QUIÉN hará QUÉ porque POR QUÉ.

El quién, el qué y el por qué deben dar como resultado la mejora de su KPI. Si tiene una hipótesis sólida, entonces ideará un experimento sólido para probar esta hipótesis. Una vez que haya decidido el experimento, pase a determinar cómo va a medir el resultado. Antes de empezar a medir, necesita tener una línea de base inicial con la que comparar.

Los tipos de experimentos pueden incluir:

- *Campañas de marketing*
- *Rediseño de la aplicación*
- *Cambio de precios*
- *Localización de los gastos de envío*
- *Probar diferentes plataformas*
- *Redacción o uso de palabras*
- *Resto de novedades*
- *Cómo atrae su negocio a los clientes.*

Mida sus resultados y decida

¿Su experimento fue un éxito, o aprendió lo que no funcionó? Si tu experimento ha sido un éxito, entonces puedes pasar a determinar la siguiente métrica a probar y empezar a experimentar de nuevo.

No se puede empezar un experimento y luego abandonarlo.

Tienes que medir su funcionamiento para determinar si realmente está funcionando, si son necesarios algunos cambios o si tienes que trabajar desde cero. Entonces podrás decidir los siguientes pasos que debes dar. Algunas de las cosas que hay que tener en cuenta al medir los resultados durante esta etapa son

- **¿Ha sido un éxito el experimento?** Si lo es, entonces la métrica está hecha. Puedes pasar a buscar la siguiente métrica que ayude a tu negocio.

- **¿Ha fracasado el experimento?** Entonces es el momento de revisar la hipótesis. Debes detenerte y tomarte un tiempo para averiguar por qué ha fallado el experimento, de modo que tengas más posibilidades de conseguir una buena hipótesis la próxima vez.

- **El experimento se ha movido pero no se ha acercado al objetivo definido.** En este caso, tendrá que definir un nuevo experimento. Puedes quedarte con la hipótesis si todavía te parece viable, pero tendrías que cambiar el experimento.

Si has tenido mucho éxito, esto no significa que te des por vencido. Ahora tienes varias opciones para seguir adelante:

- Si el experimento no tuvo ningún éxito, considere primero lo que aprendió y luego vuelva a plantear su hipótesis. Es posible que tenga que idear un nuevo público objetivo, una nueva acción realizada por el público objetivo o un nuevo factor de motivación.

- Si tuviste un ligero éxito con tu experimento, vuelve a mirar primero lo que aprendiste, luego haz pequeños ajustes en tu experimento y vuelve a intentarlo. Si tu experimento ha tenido cierto éxito, puede que tu hipótesis no sea del todo errónea; puede que sólo tengas que ajustar algunas cosas.

A través del experimento, podrá determinar si el resultado le acerca a su objetivo final. Si te acercas al objetivo final, entonces puedes pasar a la siguiente métrica que importa. Si, por el contrario, notas que te alejas del objetivo, tienes que evaluar tus datos y hacer un cambio en tu negocio, tu modelo o tu mercado.

Decidir

Después de estudiar todos los datos y determinar si tu experimento ha sido un éxito o no, ahora tienes que decidir: *¿pivotar o perseverar?*

A veces, hay que cambiar la estrategia para cumplir con la visión general que se tiene de ese producto. Esto puede requerir simplemente ajustar una parte de su experimento y repetir el proceso. Puede que tenga que pivotar en una nueva dirección en una o más áreas.

Pivotar no significa fracasar; es una forma de enfocar lo que funciona o no funciona en el proceso. Cuando se puede detectar lo que no funciona, se pueden hacer ajustes para experimentar en una nueva dirección.

También puedes perseverar. En este caso, no hay que pivotar sino avanzar. Cuando tu experimento sea un éxito, podrás sentirte seguro de que estás en el camino correcto para desarrollar el producto adecuado.

Tipos de sistemas Kanban

Muchas organizaciones han empezado a utilizar los sistemas Kanban para mejorar su productividad. Hay diferentes tipos de tarjetas que se pueden utilizar en un sistema Kanban, ya que Kanban, a diferencia de 6-Sigma, no es una metodología fija. Por esta razón, se puede utilizar para diferentes propósitos. Los diferentes tipos de sistemas Kanban se enumeran en esta parte. Esta no es una lista exhaustiva del sistema Kanban puede significar cosas diferentes para varias organizaciones.

Kanban para proveedores

Un proveedor es una organización o individuo del que otra organización se abastece de material para fabricar sus productos. Este sistema se mueve directamente hacia el proveedor y a menudo se introduce como una representación del fabricante.
Independientemente del tipo de sistema Kanban utilizado, es importante tener en cuenta que un sistema Kanban es una forma de aumentar la productividad y la calidad de los productos y servicios proporcionados por una organización.

A través de Kanban

Los sistemas Kanban comprenden tanto los sistemas Kanban de producción como los de retirada.

Estos sistemas se utilizan en situaciones en las que los puestos de trabajo asociados a los dos sistemas Kanban son adyacentes. Este sistema acelera el proceso de producción. Por ejemplo, si una organización tiene el área de producción y el área de almacenamiento subsiguientes, el sistema sacará piezas de los dos sistemas y operará con esas piezas a través de la cola de producción.

Kanban de retirada

Este sistema también se conoce como Kanban de transporte o de tarjetas de transporte. Si hay que trasladar algún componente del Kanban de producción a otro tipo, se utiliza este sistema para señalizarlo. Las tarjetas están conectadas a diferentes tareas que deben ser llevadas a un lugar de trabajo cuando deben ser completadas. Una vez completadas las tareas, las tarjetas se devuelven.

Kanban de emergencia

Este tipo de sistema se utiliza para reemplazar cualquier pieza defectuosa o para señalar a todo el equipo que ha aumentado o disminuido la cantidad de un producto o servicio que debe fabricarse. Las organizaciones suelen utilizar sistemas Kanban de emergencia cuando una parte concreta de un sistema ha dejado de funcionar como se supone que debe hacerlo o cuando se produce algún cambio en el proceso.

Kanban de producción

Este sistema se compone de una lista exhaustiva de tareas que deben completarse para garantizar la entrega de un producto a tiempo. Este sistema aporta información sobre los diferentes materiales y piezas que se necesitan junto con la información de los sistemas de retirada. Este sistema permite al equipo comenzar con la producción del producto y también explicar los servicios o productos que deben producirse.

Kanban exprés

Este sistema entra en escena cuando hay escasez de piezas en el sistema. Estos sistemas envían señales a los equipos para que aumenten el número de piezas que se necesitan para completar el proceso en cuestión. Este sistema tiene como objetivo garantizar que el proceso de fabricación o de producción no se ralentice. Estos sistemas suelen llamarse sistemas Kanban de señales, ya que se utilizan para activar cualquier escasez o compra.

Tabla Kanban

El tablero Kanban permite a los equipos visualizar el trabajo y el flujo de trabajo. Los equipos pueden utilizar este tablero para optimizar el flujo de trabajo. Si quieres utilizar un tablero Kanban físico, puedes utilizar una pizarra blanca y notas adhesivas.

Estas notas comunicarán el progreso, los problemas y el estado de cada tarea. También puede utilizar tableros Kanban en línea, pero estos son solo un refinamiento del tablero Kanban físico.

La técnica Kanban no surgió hasta la década de 1940, cuando Toyota replanteó su enfoque de la ingeniería y la fabricación. Los trabajadores de la línea utilizaban tarjetas Kanban reales para hacer saber a sus proveedores que había una demanda de algunas piezas en la línea de montaje. Esto facilitó la comunicación de los equipos entre sí sobre el trabajo que debía completarse y para cuándo. Este proceso también ayudó a maximizar el valor y a reducir los residuos.

Como ya se ha mencionado, la aplicación de Kanban no sólo está influenciada por el Sistema de Producción Toyota, sino también por el pensamiento Lean. Esta nueva versión de Kanban surgió en 2005. Los principios básicos de Kanban, tratados en el primer volumen, son los mismos en la mayoría de los sectores, incluidos la gestión de recursos humanos y el desarrollo de software. Los principios de Kanban son los siguientes:

- **Visualizar su trabajo**
- **Limitar el trabajo en el proceso**
- **Centrarse en el flujo de trabajo**

- **Practicar la mejora continua**

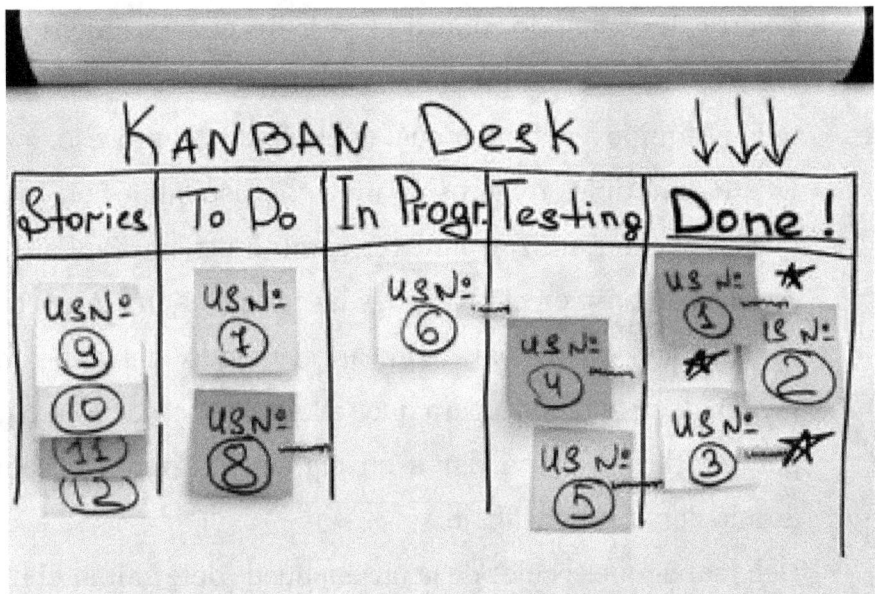

Visualizar el trabajo y el flujo de trabajo

Cuando se trata de la fabricación, el flujo de trabajo completo es siempre visible. Uno puede ver el flujo de trabajo a través de la línea de producción. En los trabajos que requieren cierto conocimiento, el proceso es opaco. Esto significa que es necesario mapear el proceso en el tablero Kanban, y utilizar tarjetas para representar el trabajo. Esto proporciona visibilidad en el flujo de trabajo y también da a la gente la oportunidad de ver los diferentes aspectos del trabajo.

Dado que la mayoría de los equipos tienen su propio proceso para completar sus tareas, los tableros Kanban darán a los equipos la libertad de mapear su flujo de trabajo.

Deberá colocar los procesos simples en el tablero en forma de carriles verticales.

Si tiene procesos complejos, puede utilizar carriles horizontales y verticales. Cuando mapee el proceso que es único para su equipo, hará que su proceso sea transparente. Esto ayudará a todo el equipo a entender cuál es el estado del proceso.

Existen múltiples tableros de muestra disponibles en Internet que se pueden utilizar para ver cómo funciona Kanban. Cada carril es un paso en el proceso, y las tarjetas Kanban se colocan contra cada carril para indicar el estado del proceso. Al personalizar el tablero para que refleje el proceso de su equipo, puede utilizarlo para dar a su equipo información sobre el estado del flujo de trabajo.

Debe saber que el color de la tarjeta puede determinar el tipo de trabajo o su prioridad. Cualquier indicador visual, como avatares o iconos de usuario, puede colocarse en la tarjeta para indicar a quién se asigna el trabajo. También puede utilizar estos iconos para indicar la clase de servicio, la fuente de la demanda y cualquier otro detalle que sea relevante para el trabajo que está realizando su equipo. Siempre puedes decidir el aspecto de tu tablero y cómo debe representar cada tarjeta el trabajo que estás realizando.

Visualizar tu flujo de trabajo y tu obra tiene muchas ventajas. Puedes empezar por entender cómo procesa la información tu cerebro. El cerebro humano puede entender cualquier información visual 60.000 veces más rápido que el texto. Dado que puedes crear una imagen de tu trabajo utilizando un tablero Kanban, la visualización hace que sea más fácil y rápido para los miembros del equipo entender el progreso y el estado.

Puede mostrar estos detalles visuales en un solo lugar, lo que minimiza el tiempo que el equipo necesita para seguir el progreso. Esto también reducirá el número de reuniones de estado que tendrá que celebrar. Las partes interesadas y los miembros del equipo pueden utilizar el tablero Kanban y las tarjetas para comunicar información de alto valor de forma sencilla y transparente.

Optimice el flujo de su trabajo

El beneficio anterior es sólo uno de los muchos beneficios de utilizar el sistema Kanban y el tablero Kanban. A través de Kanban, los equipos pueden deshacerse de las listas de tareas visuales. Pueden optimizar eficazmente su flujo de trabajo y sus herramientas, lo que mejorará la colaboración. Esto se debe a que los equipos pueden limitar el trabajo en curso, ser transparentes sobre su trabajo, y reunir las métricas necesarias para mejorar y medir la productividad y la eficiencia.

El objetivo del sistema Kanban es limitar la cantidad de trabajo que está en proceso para que el trabajo que fluye hacia el sistema pueda ser gestionado fácilmente. En palabras sencillas, los sistemas sólo pueden manejar cierta cantidad de tráfico, por lo que es importante garantizar que el tráfico se mueva sin problemas a través de los distintos pasos del proceso.

Cuando el sistema está sobrecargado de trabajo, las cosas ciertamente se ralentizarán y el flujo se convertirá en un atasco. Es fácil detectar el trabajo que está atascado en un tablero

Kanban, ya que cualquier retraso afectará al trabajo que está en los carriles. Esto dará al equipo claridad sobre qué trabajo debe completarse inmediatamente para eliminar cualquier retraso.

Puede utilizar más de un límite de trabajo en curso en un tablero Kanban. Este límite es más bien una restricción que se aplica a algunas partes del flujo de trabajo o a todo el proceso. Cuando se utilizan estos límites, se puede mejorar la forma en que los flujos de trabajo a través de los pasos que ha definido en el tablero. Esto ayudará a mejorar la eficiencia de su equipo.

Cuando su sistema Kanban esté correctamente implementado, se convertirá en el centro de la mejora continua. Un equipo siempre puede medir su eficacia mediante el seguimiento de sus tiempos de entrega a lo largo, la calidad, y más. El análisis y los experimentos pueden ayudar al equipo, y la organización cambia el sistema. Esto ayudará al equipo a mejorar su eficiencia y eficacia.

Dirigir un proyecto con Kanban

A la hora de incorporar Kanban a un proyecto, es importante tener en cuenta que el proyecto en sí no tiene un carácter iterativo según la metodología Kanban. Más bien, Kanban es un tipo de sistema de gestión de flujos de trabajo que permite realizar las tareas de forma secuencial y lineal. Como resultado, la gestión del flujo de tareas se vuelve mucho más eficiente, lo que le permite reducir el tiempo y las pérdidas.

¿Cómo es eso?

La razón es que Kanban no es una metodología iterativa como lo es Scrum. Como tal, la forma en que un proyecto se ejecuta bajo el principio de Kanban está destinado a ser incremental. Así, una tarea da paso a otra, y así sucesivamente. Como hemos dicho antes, hay una clara necesidad de que una tarea sea eliminada del tablero antes de que otra pueda comenzar. Si hay demasiadas tareas en el tablero al mismo tiempo, el proyecto puede acabar retrasándose.

Es importante señalar que un Kanban tiene un principio y un final. A diferencia de Scrum, no hay sprints. Sin embargo, hay ciclos. Cada ciclo se completa cada vez que se realiza una Historia de Usuario. Cuando se completa una historia de usuario, se puede convocar al cliente para obtener una actualización del proceso del proyecto. Así, el inicio del proyecto está marcado por el kickoff oficial mientras que el final del proyecto se marca cuando el cliente da el "ok" final.

Cómo empezar con un proyecto Kanban

Los proyectos basados en Kanban comienzan como cualquier otro proyecto. Hay un cliente que quiere hacer algo y un equipo de proyecto que puede hacerlo. Al igual que Scrum, el cliente puede ser externo o interno, dependiendo de la dinámica del proyecto.

Aquí es donde las cosas divergen un poco de Scrum. En un proyecto Kanban, existe el líder de un "gerente de proyecto" que es el dueño del proyecto, por así decirlo. El gerente del proyecto tiene la tarea de ser la persona que coordina la parte administrativa del proyecto. A diferencia del propietario del producto, el gestor del proyecto puede ser una parte interesada interna que es responsable de garantizar que el proyecto se lleve a cabo.

El director del proyecto es responsable de elaborar la carta del proyecto y cualquier otra documentación pertinente que pueda ser necesaria como parte de la gobernanza del proyecto. Hay que tener en cuenta que la documentación debe ser la mínima posible. Por lo tanto, sólo debe elaborarse la documentación necesaria para asegurarse de que las reglas del juego están claras.

A continuación, el director del proyecto puede buscar un gestor de solicitudes de servicio. El SRM puede ser una persona adicional que se dedique exclusivamente al proyecto en sí, o el gestor del proyecto puede duplicar su función.

De hecho, tiene mucho más sentido que el director de proyecto desempeñe esta función por partida doble, ya que significa que hay una línea menos de información.

Esto reduce la pérdida de tiempo entre los distintos interlocutores que se comunican. Como tal, este concepto diverge de Scrum, ya que las partes interesadas y los Propietarios de Producto son individuos diferentes. En Kanban, no importa realmente, sobre todo cuando las partes interesadas están interesadas en garantizar que el proyecto se realice.

El director del proyecto, o SRM, se encarga de definir el alcance y los resultados del proyecto. Al sentarse con el cliente, el director del proyecto puede determinar lo que hay que hacer. Esta gestión del flujo de trabajo conduce a la creación de Historias de Usuario. Las Historias de Usuario, al igual que Scrum, son la descripción de los usuarios finales que interactuarán con los resultados finales entregados por el proyecto. Al final, las Historias de Usuario crean el Backlog del proyecto. El Backlog se compone únicamente de Historias de Usuario como las tareas se determinan a lo largo de por el equipo del proyecto.

Una vez definidos el alcance del proyecto y las Historias de Usuario, el gestor del proyecto puede proceder a reunir el equipo del proyecto. Cabe señalar que no hay un número prescrito de miembros del equipo, como es el caso de Scrum. El número de miembros del equipo puede ser tan alto como sea necesario. De hecho, los proyectos grandes funcionan bien con

Kanban, ya que no hay restricciones en la dinámica del flujo de trabajo. Dado que Kanban es de naturaleza secuencial, el director del proyecto puede simplemente ir determinando lo que hay que hacer y cuántas personas tienen que hacerlo.

Por ello, el gestor del proyecto debe ser una persona con experiencia en el ámbito del proyecto. El gestor del proyecto tiene que entender las necesidades de las tareas que se van a realizar para determinar el tiempo que llevarán las tareas y cómo deben realizarse. Si bien el equipo del proyecto tiene libertad para determinar su flujo de trabajo, el gestor del proyecto tiene que ser el guía del ritmo general del proyecto.

Reunir el equipo

Como ya se ha dicho, el director del proyecto tiene la misión de reunir al equipo. Dado que el director del proyecto es el principal interlocutor con el cliente, no puede estar totalmente inmerso en el proyecto. Esto significa que no pueden tener un papel funcional dentro del equipo del proyecto, aunque el director del proyecto puede contribuir de cualquier manera.

El perfil de cada miembro del equipo debe ajustarse a las necesidades del proyecto. Así, si el equipo está construyendo una casa, se necesitan fontaneros, albañiles, electricistas, carpinteros, etc.

El número real de cada tipo de miembro viene determinado por el alcance global del proyecto. Así, un proyecto pequeño requerirá un número menor de miembros, mientras que un proyecto grande requerirá un equipo mayor.

En general, el equipo del proyecto se autorregula. Esto significa que son capaces de distribuir el flujo de trabajo como consideren oportuno. Esto significa que se anima a los miembros del equipo a rotar de una tarea a otra siempre que sean capaces de completarlas a tiempo. Lo último que se quiere es una estructura rígida en la que todos se encasillen en un papel del que no puedan salir. Al fomentar la comunicación colaborativa, el equipo puede determinar quién hace qué y cuándo.

Sin embargo, hay que tener en cuenta que el director del proyecto tiene la decisión oficial de priorizar las Historias de Usuario. La priorización de las tareas relacionadas con esa Historia de Usuario depende del equipo del proyecto. Lo que importa es que cada tarea individual se complete dentro del tiempo asignado (time boxing) y que la Historia de Usuario se complete dentro del plazo establecido al inicio del proyecto.

En cuanto a la función de Service Delivery Manager, el SDM debería ser un miembro del equipo del proyecto que se desdoble en esta función. Dado que el objetivo principal de esta función es garantizar la calidad y la mejora continua, tiene sentido que un miembro del equipo desempeñe esta función.

Por supuesto, este papel no tiene ninguna autoridad, por lo que no pretende ser un "jefe" que supervise a todos los demás. Si quieres desempeñar esta función de forma democrática, puedes rotar el cargo entre los miembros que estén cualificados y dispuestos a hacerlo. De este modo se reparte la responsabilidad y no se hace recaer la carga únicamente en una persona.

Repartir el tiempo

Dado que Kanban es secuencial, el tiempo se gestiona determinando el tiempo que deben durar las tareas individuales. Así, en lugar de encajar X número de tareas en X cantidad de tiempo, se asigna X cantidad de tiempo a X número de tareas. Esto significa que el tiempo tiene que ser consciente de cuánto tiempo necesita realmente para hacer las cosas. Por eso es una buena regla general sobrestimar el tiempo de las tareas en un 20% aproximadamente. Si alguna vez sobra algo de tiempo, hay que destinarlo a las pruebas. Tenga en cuenta que las pruebas son de suma importancia en el ámbito de un proyecto basado en Agile.

En cuanto al número de días y horas que un equipo de proyecto tiene previsto trabajar, lo determina el propio equipo. Esto significa que el equipo debe calcular el tiempo que va a dedicar a cada una de las tareas. Una vez completada una tarea, pueden pasar a la siguiente. Se desaconseja duplicar las tareas o realizar varias tareas a la vez, ya que esto puede hacer que la columna "En curso" se atasque.

Por último, cabe señalar que, dado que Kanban se centra en el progreso incremental, los ciclos nunca se distribuirán uniformemente. Por lo tanto, algunos ciclos pueden ser más largos que otros. Esto es algo que el cliente debe tener en cuenta.

Ciclos de proyectos

En resumen, un ciclo de proyecto se refiere a la transición de una Historia de Usuario desde el Backlog hasta la columna "Completado". El ciclo global viene determinado por el paso de la Historia de Usuario de un boceto a una pieza de trabajo. Esto es cuando el cliente puede ver lo que el equipo ha producido en cada etapa del proceso.

Estas son las principales etapas del ciclo:

Backlog. Las Historias de Usuario son creadas por el director del proyecto y asignadas al Backlog. Dependiendo de la naturaleza de las historias de usuario, el director del proyecto puede decidir dar prioridad a una historia a la vez, o tal vez abordar varias historias simultáneamente, siempre y cuando el equipo del proyecto sea capaz de manejarlo.

Planificado. En este punto, el equipo del proyecto se reúne para planificar cómo se completará la historia de usuario en términos de las tareas que deben realizarse. El trabajo se divide y se asigna a cada miembro del equipo. En este punto se puede nombrar al SDM y encargarle el seguimiento del tiempo.

En curso. La Historia de Usuario se mueve a esta columna junto con todas las tarjetas que corresponden a las tareas en curso. El SDM debe asegurarse de que el tablero se actualiza constantemente a medida que las tareas se completan y se trasladan a la siguiente columna. Hay que tener en cuenta que todo aquello en lo que se sigue trabajando está en progreso.

Desarrollada. La tarea terminada se considera desarrollada cuando no se necesita trabajo adicional en ella. Entonces, la tarjeta se traslada a esta columna mientras la tarea espera a ser probada.

Probado. Por lo general, hay un equipo de pruebas asignado a esta tarea. El equipo de pruebas sólo debe probar tantas tareas como tenga capacidad para ello. A menudo, no pueden probar varias tareas a la vez; esto significa que podrían tener que probar una tarea a la vez. Una vez que se hayan probado las tareas y se hayan superado los criterios, la tarjeta se puede trasladar a esta columna. Cuando todas las tareas han sido probadas, y la Historia de Usuario completa ha sido probada, la tarjeta de Historia de Usuario puede ser movida a la columna

"Probada".

Completada. Por último, una vez que se han completado todas las pruebas y el cliente da luz verde, la historia de usuario puede pasar a la columna "completada". Las tareas individuales que se han desarrollado, probado y aprobado también van a esta columna.

Construir un equipo Lean

Independientemente de si se trabaja en una startup o en la construcción de un proyecto interno en una organización establecida, el enfoque de equipo lean maximizará la eficiencia y los resultados en tiempos inciertos. Dicho esto, es difícil reunir un grupo que pueda ejecutar esta visión. Este proceso también viene acompañado de los retos y preguntas rutinarias propias de la metodología. A continuación, vea siete pasos que puede utilizar para crear un equipo Lean.

Empezar de a poco

Amazon sigue el enfoque del "equipo de dos pizzas". En este enfoque, siempre hay que empezar con un equipo pequeño si se quiere trabajar en el desarrollo de nuevos métodos. El objetivo es desarrollar un equipo que pueda alimentar fácilmente con sólo dos pizzas. Cuando tenga un equipo más pequeño, verá que los miembros se vinculan más rápidamente, lo que mejorará la comunicación dentro del equipo. Un equipo pequeño también garantiza que las decisiones se tomen rápidamente y que se puedan probar nuevos métodos con mayor rapidez. También hay una mayor responsabilidad, ya que cada miembro del equipo es consciente de lo que tiene que hacer.

Hacer que el equipo sea multifuncional

Sí, hay muy poca gente en el equipo. Esto no significa que no se aprovechen sus habilidades. Todo equipo lean debe ser interfuncional, lo que significa que los distintos miembros del equipo deben aportar una capacidad o habilidad diferente que represente a los distintos departamentos de la empresa. En las organizaciones empresariales, los equipos cuentan con empleados de los mismos departamentos, y una vez que completan su trabajo, los resultados o la producción se comparten con el siguiente departamento. Este es un enfoque ineficaz, ya que las ideas no se comparten entre los departamentos, lo que dará lugar a soluciones deficientes.

Si quieres crear un equipo interfuncional, primero debes sentarte y comprender las necesidades del proyecto. Debe entender el proyecto e identificar los diferentes departamentos que deben participar para avanzar. También debe identificar los posibles obstáculos y ver cómo se pueden evitar. Eric Rise, en su manuscrito anterior, habla de un proyecto industrial. Para este proyecto, el equipo debe incluir un diseñador de productos, un miembro con experiencia en fabricación y un comercial o vendedor que entienda las necesidades de los clientes. Un proyecto en una industria diferente requerirá un conjunto diferente de personas. Hay numerosas combinaciones que se pueden contemplar, en función de lo que se quiera conseguir al final del proyecto.

Todo gestor de proyectos o jefe de equipo debe ser consciente de cuál es el proyecto y ver también si necesita obtener algunos permisos del departamento legal. Asegúrate de identificar desde el principio los diferentes departamentos que deben participar en el proyecto para evitar retrasos. Siempre puedes pedir voluntarios si tienes problemas para encontrar una persona de un departamento específico que se una a tu equipo.

Nunca confíes demasiado en los jugadores del equipo

La mayoría de los gestores de proyectos cometen el error de depender de los mismos empleados para que el equipo trabaje en conjunto. Esto repercutirá en la productividad y la satisfacción de esos empleados, ya que estarán sobrecargados.

La Harvard Business Evaluation realizó un estudio para conocer la satisfacción de los empleados.

El estudio concluyó que los empleados que siempre están muy solicitados porque se les considera colaboradores en su empresa tienen las puntuaciones más bajas de satisfacción con su carrera y su compromiso. Algunos expertos afirman que es fácil prevenir la sobrecarga reduciendo algunas reuniones innecesarias, y hacer saber a los individuos que está bien que digan que no y dejen que otro ocupe su lugar.

Formar a las personas para que sean inteligentes en el equipo

Es importante asegurarse de que todos los empleados de un equipo destaquen en él. Para ello, hay que invertir en formación. Las empresas cometen el error de centrarse en ayudar a un miembro del equipo a desarrollarse profesionalmente a nivel individual. Desarrollan programas de formación que no se centran en los equipos, sino sólo en las personas. Los directivos y los empleados nunca reciben formación sobre cómo pueden contribuir eficazmente al equipo o cómo construir un equipo mejor. Muchas empresas son tontas en cuanto a equipos, ya que la inteligencia colectiva del equipo es independiente de la inteligencia de sus miembros.

Una empresa con los empleados más inteligentes puede tener equipos terribles. Un trabajo publicado en 2010 en la revista Science demostró que la inteligencia colectiva o "factor c" está correlacionada con la comunicación y el ambiente dentro del equipo.

Este factor depende de cómo se desarrollen las conversaciones en el equipo, de la sensibilidad social del grupo y del número de mujeres que haya en él. Esta investigación también sugirió que los equipos que fracasan en la realización de una tarea son propensos a fracasar también en todas las demás. Usted, como director del proyecto, puede aumentar el factor c en el equipo orientando a los distintos miembros del equipo sobre cómo trabajar juntos.

Creación de un entorno favorable al riesgo

Si quieres crear avances o encontrar soluciones innovadoras, necesitas ideas audaces y la voluntad de cometer errores. Los miembros de los equipos lean deben aprender a aceptar el fracaso y el riesgo. Es difícil crear esta mentalidad en los equipos, ya que la mayoría de las organizaciones todavía siguen el principio de "el fracaso no es una opción". La dinámica del equipo hará que sea difícil cambiar esta mentalidad, ya que todos los miembros del equipo querrán ir a lo seguro. Nadie querrá quedar como un tonto delante de sus colegas. Dicho esto, puedes utilizar algunas herramientas pragmáticas y conocimientos psicológicos para entrenar a tu equipo para que se sienta valiente a la hora de fracasar y asumir riesgos.

Cada miembro del equipo tiene un rasgo diferente, pero como todos son seres humanos, la mayoría de sus patrones de comportamiento y psicológicos son los mismos.

Esto puede parecerle obvio ahora, pero la verdad es que la gente suele pasar por alto esta idea. Las empresas solo se centran en las personalidades, las capacidades y la experiencia de los individuos que contratan, pero las investigaciones afirman que personas con diferentes capacidades pueden trabajar juntas y entregar proyectos a tiempo si se crea el entorno adecuado para ellas.

Es importante hacer saber a sus equipos que sus decisiones no darán lugar a litigios o a la pérdida de millones de dólares. Debe ayudar a sus equipos a entender qué puede deshacerse y qué no. Un equipo debe tener un botón de marcha atrás en algún momento en el que pueda dar un paso atrás, aceptar que no va a funcionar e intentar un enfoque diferente. Sin embargo, deben tomar esas decisiones rápidamente. Si el equipo trabaja en la identificación de los riesgos reversibles, la gente no se atascará porque esto reducirá la posibilidad de un juego de culpas.

Entender las necesidades del equipo

Todos los miembros de un equipo se incorporan a él con unas suposiciones concretas, y trabajan para intentar comprender cómo realizar su trabajo. También tienen algunas suposiciones sobre cómo debe funcionar la comunicación en el equipo.

Si quiere asegurarse de que su equipo funciona como una unidad cohesionada, debe comprender los diferentes supuestos con los que trabaja cada individuo.

Todos los miembros del equipo andan con una suposición sobre cómo debe comportarse cada miembro del equipo. Si hay un individuo que interrumpe constantemente a la gente, los demás miembros del equipo pueden creer que es un imbécil.

Por ello, los expertos recomiendan que todo equipo desarrolle una carta de normas. Estas normas responderán a preguntas sencillas como:

- ¿Cómo queremos trabajar juntos?
- ¿Cómo reaccionamos ante una situación en la que no estamos de acuerdo?
- ¿Vamos a hacer algunas propuestas?
- ¿Va a haber discusiones sobre las tareas?
- ¿Cómo llegamos a una decisión?

Cuando elabore la carta, identifique las diferentes escalas que desea cubrir. Asegúrese de que cubre las escalas relativas a la evaluación, la programación, la comunicación, el desacuerdo, la confianza, la persuasión, la decisión y la dirección.

Medir para aprender y mejorar el equipo

Independientemente de si quiere crear un nuevo equipo o mejorar uno ya existente, no puede empezar sin tener en cuenta al equipo y medirlo.

Sus mediciones no tienen que ser elaboradas, y pueden ser tan sencillas como evaluar el sentimiento actual del equipo. Con ello, debe tratar de entender cómo se siente la gente con respecto al espíritu de equipo.

Puede evaluar esto durante cada reunión del equipo. Pida a los miembros de su equipo que le den una calificación entre uno y cinco. Si no se sienten cómodos compartiendo la calificación delante de todo el equipo, puedes pedirles que la califiquen en un papel. Cuando recibas la información, deberás actuar en consecuencia. Por ejemplo, si la mayoría de los miembros del equipo han calificado el espíritu como uno, debes dedicar algún tiempo a entender por qué se sienten así y trabajar para desarrollar una solución que atienda el problema. Al hacer esto, aplicas la metodología de construcción-medida-aprendizaje de lean startup a tu equipo.

Los equipos varían en la empresa, pero un equipo "lean" sólo será eficaz si es pequeño y sus miembros tienen capacidades diversas. Es importante que usted, como director del proyecto, establezca las normas básicas, se asegure de que todos los miembros contribuyen y compruebe con el equipo cómo se sienten los individuos con respecto al equipo y al entorno. A partir de aquí, puede trabajar sobre los comentarios que reciba y mejorar los procesos. Debe recordar que usted y su equipo deben trabajar para mejorar continuamente, y esto significa que nunca puede aceptar que su equipo sea perfecto.

Eventos Kaizen

Evento Kaizen estándar de 5 días

Los Eventos Kaizen Estándar de 5 Días, también denominados Blitz Kaizen o Eventos de Mejora Rápida (EML), son actividades de mejora específicas (PDCA) utilizadas por los equipos para implementar mejoras rápidamente en un área específica. Los equipos utilizan el Evento Kaizen Estándar de 5 Días para implementar mejoras significativas en un plazo relativamente corto.

A continuación se presenta la lista de comprobación de la determinación rápida del evento kaizen estándar de 5 días para asegurarse de que se trata del tipo de evento kaizen necesario dada su situación específica. Asegúrese de que la mayoría de las características están marcadas como Sí o Probable en la columna de su situación.

Standard 5 Day Kaizen Event Quick Determination Checklist						
Characteristic	YES or LIKELY	Your Situation	Characteristic	YES or LIKELY	Your Situation
Large Scope (crosses departments)	✓		Management Involvement	✓	
			5S Applied	✓	
Small Scope (within the department)	✓		Training Costs a Factor	✓	
			Requires Detailed Planning Meetings	✓	
Immediate Attention Required	✓				
Process Immediately Accessible	✓		May Require Statistical Methods to Determine Root Cause	✓	
Root Cause Known					
Specific Training Required	✓		Web-based Collaboration Application Main Form of Communication		
Broad Training Required	✓				
			Team Required	✓	
Team Members Physically (Locally) Available	✓		Value Stream or Process Map Required	✓	
Meeting Times < 4 Hours			Likely Will Impact Balanced Scorecard or Performance Dashboard Metric	✓	
Process Change (PDCAs) Continuously Applied Over a Few Days	✓		Team Charter Required	✓	

Para que un evento Kaizen de 5 días sea exitoso, deben darse las siguientes condiciones:

- Proceso o área disponible durante el periodo de tiempo.
- Buena comunicación con todos los implicados.
- Casi todos los miembros del equipo son locales y están disponibles.
- Se dispondrá de recursos como tiempo, formación, otros departamentos de apoyo, etc.
- La dirección se compromete y participa en el proyecto.
- Se tienen en cuenta las ideas de los empleados del área de procesos (ya que sólo unos pocos formarán parte del equipo).
- Todos los empleados son tratados con dignidad y respeto.

El evento Kaizen estándar de 5 días fue muy popular en la década de 1990, cuando Lean (es decir, el Sistema de Producción Toyota) se convirtió en una plataforma de mejora generalizada (fuera de Japón). La industria manufacturera estaba implementando un cambio significativo en sus instalaciones de producción mediante la reducción de inventarios y la consolidación del espacio de piso a través de la implementación de las herramientas Lean de distribución de celdas, flujo continuo y Kanban, controles visuales, etc. Esto requería un cambio físico importante que exigía un esfuerzo muy controlado y enfocado en un periodo de tiempo relativamente corto. Además, la dirección quería demostrar su compromiso con la mejora continúa dedicando recursos y personas. El evento Kaizen estándar de 5 días era una plataforma perfecta para hacerlo. Sin embargo, este no es el caso hoy en día; por lo tanto, el Evento Kaizen "estándar" ha evolucionado hacia estos otros tipos de Eventos Kaizen para satisfacer la demanda actual de mejora continua. El Evento Kaizen estándar de 5 días sigue considerándose una herramienta valiosa para aquellas organizaciones que requieren un cambio significativo en un corto período de tiempo.

Pasos y formularios

Los siguientes pasos y formularios deben utilizarse como guía para personalizar un Evento Kaizen Estándar de 5 Días que se ajuste a los requisitos de su organización. Hay muchas variables a considerar, algunas de las cuales son:

- Número de empleados que forman parte del equipo del proyecto, así como los empleados del área de procesos que requieren formación en Lean y/o Six Sigma (que puede requerir dos niveles de formación)
- Número de especialistas en mejora continua, Black Belts o Lean Sensei's disponibles para apoyar la formación y/o facilitar los proyectos de mejora
- La capacidad de los gerentes o supervisores para liderar proyectos de mejora continua - pueden ser grandes líderes departamentales, pero carecen de las habilidades de facilitación para hacer que los empleados se comprometan efectivamente
- Disponibilidad de tiempo para dedicarlo a un evento Kaizen
- Cómo se involucrará la dirección en el proyecto, especialmente durante el evento Kaizen estándar de 5 días del evento
- Disponibilidad de los miembros del equipo
- Complejidad del proyecto
- Cómo abordar las experiencias negativas precedentes en los proyectos de equipo
- Cómo gestionar eficazmente el cambio
- Otras necesidades del departamento

Evento kaizen rotativo

Los Rolling Kaizen Events son actividades de mejora específicas (PDCA) utilizadas por los equipos para implementar mejoras o resolver un problema en un área específica a la que sólo se puede acceder con poca frecuencia y/o los recursos no están disponibles para su uso inmediato; por lo tanto, los recursos y las mejoras deben asignarse a lo largo del tiempo. El evento kaizen rotativo puede comenzar con una reunión de 2 a 4 horas, y luego reunirse semanalmente durante 1 o 2 horas a lo largo del evento kaizen (normalmente tres meses).

A continuación se presenta la lista de comprobación para la determinación rápida de un evento Kaizen rodante con el fin de garantizar que se trata del tipo de evento Kaizen necesario, dada su situación específica. Asegúrese de que la mayoría de las características están marcadas como Sí o Probable en la columna Su situación.

Rolling Kaizen Event Quick Determination Checklist							
Characteristic	YES or LIKELY	Your Situation		Characteristic	YES or LIKELY	Your Situation	
Large Scope (crosses departments)	✔			Management Involvement	✔		
				5S Applied	✔		
Small Scope (within the department)	✔			Training Costs a Factor	✔		
				Requires Detailed Planning Meetings	✔		
Immediate Attention Required							
Process Immediately Accessible				May Require Statistical Methods to Determine Root Cause	✔		
Root Cause May Be Known							
Specific Training Required	✔			Web-based Collaboration Application Main Form of Communication			
Broad Training Required	✔						
				Team Required	✔		
Team Members Physically (Locally) Available	✔			Value Stream or Process Map Required	✔		
Meeting Times < 4 Hours	✔			Will Impact Balanced Scorecard or Performance Dashboard Metric	✔		
Process Change (PDCAs) Continuously Applied Over a Few Days				Team Charter Required	✔		

Para que un evento Kaizen rodante tenga éxito deben darse las siguientes condiciones:

- Proceso o área disponible sólo por períodos cortos de tiempo.
- Buena comunicación con todos los implicados.
- Los miembros del equipo están disponibles por periodos de tiempo limitados (normalmente de 1 a 2 horas a la semana).
- El concepto de "justo a tiempo" se utiliza para todas las actividades.
- La dirección se compromete y participa en el proyecto.

- Se tienen en cuenta las ideas de los empleados del área de procesos (ya que sólo unos pocos formarán parte del equipo).
- Todos los empleados son tratados con dignidad y respeto.

El evento kaizen rotativo puede considerarse como el gestor de un minuto para reuniones con esteroides. En este sentido, el equipo debe considerar todo (es decir, reuniones, actividades de mejora, recopilación de datos, creación de informes, etc.) en "cubos" de tiempo. Estos "cubos" de tiempo o "estándares de reuniones y actividades" serán determinados por el equipo o por el líder del equipo, el propietario del proceso, el facilitador y/o el Cinturón Negro, el Sensei Lean o el Especialista en Mejora Continua al comienzo del Evento. Normalmente, estos cubos serán de 1, 2 o 4 horas. (O bien, si los miembros del equipo tienen experiencia en los conceptos de Lean Sigma y éste no es su primer proyecto de mejora utilizando estas herramientas, los cubos de tiempo pueden ser de 15 o 30 minutos). Independientemente del tipo o de la cantidad de cubos de tiempo que se utilicen, el punto clave es pensar en todas las actividades en trozos de tiempo. Al hacerlo, se creará una buena base para las reuniones posteriores. Para este tipo de evento Kaizen, todas las actividades de cada una de las fases deben tener cubos de tiempo muy definidos.

Todos los tipos de Eventos Kaizen requieren la creación de un calendario (cubos de tiempo) para formar, hacer una lluvia de ideas, pilotar mejoras, etc. Sin embargo, en el caso del evento Kaizen rodante hay un enfoque renovado para utilizar de forma sucinta el concepto Just-In-Time para todas las actividades. Por ejemplo, muchas veces durante un Evento Kaizen estándar de 5 días, todas las herramientas Lean (y Six Sigma) pueden ser evaluadas brevemente, así como se llevarán a cabo actividades adicionales como simulaciones, informes diarios, ejercicios en equipo, etc.

Es probable que este tipo de actividades no formen parte del evento kaizen itinerante, o si lo hacen, existirán en una versión condensada. Por lo tanto, clasificar el mayor número posible de actividades en estos cubos de tiempo hará que el evento Kaizen rodante tenga éxito.

Si el equipo decidió utilizar cubos de 1 hora y una actividad de mejora requiere 4 horas, entonces eso implicaría 4 cubos. Organizar y llevar a cabo un evento Kaizen de esta manera permite al equipo empezar a pensar en tiempos "estándar" para maximizar todos los recursos. Cada fase de este Evento Kaizen proporcionará tiempos sugeridos para las diversas actividades requeridas. Sin embargo, cuanta más experiencia tenga el propietario del proceso, el líder del equipo, el Lean Sensei, el Cinturón Negro, etc. con estas actividades, más fácil será "dimensionar" sus cubos de tiempo.

Al igual que en cualquier evento Kaizen, es fundamental respetar el calendario, pero aún más en el caso del Kaizen Rodante debido a las "ventanas" de tiempo más cortas que tiene el equipo para realizar su trabajo, así como a la frecuencia de las reuniones del equipo.

Hay que establecer calendarios para las actividades de las reuniones y el equipo debe cumplirlos. Hay que programar específicamente cubos de tiempo para cada actividad, y la secuencia de los eventos de la reunión debe planificarse antes de la misma e incluirse en el orden del día para que el equipo se responsabilice de mantener el calendario.

No debe celebrarse ninguna reunión sin un orden del día escrito. En última instancia, es responsabilidad del jefe de equipo asegurarse de que todas las actividades que deben realizarse se lleven a cabo en el momento oportuno, pero el jefe de equipo también debe solicitar la ayuda del equipo en este sentido. Asignar a los miembros del equipo funciones como las de cronometrador y escribiente ayudará a que las reuniones fluyan.

Al igual que en cualquier reunión, es necesario incluir cierta flexibilidad en el programa. Cuanto menos experimentado sea el equipo, en particular el jefe de equipo y/o el facilitador, mayor será la flexibilidad que deberá tenerse en cuenta en el tiempo que el equipo necesitará para realizar sus tareas.

Al principio, el líder del equipo debe tratar de determinar el tiempo que llevará cada actividad y preparar el programa para la mitad o las tres cuartas partes del tiempo de reunión asignado, lo que permitirá una cierta "holgura" para compensar los imprevistos y las actividades que lleven más tiempo del previsto. A medida que el equipo vaya adquiriendo conocimientos y experiencia, el jefe de equipo podrá ir programando con precisión alrededor del noventa por ciento del tiempo del equipo (dejando siempre algo de flexibilidad para imprevistos y debates necesarios). Al final de cada reunión, el líder debe evaluar el progreso del equipo y asignar los puntos de acción específicos a los miembros del equipo o a pequeños subgrupos del equipo (denominados sub-equipos). Los elementos de acción deben completarse antes de la siguiente reunión programada del evento kaizen.

Una de las principales diferencias entre el Evento Kaizen Continuo y el Evento Kaizen Estándar de 5 Días es que los cambios en el proceso (PDCAs) ocurren durante un período de tiempo más largo (para el Evento Kaizen Continuo), y no el 80% del cambio en el proceso (o piloto) ocurre en un período de tiempo de 3 a 5 días como en el Evento Kaizen Estándar de 5 Días. El Evento Kaizen Continuo se está convirtiendo en el tipo más común de Evento Kaizen para las organizaciones hoy en día debido a las limitaciones de tiempo para la mayoría de los empleados. Muchas de las actividades comprendidas en este tipo de evento se asignarán a grupos de 1 o 2 miembros del equipo (sub equipos) para que las completen entre reuniones.

Este tipo de Evento Kaizen va más allá de utilizar un programa detallado de gestión de proyectos debido a lo siguiente:

- Las herramientas Lean y/o Six Sigma se entienden y se utilizan según sea necesario
- La formación se lleva a cabo según las necesidades
- Las ideas de los miembros del equipo y de los empleados del área de procesos forman parte del enfoque Lean para la mejora continua y se comprometen según sea necesario
- La dirección está involucrada
- Duración del proyecto limitada a unos tres meses
- Pasos y formularios
- Los siguientes pasos y formularios deben utilizarse como guía para personalizar un evento Kaizen rodante que se ajuste a los requisitos de su organización. Hay muchas variables a tener en cuenta, algunas de las cuales son:
- Número de empleados con experiencia en Lean y Six Sigma o en la resolución de problemas
- Causa raíz desconocida
- Aplicación de los principios de gestión del cambio
- Disponibilidad del proceso (El proceso no está disponible inmediatamente para el cambio de proceso)
- Disponibilidad de los miembros del equipo
- Complejidad del proyecto
- Cómo abordar las experiencias negativas del pasado en los proyectos de equipo

- Cómo gestionar eficazmente el cambio
- Otras necesidades del departamento

Evento Kaizen basado en la web

Resumen

Los eventos kaizen basados en la web son iniciativas de mejora específicas con miembros del equipo que utilizan tecnologías emergentes para planificar, implementar y mantener mejoras o resolver un problema a lo largo del tiempo. El evento Kaizen basado en la web puede comenzar con una reunión de 2 a 4 horas a través de una conferencia web y/o una plataforma de tecnología emergente, y luego seguir reuniéndose semanalmente en línea durante 1 o 2 horas a lo largo del evento Kaizen (normalmente tres meses).

A continuación se presenta la lista de comprobación para la determinación rápida del evento basado en la web, para asegurarse de que se trata del tipo de evento kaizen necesario dada su situación específica. Asegúrese de que la mayoría de las características están marcadas como Sí o Probable en la columna Su situación.

Web Based Kaizen Event Quick Determination Checklist					
Characteristic	YES or LIKELY	Your Situation	Characteristic	YES or LIKELY	Your Situation
Large Scope (crosses departments)	✓		Management Involvement	✓	
			5S Applied	✓	
Small Scope (within the department)	✓		Training Costs a Factor	✓	
			Requires Detailed Planning Meetings	✓	
Immediate Attention Required	✓				
Process Immediately Accessible	✓		May Require Statistical Methods to Determine Root Cause	✓	
Root Cause May Be Known					
Specific Training Required	✓		Web-based Collaboration Application Main Form of Communication	✓	
Broad Training Required					
			Team Required	✓	
Team Members Physically (Locally) Available			Value Stream or Process Map Required	✓	
Meeting Times < 4 Hours	✓		Will Impact Balanced Scorecard or Performance Dashboard Metric	✓	
Process Change (PDCAs) Continuously Applied Over a Few Days					
			Team Charter Required	✓	

Para que un evento Kaizen basado en la web tenga éxito, deben darse las siguientes condiciones:

- Los miembros del equipo tienen acceso a herramientas de conferencia web
- Jefe de equipo o facilitador que domina las herramientas de conferencia web y/o otras tecnologías emergentes
- Buenas normas de comunicación para todos los implicados
- Los miembros del equipo están disponibles durante periodos de tiempo limitados (normalmente de 1 a 2 horas semanales)
- El concepto Just-In-Time para la formación, las reuniones, etc.
- La dirección se compromete y participa en el proyecto

- Se tienen en cuenta las ideas de los empleados del área de procesos (ya que sólo unos pocos formarán parte del equipo)
- Todos los empleados son tratados con dignidad y respeto

Escala Six Sigma

¿Qué es la escala Sigma?

Como ha visto en el manuscrito anterior, la escala Sigma es una herramienta inestimable con la que puede ver y evaluar el progreso de su negocio y los defectos que éste está creando. Esta escala le permite cuantificar realmente el rendimiento de su equipo para que pueda realizar los cambios vitales necesarios en su negocio que le permitirán superar todos sus números y calidad anteriores.

Ahora bien, como se ha dicho anteriormente, Sigma es un término estadístico que se utiliza para representar una desviación estándar o la medida de una variación en un conjunto de datos. Cuando su empresa y su equipo puedan obtener una puntuación más alta en esta escala, descubrirá que está produciendo un producto de mayor calidad.

Obviamente, ninguna empresa quiere ser conocida por producir cosas que sólo son eficaces el 60% de las veces, pero es mejor que la mitad y es un punto de partida. Esta escala le ayudará a modificar esa cifra.

Hay que tener en cuenta que si una empresa puede producir de forma fiable sólo un 31% de defectos, entonces esa empresa se clasifica en Dos Sigma para los defectos. La escala Sigma mide el número global de oportunidades en una escala de millones, y luego analiza los defectos a razón de uno por millón.

Esto significa que si se produjera un millón de algo, o si se realizara un proceso específico dentro de la empresa un millón de veces, se podría esperar que se produjera un número específico de defectos. La tabla siguiente ilustra la escala con el porcentaje de defectos, los defectos por millón y la escala Sigma:

La escala Sigma

Nivel Sigma	Defectos por millón de oportunidades	Porcentaje de defectos
1	691,462	69%
2	308,538	31%
3	66,807	6.7%
4	6,210	0.62%
5	233	0.023%
6	3.4	0.00034%

Como puede ver, Seis Sigma es la mejor calificación en esta escala. 3,4 defectos por millón de oportunidades significa que su empresa produce un asombroso 0,00034% de residuos.

Defectos por millón de oportunidades (DPMO)

El término "defecto" no tiene necesariamente una definición estricta.

Se puede desglosar para significar cualquier desviación del ideal y no sólo se aplica a la producción en una línea de fabricación, por ejemplo. Puede significar cualquier cosa, desde el archivado hasta el lavado de coches, si es algo de lo que quieres hacer un seguimiento.

Un defecto de archivo puede significar que se archivó tarde, que se colocó el artículo de forma incorrecta o que no se pudo localizar el artículo cuando se necesitaba. Podría significar que alguien rayó un coche, que alguien se olvidó de aspirar la alfombra del lado del pasajero trasero. Como puede ver, es una definición bastante imprecisa. Sin embargo, indica cualquier tipo de desviación con la que sus clientes podrían y deberían tener problemas.

Ahora bien, ¿por qué sería útil? Si es capaz de rastrear las áreas de las que obtiene más defectos, puede idear formas de evitar que esos defectos aparezcan frente a sus clientes más importantes o sensibles. Cualquier desviación, cualquier defecto puede hacer que un cliente le pida algún tipo de concesión a usted o a su empresa como pago por un servicio deficiente. Esto se traduce en una pérdida para la empresa.

Cuando una empresa evalúa por primera vez sus pérdidas, busca las cosas que tiene que dar a sus clientes como "regalos", y busca las cosas que tiene que volver a hacer para arreglar las cosas después de no haber obtenido un resultado ideal y satisfactorio en primer lugar.

Si su negocio encuentra, en su primera evaluación, que está entre tres y cuatro Sigma (que es la media), que su negocio estoy absorbiendo 67.000 unidades de pérdida en cada millón que se hace. Son 67.000 unidades que su empresa tiene que pagar ahora.

Piensa en si tu empresa puede pagar 67.000 unidades ahora mismo de una sola vez. Si ese pensamiento le incomoda, debería darse cuenta de que va a pagar esa cantidad de todos modos, con el tiempo. Ese es el tipo de pérdida que se acumula con el tiempo y es el tipo de pérdida que puede colarse en tu negocio y evitar que crezca, o algo peor.

Consejos para que Six Sigma le resulte útil

Six Sigma, especialmente cuando lo combinamos con Lean, es algo que puede hacer mucho por nuestro negocio. Es un método que está ahí para reducir la mayoría, si no todos, los residuos que nuestra empresa puede producir. Cuando esto ocurre, podemos realmente ofrecer mejores productos y servicios a nuestros clientes, al tiempo que aumentamos la cantidad de dinero que ingresamos cada mes. Sin embargo, a veces oímos hablar de esta opción, pero todavía estamos un poco confundidos por los pasos y lo que todo ello conlleva.

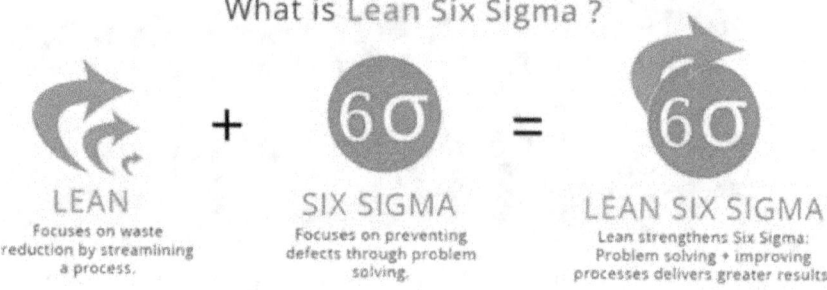

La buena noticia es que hay muchos consejos y trucos que puede seguir para asegurarse de que saca el máximo partido a Lean Six Sigma. Se trata de un proceso que requiere tiempo y recursos, y no querrá malgastarlos esperando que lo haga bien y descubriendo al final que ha hecho algo mal. Por ello, en esta parte nos dedicaremos a ver los mejores consejos y trucos que puede utilizar para que Lean Six Sigma sea lo más seguro y eficaz posible.

El primer paso es algo de lo que hemos hablado un poco antes, pero todavía tenemos que plantearlo un poco más para asegurarnos de que entendemos lo que está pasando con esto. Debemos asegurarnos de que contamos con el compromiso adecuado por parte de los dirigentes para ver resultados. Hay que asegurarse de que todas las personas de la cúpula de la empresa se comprometen a trabajar en todo esto. Estas mismas personas también tienen que estar convencidas de todos los beneficios de Six Sigma y de por qué querrían optar por este método en lugar de otras opciones en primer lugar.

Junto con algunas de las opciones de las que acabamos de hablar, su comité directivo debe formarse desde el principio. Esto se hace para asegurar que:

Los objetivos de la empresa seguirán alineándose bien con algunos de los proyectos que puede realizar con Six Sigma.

Los recursos que necesitas utilizar están planificados y ya tienes en cuenta los obstáculos y los apartas del camino.

La persona debe estar allí para ayudar a dirigir a todos, aunque no se le permite sentarse allí, y ladrar órdenes mientras no ayuda a los demás durante esto. Es necesario elegir un cinturón negro para hacer esto y debe elegir a alguien que va a hacer el mejor trabajo con todo esto.

En la misma línea aquí, tenemos que asegurarnos de que cualquiera de los líderes de nuestros proyectos esté bien formado. tienen que ser los Campeones de Seis Sigma como mínimo, que será otro nivel por encima de los cinturones negros maestros y está reservado para los gerentes que trabajan con este proceso también. Se trata de una sesión de formación que durará dos días y que puede ayudar a los directivos de su equipo a aprender a liderar y dirigir algunos de sus grupos en Lean Six Sigma.

También tiene que haber alguien que sea capaz de entrenar a todas las demás correas que circularán por su empresa. Y usted tiene que elegir a la persona adecuada que será capaz de manejar esto y hacerlo bien. Hay un montón de programas por ahí que prometen que pueden hacer el mejor trabajo y le proporcionará algunas buenas opciones. Pero la mayoría de ellos no son tan importantes y no son tan buenos, pero aún puedes encontrar algunos buenos si haces alguna investigación. Usted necesita escoger la persona correcta, o las opciones correctas, que harán más fácil para usted ir a través y realmente entrenar a todos sus empleados en cómo trabajar con Six Sigma.

Mientras revisamos y elegimos el programa con el que queremos que trabajen nuestros empleados, tenemos que comprobar cuál es el retorno de la inversión en formación. Si ves un programa y es menos de 20 veces la inversión en formación para su retorno, entonces esto es sólo un desperdicio de su dinero. O es una señal de que está eligiendo el proyecto equivocado en el que invertir su tiempo.

Una buena manera de asegurarse de que se pone en marcha este nuevo movimiento de Seis Sigma y de que tiene éxito es iniciarlo a nivel del taller, y no sólo con la dirección. Hay demasiadas veces en las que la dirección es la que decide todo. Y a menudo esto se hace sin la discusión o la aportación de los que trabajan en la tienda. Esto es muy duro y puede hacer que la gente sienta que no es tan valiosa. *¿Cómo te sentirías si sólo te dijeran lo que tienes que hacer sin ninguna ayuda en el camino y sin que nadie te pidiera tu opinión?*

Por ello, es una buena idea comenzar con esto desde el nivel de la tienda. Tampoco es conveniente tener sólo unos cuantos cinturones verdes o negros que hagan todo el trabajo durante este proceso. Debe dedicar algún tiempo a formar a los supervisores u operarios necesarios en el taller para que sean capaces de trabajar con todas las técnicas que conlleva Six Sigma. Puede utilizar el programa de cinturón blanco para ayudarles a conseguirlo sin que tengan que perder mucho tiempo aprendiendo las partes que no pertenecen a sus trabajos.

Hacer esto es muy bueno para su empresa porque les ayudará a sentir que son dueños de un poco del proceso y que son capaces de hacer algunas de las mejoras también. también puede recompensar a algunos de los miembros del equipo y los líderes que deciden obtener esta certificación para ayudar a animarles a ver lo que se trata y por qué es una cosa tan buena para trabajar.

En el camino, tenemos que considerar un nuevo proceso de tutoría con el que podamos trabajar. Esto va a ayudar a asegurarse de que cualquier persona que esté trabajando en este proceso, y quiera aprender más sobre él, tendrá la orientación adecuada para hacer que todo suceda. Además, hay que asegurarse de que hay algunas opciones para corregir el rumbo de forma regular y de que todos los proyectos que se decidan y se pongan en marcha se harán a tiempo sobre la marcha.

Algunas empresas se han dado cuenta de que, al implantar el proceso de Seis Sigma, contar con alguna validación financiera para este proyecto les ayudará a aumentar sus posibilidades de éxito a medida que avanzan. Tiene que haber algún tipo de líder financiero en el lugar, alguien que sea capaz de firmar sobre cuánto costará el proyecto y cómo va a llegar y ahorrar más dinero a la empresa. Esto es algo que debe aplicarse durante la fase de control para asegurarse de que el gasto de cualquier proyecto no se descontrole.

Un gran error que van a cometer algunas empresas aquí es que van a utilizar Seis Sigma, pero lo van a clasificar de manera equivocada. Por ejemplo, pueden decidir convertirlo en el trabajo del director de calidad. El gestor de calidad tiene una función distinta para hacer las cosas, y no está realmente ahí para ayudar a gestionar todos los procesos que vienen con Seis Sigma, al menos no por su cuenta. Los proyectos funcionarán mucho mejor cuando te asegures de que tienes el equipo adecuado, y que tienen la formación adecuada, para que puedan manejar el proyecto y hacer que funcione bien.

Cree un objetivo que comparta con todos los miembros del equipo. Una vez que haya decidido que ha llegado el momento de implantar el proceso de Seis Sigma, lo siguiente que debe hacer es asegurarse de que cualquier otra persona cualificada de su equipo es consciente del objetivo y de que todos están en la misma página. Este objetivo común no es algo que tenga que ser tan complicado, pero debe mostrarlo a través de una directiva ejecutiva, y tiene que asegurarse de que es un objetivo que todos los empleados, sin importar sus niveles, tienen que seguir. El objetivo de esto es reducir parte de la variabilidad para poder reducir los residuos.

Parte del trabajo con Six Sigma y Lean es que hay que tomarse un tiempo para añadir la estandarización a todo esto. Cualquier metodología que se implemente durante esto tiene que incluir alguna estandarización para que funcione. Para asegurarse de que tiene éxito desde el principio, debe tener un enfoque definido y estandarizado en la medida de lo posible. Si te olvidas de esta parte, entonces hay muchas personas que pueden estar en el mismo equipo, pero pasarán mucho tiempo redefiniéndolo y tratando de hacer algunos cambios.

La estandarización es algo que parece eliminar la creatividad y parte de la diversión que puede conllevar un proceso.

Pero no tiene por qué ser la verdad. Esto sólo establece algunas etiquetas e ideas claramente definidas sobre cómo realizar el trabajo que todos los miembros del equipo deben seguir para asegurarse de obtener buenos resultados en el proceso.

Mientras el equipo se mantenga dentro de esas estandarizaciones, podrá seguir animándose a probar algo nuevo y ser creativo.

Recuerde aquí que la estandarización es el proceso que debemos utilizar para que las personas que están en el mismo equipo se centren en reducir la desviación estándar en los proyectos con los que trabajan, en lugar de tener que pensar en cómo hacer el método y elegir cuál les gustaría utilizar para ser lo más eficientes posible. Esta estandarización puede llevar más tiempo al principio, ya que todo el mundo va a aprender cómo hacer que esto funcione. Pero a medida que pase el tiempo, se asegurará que todos los empleados y gerentes tengan un enfoque que sea común. Y a medida que aprendamos a trabajar con esto y los pasos que tenemos que dar, puede ayudar a reducir el tiempo de ejecución en poco tiempo.

Entonces es el momento de trazar el plan con el que quiere trabajar para Six Sigma. Cualquier plan que usted haga estará enfocado todo el tiempo y mantendrá las cosas funcionando a tiempo. Para ello, hay que asegurarse de que el plan está bien trazado. también puede asegurarse de que todos los diferentes equipos que desea para todos los proyectos están ordenados y saben lo que tienen que hacer para cada parte del proceso. Y luego puedes programar todos los pasos del proceso.

Kanban combinado con Lean Manufacturing

Dentro del mundo del Agile, el Lean Manufacturing es uno de los enfoques más relevantes puestos en marcha por las empresas. Entender el Lean Manufacturing consiste en comprender cómo una organización puede seguir esencialmente haciendo lo que ha estado haciendo, pero haciéndolo con menos desperdicio y más eficiencia. La cuestión subyacente aquí es el tiempo. Lo ideal sería que las organizaciones buscaran mejorar su eficiencia general en términos de recursos utilizados. Pero lo cierto es que el recurso más valioso del que puede presumir cualquier organización es el tiempo. El ahorro de tiempo no sólo ahorra dinero, sino que también permite a la empresa seguir ampliando su producción. Como tal, la fabricación ajustada consiste en ver dónde puede ser más eficiente la organización. Hay que señalar que la eficiencia bajo este concepto consiste más en trabajar de forma más inteligente y no necesariamente más dura. Ejemplifiquemos este concepto de la siguiente manera:

Una empresa quiere ampliar sus operaciones. Ha determinado que quiere mejorar su volumen de producción.

Actualmente, la empresa trabaja en dos turnos a tiempo completo. Por tanto, hay dos opciones sobre la mesa. La primera es añadir un tercer turno y todos los costes asociados que conlleva, principalmente la amortización de la maquinaria y el aumento de los costes laborales.

La segunda opción es mejorar la eficiencia de los dos turnos actuales reduciendo el tiempo total que se tarda en producir la misma cantidad.

Aquí es donde la empresa ha decidido adoptar la fabricación ajustada. En resumen, la empresa ha decidido que va a mejorar la eficiencia de los dos turnos actuales rediseñando los procesos, realizando actualizaciones de la maquinaria y el software, al tiempo que permite a los trabajadores determinar qué áreas de mejora podrían realizarse.

En total, la empresa pudo reducir en una hora el tiempo que necesitaba para producir la misma cantidad. Esto significa que la empresa dispone ahora de una hora productiva más, por así decirlo. Todo ello se basaba en los fundamentos de la fabricación ajustada y de Kanban. La empresa pasó de una estructura organizativa centralizada a otra en la que los equipos individuales podían trabajar en colaboración. Además, mejoraron la comunicación al permitir la evaluación en tiempo real del flujo de trabajo. Por ejemplo, si una parte del proceso se retrasa debido a un problema imprevisto, los miembros de otros procesos podían pasar a apoyarles hasta que se resolviera el problema. Entonces, todos podían volver a su puesto original. El principio subyacente en este enfoque es asignar los recursos en las áreas que se necesitan cuando se necesitan. De este modo, los equipos individuales son capaces de autorregularse y apoyarse mutuamente cuando es necesario.

Los cinco principios básicos de la fabricación ajustada

La fabricación ajustada se apoya en el concepto de "kaizen". Kaizen es otro término japonés que significa "mejora constante". Cuando las organizaciones operan bajo la bandera del Kaizen, nunca se contentan con la forma en que se hacen las cosas. Esto significa que siempre hay una forma mejor y más eficiente de hacer las cosas. Así, por muy bueno que sea algo, siempre puede ser mejor.

Por ello, la fabricación ajustada se basa en la suposición de que el proceso siempre puede pasar por algún tipo de transformación que permita a la organización reducir los residuos y mejorar sus niveles generales de producción sin tener que sacrificar la calidad. El impacto global que esto tiene en la cuenta de resultados significa que las organizaciones no sólo pueden producir a un menor coste, sino también aumentar la rentabilidad.

Así pues, echemos un vistazo a los cinco principios básicos de la fabricación ajustada.

El valor visto por el cliente

Con demasiada frecuencia, las empresas se dejan llevar por la arrogancia personal. Esto significa que las empresas creen saber lo que quieren sus clientes. A decir verdad, algunas empresas se jactan de conocer tan bien a sus clientes que ni siquiera necesitan preguntarles lo que quieren.

No hace falta decir que esto es un gran error.

Cuando una organización se toma el tiempo de comprender lo que representa el valor para sus clientes, se esfuerza por producir el valor que los clientes buscan obtener de los productos y servicios que produce.

Por ejemplo, una empresa que produce bebidas debería inclinarse por considerar lo que los clientes quieren en términos de sabor y características nutricionales, en lugar de suponer lo que sus clientes buscan. Al final, cuando una empresa mira sus productos desde la perspectiva de lo que quiere el cliente, podrá dejar de producir características y artículos innecesarios y centrarse en lo que realmente se vende.

Trazado del flujo de valor

En general, los procesos de producción parten de una semilla, es decir, las materias primas que deben transformarse en el producto acabado que se entrega a los clientes. Por lo tanto, las empresas tienen que averiguar dónde se añade valor a lo largo de todo el proceso de producción. Si una empresa no identifica esto claramente, existe un mayor riesgo de desperdicio a lo largo del ciclo de vida del producto.

Y aunque la mayoría de las organizaciones tienen este proceso debidamente trazado, es importante actualizarlo al máximo y con el mayor detalle posible. Esto no solo garantiza que la información contenida en el propio proceso esté respaldada por métricas coherentes, sino que también las decisiones se toman con criterios objetivos y no con suposiciones.

Además, un flujo de valor claramente trazado puede ayudar a una organización a determinar dónde se encuentran las partes más críticas del proceso. Esto permitirá a la organización averiguar dónde pueden estar los cuellos de botella y abordarlos en consecuencia.

Gestión del flujo de trabajo

Este aspecto de la fabricación ajustada consiste en reducir las posibles interrupciones del proceso de producción. Esto implica que se debe hacer todo lo posible para garantizar que se eliminen todas las barreras a lo largo del proceso. No se trata de explotar a los trabajadores, sino de eliminar las barreras que podrían obstaculizar el libre flujo de la producción. Por ejemplo, la automatización de las tareas manuales es una de las formas más comunes de mejorar los plazos de entrega. Además, la inteligencia artificial (IA) es cada vez más frecuente en las tareas repetitivas, lo que permite que la mano de obra humana se encargue de tareas más complejas que la IA aún no puede realizar.

Piénsalo así: si tuvieras la opción de usar una máquina de escribir o un ordenador, ¿tendría algún sentido usar una máquina de escribir? Al utilizar una herramienta automatizada como los ordenadores, no habría ninguna razón para insistir en el uso de un ordenador, es decir, a menos que no supieras utilizarlo.

Sin embargo, el objetivo principal de la gestión del flujo de trabajo no es automatizar para reducir la mano de obra; se trata de encontrar cualquier medio disponible que pueda facilitar el proceso y permitir que la mano de obra humana se encargue de tareas realmente complejas que los robots y la IA no pueden realizar adecuadamente.

Tirar en lugar de empujar

Los sistemas tradicionales de planificación de la producción se basan en un sistema "push". Por "empujar" queremos decir que la producción se pronostica basándose en suposiciones, modelos y otros tipos de herramientas estadísticas. El problema con este tipo de sistema es que no hay garantía de que las estimaciones sean precisas, ya que hay un gran número de variables que pueden entrar en juego.

Por ello, un sistema pull es más eficaz, ya que significa producir en función de las necesidades reales. Por supuesto, esto significa que la producción debe ser capaz de atender las necesidades del cliente con la mayor eficacia posible. Por eso se utiliza Kanban en la fabricación en la que los proveedores siguen un enfoque "justo a tiempo".

La mayor ventaja de utilizar un sistema pull es que no hay inventario residual. Por tanto, lo que se necesita se acaba produciendo. Al final del día, la organización no tiene ningún inventario acumulado, ya que se produce lo que se necesita. Esta es una de las mejores maneras en que las organizaciones pueden evitar que el inventario no vendido acumule polvo en el almacén.

Búsqueda continua de la perfección

Esto se refiere al Kaizen. Por supuesto, la perfección absoluta es inalcanzable. Pero eso no significa que no se pueda perseguir de forma constante.

Hemos destacado que el Kaizen es el principio subyacente de la fabricación ajustada. Como tal, es importante apoyar el Kaizen implementando el conjunto correcto de métricas que pueden ayudar a la organización a determinar el grado correcto de perfección. Por ejemplo, el plazo de entrega es una métrica perfectamente buena que puede utilizarse para determinar la eficacia de la eficiencia.

En última instancia, corresponde a la organización determinar qué métricas puede utilizar para evaluar con precisión la eficacia general de los procesos establecidos. Esto puede proporcionar información objetiva en la búsqueda de la perfección.

Los residuos de la fabricación ajustada

El Lean Manufacturing considera un total de ocho "residuos" que son el resultado del proceso de producción. Por ello, los profesionales del Lean Manufacturing deben esforzarse por reducirlos al máximo. Así pues, vamos a hablar de ellos uno por uno.

Transporte innecesario. Esto no sólo implica el transporte de productos acabados de un lugar a otro, sino también de materiales dentro del mismo ciclo de producción. El principal objetivo que hay que tener en cuenta aquí es eliminar el mayor número posible de barreras potenciales.

Exceso de existencias. Esto implica mantener los inventarios al mínimo indispensable. De este modo, se pueden reducir considerablemente los residuos.

Pasos innecesarios en el proceso. Esta es una idea bastante sencilla. Si hay un paso que pueda eliminarse sin sacrificar la calidad, hay que hacerlo. Del mismo modo, cualquier persona o equipo que no sea necesario puede asignarse mejor a otro lugar.

Tiempo de inactividad. No hay nada peor en la fabricación ajustada que tener personas o equipos inactivos. Todo debe estar en movimiento para reducir el tiempo de espera.

Sobreproducción. Esto recuerda al exceso de existencias, pero también implica añadir características y componentes que no son necesarios o, peor aún, que el cliente no ha solicitado.

Sobre procesamiento. Al igual que la sobreproducción de un artículo, se trata de utilizar procesos o tecnologías demasiado complejos que pueden aumentar el plazo de entrega, especialmente cuando se trata de añadir componentes que los clientes no quieren o no necesitan. La regla aquí es mantener las cosas tan simples como sea posible.

Defectos. Cualquier defecto se considera un desperdicio de recursos.

Talento infrautilizado. Sí, esto se refiere a tener trabajadores que no aprovechan todo su potencial.

El vínculo entre Kanban y Lean Manufacturing

Cuando se combinan Kanban y Lean Manufacturing, se obtiene una metodología en la que la comunicación es el medio principal para lograr la eficiencia. Como resultado, la organización es capaz de optimizar sus procesos al poder agilizar todo el proceso. A medida que cada paso se comunica, todo el proceso fluye mucho más libremente.

Cuando Kanban y Lean Manufacturing se unen, la producción "justo a tiempo" se convierte en una realidad. Esto permite que cada paso del proceso esté listo justo cuando sucede; ni antes, ni más temprano. Sólo el tipo de producción adecuado según las condiciones. El resultado final es la ruta más eficiente posible desde las materias primas hasta el usuario final.

Kaizen y las capacidades de la organización

¿Es menos probable que se produzca la innovación en la mayoría de los países en desarrollo en comparación con las economías más avanzadas? Una teoría concreta es que cuando las empresas carecen de capacidades, es menos probable que se produzca la innovación. El nivel de capacidades de las empresas, que son prácticas organizativas y de gestión, hace que la innovación funcione, mientras que el nivel de capacidades del gobierno está relacionado con la formulación de políticas que sean eficaces y puedan apoyar el nivel de innovación de la empresa.

Las capacidades de una organización se definen como las prácticas de trabajo y los conocimientos que utilizan las empresas en la producción y el desarrollo de nuevos productos. Las capacidades de cualquier organización se manifiestan en la productividad y la calidad.

En las organizaciones que carecen de capacidades, si a un empresario se le ocurre una idea innovadora brillante, no es del todo posible que la idea se transforme en un producto.

Para que este producto en particular se instale en el mercado, es necesario el esfuerzo continuo del ciclo Planificar-Hacer-Verificar-Actuar (PDCA) para probar los diferentes prototipos y luego modificarlos para satisfacer las necesidades del mercado.

Cada paso, cada proceso, cada actividad se conoce como actividad Kaizen y mejora la capacidad de la organización. En resumen, el kaizen es un enfoque para la mejora de las capacidades de las organizaciones.

Fundamentos del desarrollo de políticas y sistemas para la difusión del Kaizen

En muchos países del mundo, el Kaizen se ha difundido bajo el liderazgo del gobierno, aunque las organizaciones privadas tomaron las iniciativas del movimiento de calidad y productividad y del Control de Calidad Total (TQC). Las empresas japonesas implementaron el Kaizen sin ayuda y también la expansión de sus negocios en el extranjero.

También contrataron a consultores extranjeros cuando surgió la necesidad. Teniendo en cuenta el nivel industrial actual de África, que aumenta día a día, no son muchas las empresas y organizaciones que pueden emprender estas medidas. Además, la escasa capacidad de gestión y el escaso o nulo reconocimiento de la importancia de la mejora impiden al sector privado tomar la iniciativa de difusión del kaizen.

En muchos países del mundo, las actividades kaizen se llevan a cabo con la ayuda de empresas promotoras del kaizen que se encuentran en el marco del sistema de apoyo público.

El gobierno trabaja en la mejora de la calidad y la productividad, a la vez que añade medidas de apoyo que se dirigen a diferentes países y sus organizaciones como parte de su política industrial. Según la investigación, las empresas manufactureras no son realmente las que necesitan mejorar la productividad y la calidad. También se requiere en la industria de servicios, así como en el sector público. ¿Sabe que la necesidad de mejorar la productividad y la calidad también es necesaria en la vida de los ciudadanos? Esto explica por qué es importante la difusión del kaizen, promoviendo así los cambios de actitud de las personas hacia la productividad y la calidad como un movimiento mundial. Un ejemplo es la difusión y promoción del kaizen dirigida por el gobierno en Etiopía y Singapur, que dio resultados muy satisfactorios.

Actividades necesarias para la promoción del Kaizen
Apoyo político y financiero de los organismos gubernamentales pertinentes

Para la difusión del kaizen en todo el país, el primer paso es implicar la selección de algunas organizaciones que se encarguen del desarrollo de mecanismos y sistemas que apoyen las actividades del kaizen, aseguren y formen a los recursos humanos, también llamados formadores de kaizen.

Para iniciar estos pasos, se espera que el gobierno implemente políticas de apoyo a la promoción del kaizen y también que apoye financieramente las operaciones y actividades de las organizaciones de promoción del kaizen. A través de la comprensión, la cooperación y la demostración de un fuerte liderazgo de los funcionarios del gobierno hacia la difusión del kaizen, se puede realizar. Con el apoyo del gobierno, las organizaciones de promoción del kaizen pueden ayudar a desarrollar planes y estrategias para la difusión del kaizen con el fin de obtener la aprobación del gobierno. Los planes y estrategias deben estar en consonancia con el marco del plan nacional de desarrollo del país. De este modo, el kaizen podrá extenderse eficazmente por todo el país. Durante el desarrollo del marco del sistema de difusión del kaizen, se espera que la organización promotora del kaizen establezca planes de acción eficaces pero detallados con el plan de desarrollo nacional del país y sus políticas industriales.

Actividades de difusión de las organizaciones promotoras del kaizen

Las actividades de difusión deben ser llevadas a cabo por todos los individuos de la empresa para la mejora de la productividad y la calidad y también para mejorar las capacidades de las organizaciones y su competitividad industrial.

La eficacia de las actividades de kaizen debe ser reconocida y aplicada continuamente para establecer la cultura del kaizen.

La creación de la cultura kaizen mediante la difusión y el aumento de la concienciación es importante para la difusión del kaizen como movimiento nacional en el país. Se espera que las organizaciones de promoción del kaizen comiencen con la comunicación de la información y el aumento de la concienciación sobre su concepto y significado para el mundo a través del uso de equipos como la radio, los boletines, la televisión, los eventos organizados por el gobierno, Internet y también el Servicio de Redes Sociales (SNS).

Estas organizaciones de promoción deben ser capaces de organizar conferencias y seminarios para otras organizaciones y empresas con el fin de ofrecer servicios de formación y asesoramiento cuando sea necesario. En la fase de introducción, es importante concienciar a las empresas y a las personas para que adquieran más conocimientos sobre el kaizen. Para la futura comercialización, hay que intentar ofrecer servicios a bajo coste o gratuitos. Es una forma eficaz de difundir la noticia y hacer que la gente la escuche. Otra forma de difundir la noticia y aumentar la concienciación es organizar conferencias kaizen para elogiar a los formadores kaizen y a las empresas que han tenido un rendimiento excelente.

Formación de formadores Kaizen

Al tiempo que se intenta difundir el kaizen mediante el uso de herramientas publicitarias y seminarios para estimular la demanda de kaizen, es importante formar a los formadores de kaizen que van a prestar servicios relacionados con el kaizen para satisfacer las demandas creadas en la empresa.

Los formadores kaizen pueden ser empleados de las organizaciones de promoción o incluso consultores privados que ya han completado su formación, impartida por las organizaciones de promoción del kaizen. Es importante y se espera de ellos que adquieran conocimientos teóricos a través de la formación en el aula y también que obtengan habilidades prácticas a través de la formación en la empresa. Estos conocimientos pueden adquirirse en las escuelas de formación profesional, los centros de enseñanza superior y otras instituciones de aprendizaje. Algunos métodos y técnicas prácticas de kaizen pueden adquirirse aplicándolos de forma práctica a través de la Formación en la Empresa; por lo tanto, los futuros formadores deben adquirir la mayor experiencia práctica posible para obtener habilidades prácticas que les permitan abordar cuestiones relacionadas con el kaizen. El nivel de las técnicas kaizen que se requieren en las áreas empresariales de un país difiere en función del nivel de desarrollo industrial del mismo. Por esta razón en particular, se aconseja que se determine el alcance de la formación para desarrollar y mejorar los contenidos que se presentan en forma de manuales, cartillas, planes de estudio, directrices, etc., en función de las necesidades de las empresas. Los formadores kaizen se dividen en dos: los que pertenecen al sector privado y los que pertenecen a organismos públicos. Como son de distinto tipo, es necesario que los países promotores del kaizen les proporcionen una formación estratégica y también que documenten las funciones que se espera que desempeñen cuando presten sus servicios de consultoría a las personas de las empresas.

Servicios de consultoría para apoyar a las empresas

Una vez que la creación de un nivel de exigencias kaizen a través de actividades creadas para la concienciación y la difusión, los formadores van a prestar servicios de consultoría para las empresas y otras organizaciones en los países seleccionados. Las actividades se llevarán a cabo a través de un esfuerzo de equipo concertado entre todos los individuos de la empresa y los formadores kaizen y no a través de los esfuerzos de los formadores únicamente. Para que estas actividades se lleven a cabo de forma eficaz y arraiguen en la organización, los formadores deben ser capaces de dirigir la formación en los distintos niveles de gestión. Mientras se imparte la formación, es fundamental permitir que los empleados desarrollen una mentalidad para pensar y realizar actividades propias y también hacer que la dirección apoye las actividades.

Las organizaciones de promoción del kaizen deben ser capaces de organizar una serie de eventos para compartir el resultado del kaizen con el público. Para el apoyo de las empresas, es importante hacer uso de algunos mecanismos con el fin de fomentar las actividades de promoción voluntarias.

Recogida, análisis, evaluación y publicación de datos

Una vez aplicadas las actividades kaizen en varias organizaciones, el resultado debe ser recogido, analizado y evaluado a fondo para ver y comprender el impacto de las actividades en los negocios de cada empresa en la que se aplicó el kaizen antes de publicar los datos. La clasificación de los datos de kaizen por tamaño de empresa y por industria proporciona al sector privado, al público en general y al gobierno información útil sobre la contribución que la difusión tiene en el bienestar nacional y el crecimiento económico del país. Los datos generados pueden ayudar a animar a las empresas a sostener y mantener las actividades continuas de kaizen y a aprovechar esa oportunidad para motivar a las empresas que se esfuerzan por cumplirlas.

Se espera que los datos generados por las actividades de kaizen sean cuantitativos para facilitar la comprensión del grado de impacto. Esto también puede lograrse si las organizaciones promotoras del kaizen disponen de un mecanismo y de la capacidad para recopilar y acumular los datos adecuados y fiables.

Además, es importante estudiar y recopilar los resultados cualitativos. Algunos de estos resultados cualitativos son la actitud, la mentalidad y el modo de pensar de los empleados, con los niveles de satisfacción de los clientes como ventaja.

Se espera que cada actividad de kaizen aumente la difusión del kaizen y también mejore la productividad y la calidad de las industrias y organizaciones, mejorando así la industria del país y también su competitividad. Es algo difícil medir el impacto que las actividades de kaizen han tenido directamente en el crecimiento y la mejora de la competitividad de las industrias y en la reducción de la tasa de desempleo y el crecimiento del Producto Interior Bruto (PIB). Las organizaciones promotoras del kaizen deben ayudar a la aplicación del kaizen y sus datos acumulados en otras empresas para presentar resultados visibles. Las actividades de kaizen permiten mejorar la capacidad de las industrias, ayudan a crear credibilidad y logran el reconocimiento social. Este tipo de actividades pueden llevarse a cabo de forma intensiva y más amplia en cada sociedad cuando se hace con la ayuda de un amplio abanico de partes interesadas que incluye asociaciones comerciales, organizaciones gubernamentales, instituciones financieras, instituciones educativas e instrucciones privadas también. Para ello, es aconsejable establecer asociaciones estratégicas con las partes interesadas.

Creo que con la comprensión de cómo se puede difundir el kaizen, veríamos su importancia y lo utilizaríamos sabiamente. Antes de que el gobierno pueda dedicar sus esfuerzos continuamente, es muy importante que esté dispuesto a apoyar las actividades kaizen y a mostrar su compromiso. Hay cosas que hay que tener en cuenta para que el gobierno ayude a las organizaciones de promoción. Son;

- *¿Cómo se pueden seleccionar las organizaciones de promoción del kaizen?*
- *Medidas presupuestarias*
- *Fuerte liderazgo de los altos funcionarios del gobierno*

Técnicas de análisis empresarial

Dado que todo nuevo producto o proyecto se crea en respuesta a una necesidad empresarial, entender correctamente esas necesidades empresariales es tan crítico en un entorno Lean y Agile como en el desarrollo de software tradicional. Por desgracia, el idioma inglés está lleno de ambigüedades y malentendidos.

Es responsabilidad del Product Owner, del Analista de Negocio o de quien sea que defina las necesidades de negocio, hacerlas lo más claras posible para la comunidad de desarrolladores y los Stakeholders.

Los desarrolladores deben entenderlos para codificar correctamente la solución

Las partes interesadas deben comprenderlas para evaluar si la solución se ajusta a sus necesidades

Desgraciadamente, rara vez se puede buscar simplemente las necesidades de la empresa. No se pueden aplicar los mismos métodos que para redactar un informe de investigación.

La mayoría de los requisitos empresariales o técnicos no están documentados en ninguna parte. Existen en las mentes de las partes interesadas y en los comentarios que aún no se han obtenido de los usuarios finales.

Esto era un reto en un entorno de desarrollo tradicional. En el entorno actual de Lean y Agile, nos enfrentamos a un cambio de paradigma en el análisis empresarial que hace algunas incursiones importantes en este sentido.

En esta parte, le mostraremos algunas de las técnicas de análisis empresarial LEAN más importantes. Sin embargo, hay muchas más disponibles en línea, así como enseñadas en cursos presenciales.

Nunca se sabe demasiado. Incluso después de realizar análisis de negocio durante los últimos 30 años, nosotros (los autores) seguimos añadiendo nuevas herramientas y técnicas a nuestra BABOT3 (Bolsa de Consejos, Trucos y Técnicas de Análisis de Negocio) de forma regular.

La declaración de la visión del producto

Antes de comenzar el desarrollo de cualquier producto técnico, el equipo ágil debe comprender hacia dónde se dirige y por qué.

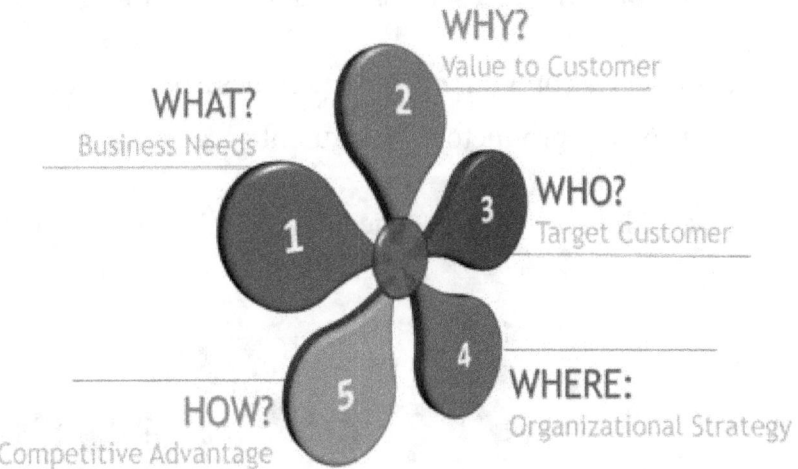

Una herramienta muy utilizada para compartir los objetivos y el propósito de un producto es la Declaración de la Visión del Producto (a veces llamada "la siguiente gran cosa"). Muestra el futuro del nuevo producto (o de las nuevas características), qué problemas resolverá y qué necesidades satisfará. Responde al QUÉ, POR QUÉ, QUIÉN, DÓNDE y CÓMO del producto.

- **¿Cuál** es la necesidad de negocio que va a cubrir este producto?
- **¿Cuál** es el beneficio clave?
- **¿POR QUÉ** añadiría valor al cliente?
- **¿Quién** es el cliente objetivo?
- **¿Quiénes** son los competidores?

- **¿Dónde** encaja este producto en la estrategia de la organización?
- **¿En qué** se diferencia de los productos de la competencia?
- **¿Cómo** va a ser una ventaja competitiva?

Estas son las preguntas fundamentales a las que debe responder la visión del producto o "la siguiente gran cosa".

Una de las citas que nos encantan del difunto y gran Steve Jobs es:

> **Steve Jobs**
>
> "If you are working on something exciting that you really care about, you don't have to be pushed. **The vision pulls you.**"

En nuestra opinión, esta es una afirmación extremadamente poderosa. Una gran visión encenderá esa creatividad humana que llevamos dentro. Tenlo en cuenta cuando escribas tu visión de producto.

Sin embargo, si usted es el analista de negocio, es importante darse cuenta de que la creación de la visión del producto no suele ser el trabajo del analista de negocio. Es responsabilidad del Product Owner, Product Manager o Product Leader.

Existen varias técnicas de análisis empresarial Lean para utilizar la Declaración de la Visión como base para crear la Hoja de Ruta del Producto y poner en marcha el Backlog del Producto (sembrar el Backlog).

Y no lo olvides:

Manténgalo magro!

Una visión del producto no es estática. Se reescribe y se ajusta a medida que el equipo recibe los comentarios de los clientes y las partes interesadas. La visión del producto es el paso previo a la hoja de ruta del producto.

La hoja de ruta del producto

La hoja de ruta del producto no es una invención de Lean o Agile. Existía mucho antes del movimiento Lean. En los enfoques tradicionales de desarrollo de software (es decir, en cascada), se detallaba lo que había que construir durante meses o incluso años antes del lanzamiento.

Sin embargo, como todo lo demás, las hojas de ruta del producto cambiaron con el movimiento Lean. Muchas empresas descubrieron un montón de residuos en sus métodos de hoja de ruta, especialmente en los entornos modernos de desarrollo de software. La mayoría de los jefes de producto adoptaron un enfoque Lean/Agile para elaborar sus hojas de ruta.

Hojas de ruta de productos LEAN

Desarrollar hojas de ruta Lean significa considerar constantemente las iteraciones del producto y de las características basadas en los comentarios de los clientes. En un entorno Lean/Agile, una hoja de ruta del producto es un documento vivo que se actualiza cuando es necesario.

Una hoja de ruta del producto eficaz resuelve un problema importante del cliente u ofrece nuevas oportunidades a los clientes. No se centra en características detalladas que describan cómo resolver el problema o proporcionar una nueva oportunidad. Más bien, orienta sobre las estrategias y prioridades del producto.

Las Características detalladas del producto pertenecen a su Product Backlog. Es responsabilidad del Product Owner, junto con un Analista de Negocio y/o equipos del lado del negocio, definir las Características detalladas y las Historias de Usuario que permitirán al equipo técnico construir el producto.

Una típica hoja de ruta de productos Lean incluye:
- Estrategia y objetivos del producto
- Características del producto de alto nivel
- Calendario de las características de los productos
- Responsabilidades de las funciones
- Prioridades de alto nivel

Una hoja de ruta del producto debe ser sencilla y fácil de entender. Debe contar una historia coherente sobre el crecimiento previsto del producto. Sirve de base para otro concepto importante en el desarrollo de software Lean y Agile: el producto mínimo viable.

La idea que subyace al desarrollo Lean y Agile es no planificar todo al milímetro, sino seguir la corriente. A medida que se recibe información, se mejora el producto.

Una vez que tengas un producto que la gente utilice, puedes pensar en añadir nuevas Características Mínimas Viables (también conocidas como Características Mínimas Comprables). La idea es hacer crecer el producto rápidamente y deleitar a sus clientes con nuevas características de forma regular.

Al definir un producto mínimo viable, un buen punto de partida es centrarse en la resolución de un problema para una persona. Asegúrese de que el personaje que elija sea representativo de muchos de sus clientes. Un producto mínimo viable no debe ofrecer una funcionalidad que solo le gustaría a unas pocas personas.

Determine los elementos imprescindibles y las ventajas más interesantes

Determine las necesidades básicas (no los deseos) de esa persona y luego añada algunas ventajas interesantes. Lo que quieres es que la gente esté deseando probar tu nuevo producto para obtener la información que necesitas. Está bien dejar algunas características del producto incompletas si sólo son agradables. Sin embargo, no escatime en las imprescindibles.

Esto se convertirá en un ciclo interminable de evaluación de los comentarios de los clientes y de determinación de las características mínimas viables para la siguiente versión. En el nuevo mundo del desarrollo de software Lean, nunca habrá una última versión de su producto.

Nos hemos acercado mucho más a la verdadera agilidad empresarial y hemos alcanzado un sueño largamente perseguido por la comunidad empresarial, a saber, realizar rápidamente cambios importantes en los productos existentes y lanzar nuevas funciones.

Las métricas que importan a su empresa

¿Qué son las métricas?

Las métricas son medidas calculadas que se utilizan para seguir y evaluar el estado de su negocio y su rendimiento. Es la forma de determinar si su empresa va bien o no. En una empresa intervienen diferentes personas, por lo que, sea cual sea la métrica, debe dirigirse a los trabajadores y a los clientes, a los inversores y a los directivos. Cada aspecto de una empresa tiene una métrica de rendimiento específica, pero, en general, las métricas son aquellas medidas cuantificadoras con las que se controla el estado y el rendimiento de la empresa.

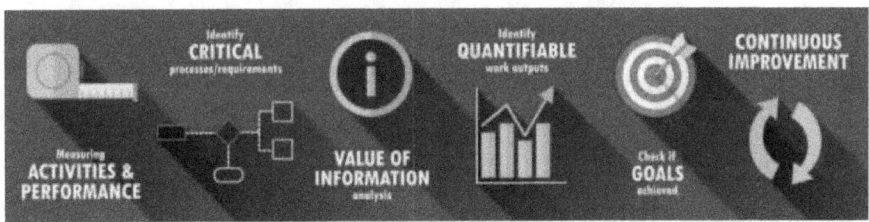

Lean ayuda a que su empresa crezca y mejore continuamente; las métricas empresariales, por su parte, le ayudan a hacer un seguimiento del crecimiento y el rendimiento de su empresa. Ayuda a determinar cuánto o qué tan bien le va a su empresa con todos los principios y prácticas Lean en haber sido puestos en práctica.

Por ejemplo, en marketing, los vendedores tienen un sistema métrico con el que y a través del cual se mantienen en el éxito de su comercialización, lo mismo se aplica a los anunciantes de los medios de comunicación y también para los políticos que hacen campañas. Se harán algunas preguntas, como a cuántas personas pudimos llegar, y cuántas personas respondieron, y luego cuántas personas dieron una respuesta positiva. La idea es saber cuál es el éxito y el fracaso, teniendo en mente un resultado objetivo con el que se juzgará el resultado del rendimiento.

Una métrica es más bien una guía; ayuda a su empresa a realizar un seguimiento y a alcanzar los resultados previstos. En ese caso, hay ciertos puntos de control o medidas de seguimiento. Tomemos como ejemplo a un atleta; saben que entrenan contra varios factores. Tienen que entrenar lo suficiente para llegar al punto en el que puedan batir el tiempo. El tiempo es probablemente el objetivo más alto del atleta.

Necesidad de métricas

- **Ayudará a impulsar la estrategia y la dirección de la organización:** Cuando se establezcan las métricas, se conocerá el camino a seguir hacia el destino de la organización.

- **Enfoque:** ayudará a poner en jaque a la organización, a los empleados y a todos los implicados, y los mantendrá constantemente centrados, con los ojos en la pelota. Si hay un objetivo que cumplir en un mes, con las métricas correctas, los números se pondrán al día para que se pueda seguir el progreso

- **Decisión:** En los casos en los que hay que tomar decisiones sobre determinados asuntos, la métrica es el mejor recurso al que acudir. Ayudará a dar en términos claros, la necesidad de hacer o no hacer un movimiento en un punto

- **Rendimiento**: Permite a una organización mejorar. Las métricas controlan las actividades que se están llevando a cabo, cuando esto es visto por el jefe de una organización, se conoce el nivel de progreso realizado y la organización sabe cuánto esfuerzo debe poner

- **Cambiar y evolucionar con la organización:** A medida que se supervisan las métricas, la organización cambia y evoluciona a medida que se producen más avances, también hay una evolución de las métricas a medida que la organización se esfuerza por mejorar

- **Proceso objetivo:** El objetivo de toda organización es obtener beneficios y, al mismo tiempo, satisfacer a los clientes; para satisfacer a los clientes, hay que prestar servicios de calidad y organizar los procesos para que se adapten a las necesidades del cliente.

Métricas que se miran para saber que Lean está afectando a la salud de su organización.

El éxito debe ser medible; si no, no se puede saber si es un éxito o no. Para saber si tiene éxito, primero tendría que tener una perspectiva/visión definida. ¿Qué quiere conseguir con este negocio que ha iniciado? ¿Dónde ve este negocio dentro de 50 años? Todos estos son pasos esenciales para saber si uno está en el camino del éxito o no. Con su visión en mente, puede mirar rápidamente las métricas específicas para ver si está teniendo éxito o no.

- **El coste que supondría retener a un cliente:** como empresa, debe tener una estrategia que implemente para mantener a los clientes, y esa estrategia tiene un coste, ese coste debe ser mínimo a medida que se involucra en las metodologías Lean; debe encontrar formas más rentables de mantener a sus clientes.

- **¿Qué grado de viralidad tiene su producto?** La viralidad de tu mercancía puede ser un excelente indicador de la salud de tu negocio. Si consigues que más personas sepan que existes, tendrás más posibilidades de conseguir compromiso. Tu alcance viral puede medirse por el número de participantes en Instagram y Twitter.

- Plazo de **entrega:** el plazo de entrega es el tiempo que tarda un producto en pasar por un proceso Lean hasta su finalización. Para poder hacer un seguimiento de su progreso, necesita saber la rapidez con la que se producen sus productos y la rapidez con la que llegan al consumidor.

- **¿Con qué facilidad se distribuye el trabajo entre el equipo?** Esta pregunta es fundamental. Responde a la cuestión del flujo de trabajo. Para que un producto llegue a su fase final, pasa por muchos departamentos, y el ritmo de ejecución de este trabajo es esencial. Su empresa goza de buena salud si los miembros de su equipo se distribuyen bien, tienen un fuerte espíritu de equipo y entregan la tarea antes o justo a tiempo.

- **Aumento del número de cuestiones abiertas:** es razonable que se cometan errores y que surjan problemas, pero si estas cuestiones se están convirtiendo en algo abrumador, hay que investigarlas antes de que arruinen algo. El estado del trabajo es esencial para la calidad del producto: es basura que entra, basura que sale. Lo que inviertes, a su vez, te afectará a ti.

- **Comentarios de los clientes:** además de la evaluación interna, también es necesaria una evaluación externa. Lo que su cliente dice de su producto es la marca que su producto tiene en la mente de ese cliente.

Panorama de la sobreproducción

El ciclo de producción tiene preguntas incorporadas para iniciar el siguiente ciclo. El primero consiste en complacer únicamente al cliente y detenerse cuando
se alcanza el objetivo. ¿He alcanzado la cuota de hoy? Si la respuesta es afirmativa, detenga la producción. Hasta que el cliente haga un nuevo pedido, no fabrique nada.

Este principio se aplica a todos los departamentos de la organización. La idea es conseguir el flujo de valor perfecto. Aparte de esto, no hay nada de lo que deba preocuparse. En Lean, reducimos los pasos que utilizamos para ayudar a reducir los residuos, mientras que el principio de Six Sigma comprueba la variación. Cuantas más variaciones haya en el proceso, más posibilidades hay de que se acumulen los residuos. Sólo hay que seguir los principios de Lean para reducir el número de pasos.

Conclusiones sobre LEAN

Las empresas lean siempre identifican formas de maximizar el valor para sus clientes, que es el objetivo principal del pensamiento lean. La mayoría de la gente tiene la idea de que el pensamiento lean sólo puede aplicarse en los departamentos de ventas y marketing, ya que estos departamentos trabajan directamente con los clientes.

Esto no es cierto, ya que el pensamiento lean se utiliza ahora para ofrecer productos de valor a las partes interesadas de todos los departamentos.

La mayoría de la gente ve el lean como una herramienta que se puede utilizar para eliminar los residuos de los procesos y los mecanismos internos, maximizando así el valor para el cliente. Pero el lean es un proceso empresarial y el kaizen es su centro cultural.

Este es un aspecto importante a tener en cuenta cuando una empresa quiere identificar el valor de los procesos a largo plazo.

La mayoría de las empresas siguen creyendo que el pensamiento Lean es una forma para el lado de la demanda, ya que no están mirando el flujo de valor.

Estas empresas pueden obtener mayores beneficios, ya que la demanda de sus productos supera la oferta. Sin embargo, la mayoría de las empresas se encuentran en un mercado en el que la oferta supera a la demanda. Por ejemplo, los teléfonos móviles. Se han creado numerosas empresas en diferentes partes del mundo que desarrollan nuevos modelos de teléfonos cada día. Sin embargo, la mayoría de la gente se decanta por los productos de Apple, porque la empresa se ha adaptado a las exigencias del producto y siempre ha tratado de identificar formas de maximizar el valor del cliente. Por lo tanto, las empresas deben recordar que lean no sólo consiste en eliminar los residuos del proceso, sino también en identificar formas de mejorar el flujo de valor para maximizar el valor del producto. No hay ninguna empresa en la economía actual que rechace más prospectos o rechace pedidos. La empresa debe buscar siempre formas de impulsar los ingresos. Por lo tanto, una empresa debe mejorar continuamente para potenciar y mejorar los procesos del flujo de valor. Entonces, ¿cómo utiliza una empresa el pensamiento ajustado para identificar el valor?

- *Comprender las exigencias de las partes interesadas y de los clientes*

- *Identificar los elementos del proceso que contribuyen a los residuos y los que afectan a la calidad del producto*

Si una empresa aplica el pensamiento ajustado, debe eliminar los procesos que contribuyen al despilfarro y los que no añaden ningún valor al producto o servicio. Una empresa examinará todas las actividades que realiza y analizará los pasos para ver si cada uno de ellos añade valor al producto o servicio final. Una actividad se define como desperdiciadora si añade costes y lleva tiempo completarla pero no mejora el producto final que se entrega a la parte interesada o al cliente. Todas las empresas se centran en cómo acortar los plazos y en cómo mejorar el flujo de valor entre la empresa y el cliente. El valor se identifica al convertirse en una empresa más rápida, más barata y mejor. En palabras más sencillas, una empresa debe cambiar siempre sus procesos para producir bienes y servicios por los que el cliente esté dispuesto a pagar. Otra forma de identificar el valor es definiendo los clientes internos o las partes interesadas. Estas partes interesadas internas son miembros de cada departamento que utilizan los productos de un departamento como entrada para alcanzar sus metas y objetivos empresariales. Independientemente de si una empresa trabaja con clientes internos o externos, debe centrarse en cómo se satisface a los clientes y no en lo bien que se les satisface. Lo fundamental del pensamiento lean cambia entonces a lo siguiente: *"si se mejora un proceso, también se mejora el valor del proceso"*. La mayoría de las empresas se centran en el producto. Estas empresas no pueden ver el mercado ni acceder a él para convertirse en las mejores. También cometen el error de fijarse en el valor del producto o servicio y en cómo ayudará al cliente. Las empresas deben recordar que la idea de valor es abstracta y no existe una definición real. La empresa debe identificar siempre formas de crear, identificar y ofrecer valor a sus clientes.

Qué es la gestión ágil de proyectos

Hoy en día, parece que la gestión ágil de proyectos está en boca de todos. El término se utiliza con tanto ardor (entre los que están a favor y los que están en contra) que casi hemos perdido su significado.

La agilidad consiste en mucho más que en pasar el rato en círculos todos los días y jugar a pequeños juegos cuando se trata de dividir las tareas más grandes en otras más pequeñas.

Agile nació con una razón - pero aún más que eso, nació en un tiempo y para un tiempo que necesitaba un cambio drástico de enfoque.

Aunque las metodologías ágiles (como Kanban, por ejemplo) ya se practican desde hace muchas décadas, la gestión ágil de proyectos -en su formato bruto y oficial- nació hace poco menos de dos décadas.

En muchos sentidos, parece que ya han pasado años, y eso se debe sobre todo a que la agilidad ha cambiado mucho. Su base sigue siendo la misma. Pero en términos de adaptabilidad, la agilidad ha ganado la partida a largo plazo, y ahora es uno de los dominadores en el mundo de la gestión de proyectos.

¿Qué tanto es una regla, realmente?

Los estudios muestran que alrededor del 30% de los proyectos utilizan un enfoque claramente ágil, mientras que aproximadamente el 40% de ellos utilizan un enfoque tradicional/en cascada. El 30% restante utiliza un enfoque híbrido (Getapp, 2019) - lo que, en contra de lo que algunos pueden creer, no demuestra que la cascada haya ganado la carrera, sino que necesita ajustes ágiles para funcionar en el mundo moderno.

Esto pretende ser una introducción al mundo de la gestión ágil de proyectos: qué es, de dónde viene y por qué es tan popular. Te invitamos a un viaje de aprendizaje y descubrimiento, al final del cual descubrirás qué versión de agilidad funciona mejor para ti y para tu organización.

Historia de Agile

La gestión ágil de proyectos nació por pura necesidad. Junto con la llegada de la tecnología moderna y los ordenadores, había que hacer muchas cosas y, lo que es más importante, había que hacerlas con rapidez, precisión y dentro del presupuesto.

Los métodos ágiles empezaron a tomar forma ya en los años 50, pero no fue hasta cinco décadas después cuando se plasmó en papel el famoso Manifiesto Ágil.

En algún momento, hacia mediados de los 90, se empezó a perfilar la mayor parte de lo que hoy se conoce como gestión ágil de proyectos. Al principio, todo estaba disperso: hubo RAD (Rapid Application Development) en 1991, Scrum en 1995 y Feature-Driven Development dos años después.

En 2001, todo se conjugó, como para ofrecer claridad a un mundo que se preparaba para dar un salto completo hacia el único canal que hoy lo domina todo: Internet. Es cierto que las conexiones web ya existían antes, pero fue con el cambio de milenio cuando las cosas empezaron a despegar de verdad.

En este contexto, diecisiete mentes brillantes del desarrollo de software se reunieron en Snowbird, Utah. Esa reunión pasaría a la historia, ya que fue cuando los conceptos reales de la gestión ágil de proyectos tomaron su forma oficial.

Tendríamos mucha curiosidad por saber cómo fue exactamente esa reunión. Sabemos que no surgió de la nada (no se puede esperar que los pensadores del desarrollo de software se reúnan por casualidad en Utah, ¿verdad?)

Y también sabemos que la reunión de Snowbird sentó las bases de todo lo que siguió en el mundo de la gestión ágil de proyectos. Nos atreveríamos a suponer que muchas de las increíbles herramientas de software que hoy utilizamos de forma recurrente ahora no habrían existido: habrían quedado en algún lugar, todavía en desarrollo.

La gestión ágil de proyectos nació porque había una necesidad imperiosa de modificar el panorama de la gestión de proyectos en el desarrollo de software. En los años 90, cuando aumentó la demanda de software, los métodos tradicionales de gestión de proyectos resultaron ineficaces (en el mejor de los casos) y francamente desastrosos (en el peor).

De hecho, se menciona con frecuencia que la mayoría de las (principales) empresas de desarrollo de software tenían un retraso (igualmente importante) en sus lanzamientos. Por término medio, el desarrollo de software se retrasaba unos tres años. En el caso de los grandes proyectos, el retraso era aún mayor, de hasta 20 años.

Suena absurdo, y lo es.

Pero eso es justo lo que la cascada hizo a estos proyectos. La propia naturaleza del desarrollo de software está en constante cambio, por lo que no tenía ningún sentido aferrarse a un enfoque de gestión que se centraba en las hojas de cálculo, más que en el propio núcleo de lo que hacían estos proyectos.

La gestión ágil de proyectos ha conseguido eliminar aquellas partes de la cascada que podrían haber sido cuellos de botella en el proceso de desarrollo.

Además, como se verá, los híbridos cascada-ágil también han garantizado la racionalización de los procesos en cascada, tomando lo mejor de los dos mundos y proporcionando a las organizaciones basadas en la documentación pesada una alternativa a la gestión de proyectos tradicional.

La gestión ágil de proyectos nació en el momento oportuno para convertirse en la columna vertebral de la industria tecnológica antes de que ésta se disparara por completo.

Desde Silicon Valley hasta China, y desde Islandia hasta Australia, la metodología ágil se ha convertido en un nombre muy conocido en la gestión de proyectos. Es más, se ha expandido mucho más allá de las fronteras de la programación de software y ahora se utiliza en casi todas las industrias que puedas imaginar. Hospitales, escuelas, instituciones gubernamentales y no gubernamentales, marketing, traducciones... todo el mundo puede adoptar la metodología ágil, precisamente porque es muy flexible y se adapta a múltiples situaciones.

La historia rara vez se escribe cuando la esperamos. No sabemos si esas diecisiete mentes sabían realmente el tipo de impacto que tendría su reunión, pero sí sabemos que el desarrollo de software y la agilidad están tan entrelazados hoy en día que parece casi imposible separarlos por completo.

Ventajas y beneficios

¿Qué hace que la gestión ágil de proyectos sea tan buena, concretamente?

Hay una larga lista de beneficios que hacen que la gestión ágil de proyectos llame la atención de todo el mundo, en concreto de los que se dedican a la gestión de proyectos de software, pero sin duda no exclusivamente.

Mejor calidad

Uno de los principales principios de la gestión ágil de proyectos es que promete una mayor calidad del producto.

Para aclarar las cosas, no es que los productos desarrollados mediante la gestión de proyectos en cascada carezcan de calidad. Es sólo que es mucho más probable que un producto desarrollado de forma ágil sea cualitativo en el momento de su lanzamiento al mercado.

Hay una lógica muy fuerte detrás de esto.

Por un lado, la gestión de proyectos en cascada tiende a ser demasiado estricta dentro de sus propios límites. Esto significa que es mucho más probable que se cometan errores:

- Que se note demasiado en el proceso (y la cascada no permitirá que el equipo reitere la misma característica/parte del proyecto)

- Ser notado cuando el producto ya está en el mercado/en revisión por el cliente

La gestión ágil de proyectos está muy centrada en la mejora continua. Por ello, un producto tiene muchas más posibilidades de mejorar a lo largo del proceso de desarrollo.

O, en otras palabras, en lugar de barrer todos esos pequeños (o no tan pequeños) errores bajo la alfombra (como se haría en la gestión de proyectos en cascada, porque hay que seguir el plan), se ocupará de ellos allí mismo.

Suena mucho más factible, ¿verdad?

Mejor satisfacción del cliente

Otra razón que hace que la agilidad sea tan ventajosa está relacionada con el hecho de que, al final del proyecto, los clientes suelen estar mucho más satisfechos.

¿Cómo es eso?

Hay que tener en cuenta algunas verticales cuando se trata de la satisfacción del cliente, y la agilidad se encarga de que todas ellas se cumplan adecuadamente. Por ejemplo:

- La agilidad le permitirá cambiar los requisitos según los comentarios del cliente.

- Agile te obligará a liberar trozos del proyecto a medida que avanzas, ergo, permitirá que tu cliente te proporcione aportaciones que sean más fáciles de implementar (debido al pequeño tamaño del trozo real que están probando).

- Agile te ayudará a entregar un mejor producto final.

Teniendo en cuenta todos estos factores, tiene todo el sentido del mundo que los clientes estén más contentos: a lo largo del proyecto, ya que podrán solicitar las modificaciones que necesiten y, al final del mismo, ya que recibirán un producto que se ajuste a sus requisitos, propósitos y deseos.

Tenga en cuenta que lo mismo ocurre en aquellos casos en los que el "cliente" es una parte interesada interna, como, por ejemplo, cuando gestiona un proyecto de desarrollo de software destinado a ser utilizado internamente.

Mayor transparencia

Esta ventaja ágil está muy relacionada con lo que ya se ha mencionado. Cuando se puede garantizar una mejor calidad y una mayor satisfacción del cliente, todo viene acompañado de una mayor transparencia.

Esta transparencia se manifestará en todas las verticales de la gestión de proyectos. Verá una mayor transparencia en su equipo.

También verá una mayor transparencia dentro de la organización, independientemente de que la alta dirección utilice o no el mismo enfoque de gestión de proyectos que usted. Por último, verá una mayor transparencia entre usted y su cliente (ya sea interno o externo). Cuando pides constantemente opiniones y mejoras continuamente el producto para adaptarlo a las necesidades de tu cliente, creas una relación más genuina con él. Empiezas a comunicarte de verdad, en lugar de limitarte a enviar correos electrónicos de ping-pong.

Mejor control

Para quienes estén acostumbrados a las premisas de la gestión de proyectos en cascada o tradicional, puede parecer que la agilidad es cualquier cosa menos centrada en el control.

De hecho, lo es en gran medida.

La gestión ágil de proyectos le permite controlar su proyecto a un nivel granular, precisamente porque le anima (y francamente le obliga) a dividir su proyecto en pequeños trozos.

La gestión de proyectos en cascada te obliga a ponerlo todo por escrito antes de que todo comience. Al mismo tiempo, sin embargo, te obliga a ceñirte al plan incluso cuando las cosas se tuercen. Y sí, al final se torcerán, de una forma u otra: los requisitos del cliente pueden cambiar, puedes darte cuenta de que algo está tardando más de lo previsto, tu producto puede tener fallos o los costes pueden acabar superando tus expectativas.

Hay un millón de cosas que pueden salir mal, especialmente en la gestión de proyectos de software (donde las cosas tienden a ser más experimentales que, digamos, la extracción de petróleo, por ejemplo).

Cuando puedes gestionar todas estas cosas que podrían ir mal a medida que ocurren, ganas control sobre todo el proceso. Además, puedes utilizar tu (mala) experiencia para mejorar el proceso.

No te lo tomes a mal. El control no es lo mismo que la micro gestión. No tienes que mirar constantemente por encima de los hombros de tu equipo y gestionar cada pequeño detalle en cada momento. Eso sólo arruinaría el puente de transparencia, honestidad y autodisciplina que estás tratando de construir entre tú y tu equipo.

Mayor previsibilidad

De nuevo, esto podría parecer lo contrario de lo que es la gestión ágil de proyectos.

Pero si se mira con más detenimiento, se verá que los proyectos ágiles pueden predecirse mejor precisamente porque se gestionan paso a paso.

Comparemos esto con la cocción de un pastel.

Cuando compras la mezcla de caja, puedes predecir fácilmente y con exactitud lo que vas a obtener: una masa de pastel decente que puedes personalizar según tus gustos. Sin embargo, no conoces todos los ingredientes de esa mezcla de caja y, aunque el resultado a corto plazo puede ser fácil de prever, puede ser un poco más difícil predecir lo que le pasará a tu cuerpo si sigues comiendo pastel de caja cada semana, durante décadas.

Ese sería el enfoque de gestión de proyectos en cascada. Utilizas un molde y esperas que todo en tu proyecto se ajuste a ese formato ideal y muy predecible. Sin embargo, a largo plazo, no tienes ni idea de si tu plan de proyecto no irá en tu contra.

Cuando preparas un pastel desde cero y sabes de dónde procede cada ingrediente, cuántas calorías tiene y cuántos nutrientes aporta a tu cuerpo, puedes predecir sus efectos en el organismo si comes el mismo tipo de pastel durante un periodo de tiempo prolongado.

Además, siempre que midas con precisión la cantidad de cada ingrediente, podrás predecir con exactitud el aspecto y el sabor de tu pastel. Puede que te cueste un poco de práctica hasta que aprendas a hacerlo correctamente pero, una vez que aprendas sus trucos, ¡el pastel hecho desde cero será más predecible en todos los sentidos!

Ese sería el enfoque de gestión ágil de proyectos. Puede parecer totalmente imprevisible al principio, pero los resultados serán más predecibles una vez que tengas las herramientas adecuadas y la experiencia para medir y aproximar todo con precisión.

Mejor gestión del riesgo

Una de las principales desventajas de la gestión de proyectos en cascada está relacionada con el hecho de que permanece confinada en sus propias tablas y hojas de cálculo.

Los gestores de proyectos en cascada planifican todo al principio del proyecto. Los gestores de proyectos ágiles hacen lo mismo. La principal diferencia no radica en si planifican o no, sino en lo que ocurre cuando las cosas no salen según ese plan.

Como ya se ha dicho, la cascada tiende a esconder los riesgos bajo la alfombra o, al menos, a estimarlos mal y desde un punto de vista idealista.

En cambio, Agile no hace eso. Enfrenta los problemas de frente, los aborda, los quita de en medio y luego te permite sacar conclusiones honestas.

Como resultado, su gestión de riesgos también mejorará. Cuando dejas de esconder la cabeza en la arena, puedes ver las cosas con más claridad. Por lo tanto, puede gestionar cualquier riesgo potencial con más precisión.

Mejor retorno de la inversión

Mejores productos + clientes más felices + mejor gestión del riesgo no pueden ir mal.

Es una fórmula universal para el éxito. Cuanto más sepa administrar su dinero y sacar mejores productos, más probable será que los clientes lo hagan:

- Vuelve a ti

- Pagar a tiempo

- Evangelizar y recomendar a otros clientes potenciales

- Dejar grandes críticas para su empresa en varios canales

¿Suena como un sueño?
Nosotros preferimos llamarlo ágil.

Mejores métricas

Esta ventaja se remonta al hecho de que la agilidad no te permitirá simplemente barrer los problemas bajo la alfombra. Te hará tener una conversación cara a cara con estos problemas, conocerlos en profundidad y luego abordarlos desde una postura en la que realmente sepas qué hacer.

Además, la gestión ágil de proyectos es un esfuerzo de equipo en todos los sentidos. Desde el momento en que empiece a dividir el proyecto en partes más pequeñas, su equipo participará en el proceso. Podrán darte estimaciones reales sobre el tiempo que lleva todo.

Por último, la gestión ágil de proyectos le permitirá hacer un seguimiento de lo que realmente está sucediendo, en lugar de lo que idealmente proyectó que sucedería.

Todos estos aspectos conducirán finalmente a unas métricas mejores, más precisas, más realistas y más útiles en lo que se refiere al rendimiento del equipo, el retorno de la inversión y la gestión del tiempo.

Mejor colaboración

Si hay algo que absolutamente todo el mundo adora de la gestión ágil de proyectos (aparte del aparente caos, que, por cierto, puede llegar a ser adictivo) es el hecho de que los equipos simplemente tienden a trabajar mejor cuando se gestionan bajo un método ágil.

La gestión ágil de proyectos fomenta un entorno centrado en la autodisciplina, la honestidad y la asunción de responsabilidades. Cuando se cuenta con estos tres ingredientes, se crea un verdadero espíritu de equipo, del tipo en el que las personas se entienden y empatizan de forma natural, en el que quieren ayudarse de forma genuina y en el que los distintos tipos de frustraciones y malos sentimientos ni siquiera echan raíces.

La agilidad tiene que ver con la colaboración. La forma en que colaboras con tu equipo, la forma en que los miembros de tu equipo colaboran entre sí, la forma en que tu director de producto colabora con el cliente y la forma en que colaboras con otras partes interesadas y con la alta dirección de tu empresa, todo esto cambiará para mejor.

Esto no es una promesa vacía. Está en la base de lo que es la agilidad y lo que pretende este enfoque.

Mejor equilibrio entre trabajo y vida privada

No vamos a mentir.

No todas las personas que trabajan en la gestión ágil de proyectos tienen un gran equilibrio entre el trabajo y la vida privada.

Pero, por otra parte, no todas las personas que trabajan en algo tienen un gran equilibrio entre el trabajo y la vida privada.

En general, se cree que quienes trabajan en la gestión ágil de proyectos (es decir, los directores de proyectos y los equipos) tienden a tener un mejor equilibrio entre la vida laboral y la personal porque aprenden a gestionar su tiempo de forma eficiente. Por lo tanto, son mucho menos propensos a holgazanear y a prolongar sus jornadas de trabajo hasta las noches y los fines de semana.

Es más probable que hagan su trabajo en el tiempo que se supone que debe hacerse, para que en sus horas libres puedan volver a sus familias, aficiones y tiempo libre.

En general, esto sólo puede conducir a empleados mejores, más felices y más productivos.

Y todos sabemos lo feliz que eso hace a la dirección, a los RRHH y a cada una de las partes de su organización, ¿verdad?

No tiene que creer en nuestra palabra cuando se trata de todos estos beneficios. Basta con mirar a las empresas que han adoptado la agilidad como parte de sus estructuras: tienen mucho que decir al respecto y cómo ha cambiado drásticamente toda su forma de hacer negocios.

Estas son sólo algunas de las ventajas. Puede que las experimente todas, algunas o más. En cualquier caso, seguro que disfrutará de una mejora notable y realista en la gestión de sus proyectos.

Principios básicos

Una mirada más profunda a la gestión ágil revela el hecho de que hay principios que rigen la forma de dirigir un proyecto. En otras palabras, dice mucho sobre cómo debe gestionarse un proyecto ágil. Hay 12 principios de la gestión ágil de proyectos.

1. La máxima prioridad es cumplir los requisitos del cliente mediante una entrega rápida y continua.
2. Los cambios se reconocen en cualquier fase del desarrollo del producto.

3. Se acepta una mayor frecuencia de entrega del producto o servicio.

4. Las partes interesadas y los desarrolladores colaboran estrechamente durante el desarrollo del producto o servicio.

5. El proyecto se construye en torno a un grupo de personas motivadas.

6. Las interacciones cara a cara se consideran la forma más eficaz de comunicación.

7. Un producto que funciona es la principal medida del éxito.

8. Los procesos ágiles abogan por el desarrollo sostenible.

9. La agilidad se potencia mediante la atención permanente a los detalles, el buen diseño y la excelencia.

10. La sencillez es un elemento vital.

11. El uso de equipos de auto organización conduce al desarrollo de arquitecturas y diseños ideales que ayudan a cumplir los requisitos.

12. Se utilizan intervalos regulares para inspeccionar y adaptar para garantizar la eficacia.

Un vistazo a estos principios revela que los principios actúan como guía sobre cómo diferentes personas pueden colaborar y trabajar hacia un objetivo común. Son muchos los temas que tocan estos principios, como las interacciones entre las personas, el comportamiento de los directivos, el comportamiento de los equipos, la mejora continua y la medición del progreso.

Comprender los principios de Agile

En la vida real, se traducen en una serie de tácticas y prácticas que hacen que la agilidad funcione realmente. Se puede comparar esto con un coche, para visualizar mejor cómo sucede. Si los Principios y el Manifiesto son las leyes físicas teóricas sobre las que se construye la agilidad, las prácticas y las tácticas específicas son las formas en las que las diferentes partes de un coche se unen para conseguir un vehículo que funcione.
¡Vamos a saltar!

Satisfacción del cliente

A fin de cuentas, la satisfacción del cliente es la razón por la que funciona la agilidad, por la que se creó y por la que existe la propia gestión de proyectos.
La satisfacción del cliente es el objetivo final, la última frontera y la olla al final del arco iris. Es a lo que aspiras tú, todo tu

equipo y toda tu organización, al final.

Así, cada uno de los 12 Principios está relacionado con la satisfacción del cliente. Como el hecho de que facilitará su vida como gestor de proyectos y el hecho de que ayudará a los miembros de su equipo a crecer de forma armoniosa.

Sin embargo, cuando se trata de reducir todo a un concepto principal, se trata de la satisfacción del cliente.

Aunque todos los Principios son igualmente importantes a la hora de ofrecer un producto que, en última instancia, satisfaga a su cliente o a las partes interesadas internas, los cuatro primeros se centran más en hacer felices a los clientes, mientras que los otros vienen a ser una especie de apoyo en su empeño.

Para asegurarse de hacer felices a sus clientes, primero tendrá que definir quiénes son. En las empresas de subcontratación, por ejemplo, esta cuestión específica está bastante clara: su cliente es la empresa que encargó el software o el producto.

Cuando se trata de desarrollar productos internos (como, por ejemplo, una herramienta de mensajería exclusivamente interna), las cosas pueden ser un poco confusas. Sin embargo, en esencia, el cliente es la persona o el grupo de personas que encargó el producto y con el que se mantendrá una comunicación continua a lo largo del desarrollo de dicho producto.

Vale la pena mencionar que, en general, los gestores de proyectos en agile no necesariamente hablan directamente con el cliente - o, al menos, no de forma recurrente.

El propietario del producto es la persona que asume este papel, garantizando una comunicación adecuada entre el cliente y el gestor del proyecto (que posteriormente transmitirá la información al equipo y se asegurará de que todas las tareas se asignen, programen y gestionen financieramente de forma correcta).

La función específica del gestor de productos es traducir los deseos del cliente en requisitos reales del producto.

Digamos, por ejemplo, que su cliente ha pedido una herramienta de gestión de redes sociales. Quiere hacerlo:

- Ser capaz de publicar en Facebook
- Ser capaz de publicar fotos en Instagram
- Poder programar sus publicaciones
- Ser capaz de supervisar todos sus canales de medios sociales en un solo lugar

En términos de requisitos del producto, esto puede sonar diferente:

- Publicación y programación entre canales
- Capacidades de edición de imágenes en la herramienta

Los cuatro primeros puntos son las ideas que aportará el cliente. Los dos últimos, sin embargo, son los que el director de producto transmitirá al director de proyecto, que a su vez llevará a cabo reuniones de equipo y se asegurará de que esos requisitos del producto se dividan con precisión en micro proyectos. Junto con el equipo, el gestor de proyectos también se asegurará de que se entregue un software que funcione de forma recurrente.

¿Cómo sabe que su cliente está contento?

En pocas palabras, los clientes están contentos cuando:

- Se entienden sus necesidades (el trabajo del jefe de producto)

- Ven el progreso real al recibir programas informáticos de trabajo de forma recurrente

- Ven que sus comentarios son realmente seguidos y el producto mejora de una iteración a la siguiente

- Su producto final coincide con sus necesidades iniciales, incluso si los requisitos han cambiado a lo largo del proceso de desarrollo.

Suena sencillo y complicado al mismo tiempo (sobre todo si ya ha intentado mantener las expectativas y la satisfacción de los clientes en niveles elevados). Sin embargo, Agile puede ayudar. La estructura de Agile es, en sí misma, una de las principales formas en las que los clientes de diversos campos (incluido, pero no limitado, el desarrollo de software) están contentos hoy en día (a diferencia de cómo estaban, digamos, hace dos décadas).

Realización y gestión de cambios

Un famoso filósofo griego dijo una vez que el cambio es lo único constante en la vida.
Cambiamos constantemente, aunque no lo veamos.
Cambiamos desde el momento en que comenzamos la vida como embriones hasta el momento en que nos desvanecemos y volvemos a la Madre Naturaleza.

Por lo tanto, tiene todo el sentido del mundo que la metodología ágil acepte el cambio. De hecho, este es uno de los principales principios que diferencian la gestión ágil de la gestión de proyectos en cascada. Mientras que los métodos tradicionales de gestión de proyectos ven el cambio como un hombre de la bolsa que espera atacar desde el fondo del armario, los métodos ágiles toman el cambio por los cuernos y lo abrazan.

Los gestores de proyectos ágiles entienden que el cambio es inevitable. Entienden que los requisitos de los clientes cambian, las estructuras de los equipos cambian y, en última instancia, los supuestos iniciales de tiempo y financieros también cambian.

Para aquellos que estén familiarizados exclusivamente con un enfoque tradicional de gestión de proyectos, todo el concepto de "aceptar el cambio" puede sonar como un auténtico caos.

No lo es.

Al igual que la cascada, la metodología ágil tiene sus propios procesos y procedimientos para manejar una variedad de situaciones. La diferencia es que la metodología ágil espera lo inesperado y, por tanto, ha desarrollado su propia forma de afrontar los cambios.

Aunque hay diferentes formas de abordar todo tipo de cambios, el método más universal incluye los siguientes pasos:

1. **Comprender el cambio**

A veces, el cambio puede venir del cliente (por ejemplo, han decidido que necesitan integrar LinkedIn entre los canales de medios sociales que quieren gestionar a través de la herramienta que le encargaron). Otras veces, el cambio puede venir de los requisitos funcionales (te has dado cuenta de que necesitas implementar una función de carga de imágenes antes de implementar la herramienta de programación real).

En esta fase, debe entender qué significa el cambio para todo el proyecto y cuál es su objetivo empresarial.

2. Comprender el alcance de la aplicación del cambio

Independientemente de la procedencia del cambio, hay que entender sus ramificaciones en todos los aspectos del proyecto. Háblalo con tu equipo y determina exactamente lo que significará para todo el proceso, para el calendario que has creado y para el presupuesto que tenías sobre el papel.

Asegúrate de que tienes todo en cuenta y de que tu equipo está de acuerdo en todos los niveles. Es importante que todo el mundo esté de acuerdo con el plan que estás elaborando, para que todos podáis ponerlo en práctica más adelante.

3. Pedir la aprobación

Esta etapa puede omitirse en determinadas circunstancias, como cuando el cliente solicita específicamente que no se le pida su aprobación, por ejemplo, o cuando usted sabe que su dirección superior le ha dado margen de maniobra para aprobar esos cambios.

Otras veces, sin embargo, tendrá que pedir la aprobación del cambio. En estos casos, es muy probable que tenga que presentar las implicaciones del cambio, así como lo que ha discutido con su equipo sobre lo que significará en términos de tiempo, recursos y presupuesto.

4. **Aplicar el cambio**

Cuando reciba su aprobación, podrá proceder a la aplicación real del cambio. Lo más probable es que implique una nueva planificación de todas las tareas y de todo lo adyacente a ellas.

Los cambios pueden parecer pequeños ataques de pánico cuando se producen. Sin embargo, cuando tienes una metodología ágil para emplear en tus esfuerzos de gestión de proyectos, te resultará mucho más fácil manejar todo tipo de cambios, desde los relacionados con el cliente hasta los relacionados con la cohesión de tu equipo.

La información continua de los clientes

Los proyectos ágiles suelen dividirse en varias iteraciones. Pueden denominarse de forma diferente de un método ágil a otro (por ejemplo, se llaman "sprints" en Scrum), pero su objetivo principal es el mismo en todo el espectro ágil: garantizar la entrega continua de software funcional al cliente.

Recibir las aportaciones continuas de los clientes es extremadamente importante en el ámbito ágil, ya que está relacionado con la satisfacción real de los clientes en lo que respecta al producto final.

En otras palabras, necesita absolutamente la opinión de su cliente para garantizar su felicidad durante todo el proyecto, y también en la entrega final.

Hay una buena razón por la que lo llaman aportación continua del cliente. En la metodología ágil, no basta con pedir la opinión de los clientes cuando se entrega un software que funciona al final de un sprint. En realidad, se recomienda pedir opiniones antes del final del sprint. De esta manera, cada sprint incluirá la implementación de la retroalimentación y la entrega de la versión final del software de trabajo.

Puede que algunos clientes no estén del todo acostumbrados a este modus operandi. No pasa nada, puedes ayudarles a entender que la retroalimentación continua es mucho más productiva que los grandes trozos de retroalimentación que llegan esporádicamente. Cuanto más a menudo recibas sus comentarios, más fácil será ponerlos en práctica y, como resultado, más contentos estarán al final.

Implementación de Agile

En teoría, la gestión ágil de proyectos parece muy fácil. Todo se

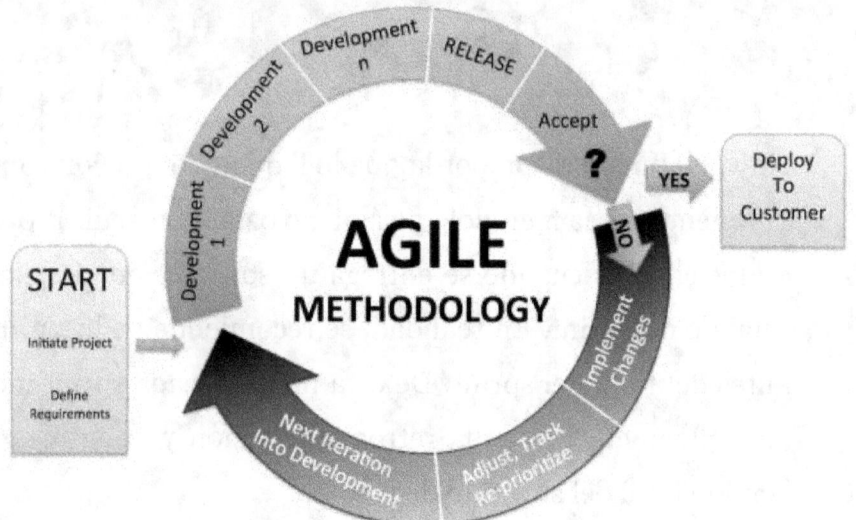

reduce a:

- Asegurarse de que se entienden todos los requisitos de los productos

- Asegurarse de que los requisitos del producto se traducen en historias

- Asegurarse de que cada historia se divide en el número adecuado de tareas

- Asegurarse de que cada tarea está debidamente priorizada

- Asegurarse de tomar el proceso iterativo como una oportunidad de mejora continua

- Asegurarse de que se entrega un software que funciona al final de cada sprint

No suena tan mal. Dado que se pone menos énfasis en la documentación, puede que incluso suene mucho más fácil para algunos de ustedes.

Sin embargo, lo que hay que entender (y sobre lo que definitivamente hay que ser honestos) es que lo ágil no es fácil. La gestión de proyectos en general no es fácil, independientemente de lo tradicional o ágil que decidas ser.

Es muy importante reconocer el hecho de que la aplicación aleatoria de los Principios y el Manifiesto Ágiles puede ayudar. Pero si quieres obtener resultados reales, debes hacerlo de forma constante, y debes hacer uso de todas las herramientas y técnicas ágiles que te proporciona.

De hecho, la gestión ágil de proyectos consiste en ser flexible: en cuanto a las tareas, los requisitos del producto, los cambios y el propio método. Hay una razón por la que existen tantos tipos de métodos ágiles "puros" e híbridos: cada organización tiene necesidades diferentes, y la gestión ágil de proyectos lo entiende. Por ello, ha desarrollado sus propios mecanismos universales, dejando un amplio margen de maniobra para realizar ajustes según las necesidades, los protocolos y los objetivos de la organización.

Las técnicas y los consejos que queremos presentar aquí serán igualmente útiles independientemente de la metodología y el marco ágiles específicos que elijas. Ya sea Scrum, Kanban, Lean o cualquier otra metodología ágil, puedes estar seguro de que estos consejos funcionarán a nivel universal.

Defina su visión

Aquí es donde empieza todo, donde se define todo el proyecto en términos de lo que se quiere conseguir con él. De todas las etapas del desarrollo de un proyecto, esta es siempre la más motivadora e inspiradora.

Sin embargo, la definición de su visión no se trata de palabras vacías, y definitivamente debe prestar atención a esto. Sí, puede ser una inspiración y sí, definitivamente puede ser bastante creativo, dependiendo del tipo de producto que tengas que desarrollar.

Además, también es importante mencionar que este no es un paso que deba saltarse. Independientemente del tipo de metodología ágil de gestión de proyectos que elijas, es esencial que te tomes tu tiempo al principio del proyecto y definas la visión.

¿Por qué es tan importante esta etapa?

En pocas palabras, esbozará todo lo que se pretende conseguir a lo largo del proyecto. En cierto modo, puede considerar su visión como el faro que le guiará a lo largo del proceso de desarrollo del producto. Siempre que las cosas se tuerzan, siempre que usted y su equipo se pierdan en el camino, siempre que sienta que no va a terminar nunca, su visión estará ahí para guiarle de vuelta al camino correcto.

Su visión no tiene que ser algo más grande que la vida. De hecho, la definición de tu visión debería ser bastante sucinta, no en el sentido de que debas acelerar el proceso, sino en el sentido de que no tienes que escribir una novela entera sobre el producto que estás planeando.

Hay muchas maneras de abordar la fase de definición de la visión en el desarrollo de un proyecto ágil. Una de las más sencillas es responder simplemente a un puñado de preguntas básicas:

- ¿A quién va dirigido el producto?

- ¿Qué necesitan o quieren estas personas?

- ¿Cuál es la categoría del producto?

- ¿Cuáles son las principales ventajas que aporta el producto?

- ¿Quién es el principal competidor del producto?

- ¿Qué hace el producto de forma diferente a su principal competencia?

Cuando respondas a todas estas preguntas, podrás escribir tu visión. Por ejemplo:

"AgileSocial es una herramienta de gestión de redes sociales dirigida a grandes agencias que necesitan gestionar decenas de cuentas en un solo lugar. La principal ventaja de AgileSocial es que ofrece una integración personalizada con algo más que los canales básicos de las redes sociales (Facebook, Instagram, Twitter y LinkedIn). A diferencia de Hootsuite (competidor), AgileSocial ofrecerá más funciones en el plan gratuito, como la posibilidad de gestionar 20 cuentas."

Este enunciado básico puede servir, sobre todo cuando estás desarrollando tu propio producto y no tienes un gran equipo con el que trabajar. Sin embargo, si quieres dedicar un poco más de tiempo a definir la visión de tu producto, deberías considerar los siguientes pasos:

1. Haga todas las preguntas que hemos mencionado anteriormente y redacte la visión básica del producto, según el ejemplo anterior.

2. Valida tu visión haciéndote una nueva serie de preguntas:

- ¿Es clara su declaración?
- ¿Su declaración está destinada a ser leída por su equipo y otras partes interesadas internas?
- ¿Es la descripción lo suficientemente completa y convincente a la hora de explicar las necesidades del cliente?
- ¿La descripción describe el mejor resultado al que podría conducir el desarrollo del producto?
- ¿Está claro el objetivo empresarial?
- ¿Es la visión congruente con la visión y los valores de la organización?

3. Valide su visión con las siguientes personas:

- Las partes interesadas internas
- Equipo de desarrollo
- Scrum Master (en caso de que no seas el Scrum Master)

4. Replantee y reescriba su visión en función de las aportaciones que haya recibido tras aplicar el segundo y el tercer punto de esta lista.

Independientemente de si quiere tomar el camino largo o el corto, esta es una etapa que simplemente no debe apresurarse. Puede que no parezca gran cosa, pero no te imaginas lo perdido que puedes llegar a estar cuando se producen cambios y tus planes iniciales se ponen patas arriba. En estas situaciones, tener una declaración de visión clara por escrito puede ser un verdadero salvavidas desde muchos puntos de vista.

Herramientas y metodologías

La gestión ágil existe desde hace años, si no décadas. La idea de que los proyectos deben completarse a tiempo mediante la consecución de hitos no es un fenómeno nuevo. Las metodologías para este tipo de gestión han ido avanzando en las últimas décadas y han crecido hasta incluir varias metodologías diferentes, cada una de las cuales proporciona un marco diferente para el funcionamiento interno de un proyecto. Conocer en profundidad cada una de las metodologías disponibles le permitirá comprender mejor este estilo de gestión y cómo puede utilizarlo con su propio equipo en sus proyectos.

Scrum ágil

Scrum es una forma sencilla de proporcionar un marco ligero para un proyecto utilizando directrices específicas. Son una parte incremental del proyecto y ayudan a tomar decisiones serias que afectarán al objetivo final global. Al contar con la participación del propietario del producto, se reducen los errores y se pueden eliminar los defectos o las partes no deseadas del proyecto sin que ello perjudique a los pasos posteriores. Scrum permite que proyectos y equipos pequeños o grandes se organicen fácilmente y entreguen un proyecto en un marco de tiempo rápido. Por lo tanto, las iteraciones rápidas hacen que esta metodología sea la mejor para los equipos que trabajan en un proyecto en el que los clientes y las partes interesadas esperan una pronta liberación del producto de trabajo. Este tipo de participación ayuda al equipo a realizar cualquier cambio necesario que puedan señalar las partes interesadas o los propietarios del producto.

Kanban

Esta metodología ágil se centra en la fabricación. En su esencia, Kanban puede considerarse como una extensa lista de tareas. No es diferente a Scrum, los requisitos de la metodología Kanban se supervisan en función de su etapa actual durante el proceso.

Kanban puede ser una transición sencilla si se cuenta con el equipo adecuado. Para asegurarse de que la transición sea fluida, varias personas de la empresa, incluidos los interesados, los probadores, los analistas de negocio y los desarrolladores, deben reunirse regularmente para discutir el proyecto. Cuando su empresa está cambiando a Kanban, debe recordar que esta metodología le va a proporcionar los medios más rápidos de productividad para el código, pero todavía hay algunos riesgos de que el código salga con algunos errores.

Kanban no depende del tiempo, pero sí de la prioridad. Esto significa que cada vez que un desarrollador quiere saltar a la siguiente tarea, puede hacerlo muy rápidamente. Este enfoque tiene algunas reuniones para ayudar a la planificación. No es como Scrum. Kanban tiene una transición sencilla para los equipos ideales. Para asegurar que la transición a Kanban es eficiente y sin problemas - los desarrolladores, analistas de negocios, las partes interesadas y los probadores tienen que reunirse regularmente y discutir. Al cambiar a Kanban, uno debe recordar que este tipo de metodología le proporciona los medios más rápidos de productividad en su código. Sin embargo, lo más probable es que el código tenga algunos errores.

Kanban es lo mejor para equipos pequeños o para aquellos equipos que no construyen características que deban ser liberadas al público. Además, es una metodología de primera categoría que se utiliza en diferentes tipos de productos o equipos cuyo objetivo principal es eliminar los errores de un sistema.

Programación extrema (XP)

Kent Beck está considerado como el creador de XP. Se trata de una popular y controvertida metodología ágil. Se centra en el suministro de software de alta calidad en un periodo corto. Funciona con la participación del cliente, la retroalimentación rápida, la planificación posterior y las pruebas. Esta metodología ha sido popular y a la vez controvertida desde su introducción. XP permite a los equipos entregar un trabajo de alta calidad de forma consistente y rápida. Proporciona un marco de trabajo a los equipos para ayudarles a trabajar de forma rápida y eficiente, manteniendo al mismo tiempo una calidad de trabajo muy específica. Con XP, el software debe entregarse en un plazo de 1 a 3 semanas e implica pruebas, revisiones y planificación constantes. Esto es ideal para los equipos más pequeños, ya que la colaboración y el trabajo en equipo son necesarios para mantener la calidad y la velocidad al mismo tiempo. Aunque esto puede funcionar para equipos y proyectos más grandes, son más difíciles de gestionar de esta manera.

Cristal

Este es uno de los métodos más adaptables de gestión ágil. Hay varias formas diferentes de gestión del cristal, pero cada una se centra en el tamaño del equipo y las prioridades del proyecto.

El equipo y su forma de trabajar para alcanzar los hitos se ajusta a cada proyecto para crear un marco de trabajo único.

Los que utilizan los distintos métodos Crystal suelen encargarse de muchos tipos de proyectos diferentes en un corto periodo de tiempo. Este método permite que los equipos se adapten fácilmente de un proyecto a otro completamente único.

Hay algunas métricas que vienen con la idea de Crystal. Estas métricas van a incluir cosas como la simplicidad, el trabajo en equipo y la comunicación. Al igual que con algunas de las otras metodologías de Agile, Crystal adopta la entrega temprana y regular de un producto de trabajo. También puede promover cosas como la eliminación de la burocracia, la participación de los usuarios y la adaptabilidad. Este es, con mucho, el enfoque más ligero y fácil de aplicar. Crystal consiste en una colección de metodologías ágiles, algunas de las cuales incluyen Crystal orange, Crystal yellow, Crystal clear, y muchas más.

Algunas de las métricas de Crystal son la comunicación, el trabajo en equipo y la simplicidad. Al igual que otras metodologías ágiles, Crystal adopta la entrega temprana y regular de un producto en funcionamiento. Además, promueve la adaptabilidad, la participación de los usuarios y la eliminación de la burocracia.

La metodología de desarrollo de sistemas dinámicos (DSDM)

La metodología de desarrollo de sistemas dinámicos cuenta con procesos que se van perfeccionando con el tiempo para mejorarlos.

Los requisitos, conocidos como iteraciones, se definen y se entregan en un breve periodo de tiempo y se realizan todas las tareas que se señalan como importantes.

DSDM aboga por la idoneidad en la empresa como principal foco de atención en la entrega y aceptación de un determinado sistema.

En esta metodología, los requisitos se enumeran al principio del proyecto y los procesos se perfeccionan para mejorarlos. Los requisitos, a menudo denominados iteraciones, se definen y se entregan en poco tiempo. Todas las tareas importantes deben realizarse en un proyecto DSDM. Además, no todos los requisitos tienen una alta prioridad.

Desarrollo orientado a las características

También conocido como FDD, este método de desarrollo está pensado para producir productos funcionales en un plazo de dos semanas. Se centra en equipos pequeños y en un trabajo intenso con hitos y etapas más grandes. El FDD requiere que los equipos se reúnan a menudo con el propietario del producto o el cliente y describe fases cortas que se realizan con extrema rapidez y se reúnen en un plazo limitado para la entrega.

Estas son las metodologías actuales de desarrollo de software. Cada una de ellas sigue creciendo y cambiando con el paso de los años y evoluciona a medida que el conocimiento del desarrollo y del software también crece. Elegir el método de desarrollo correcto para su proyecto y equipo es muy importante.

Si no se elige correctamente, puede tener consecuencias imprevistas muy graves. Echa un vistazo a los detalles del proyecto y al tamaño de tu equipo para determinar cuál de estos métodos de desarrollo dentro de la gestión ágil es el mejor para ti y tu equipo.

Risk Management

Traditional		Agile
Risk Identification, Qualitative Analysis, Response Planning	≈	Iteration Planning, Daily Stand-ups, and Retrospectives
Monitoring & Controlling	≈	Daily Stand-ups and Highly Visible Information Radiators

Gestión del riesgo en la gestión ágil de proyectos

La gestión de riesgos es un elemento esencial de todos los tipos de gestión de proyectos. Es, en definitiva, donde comienza la verdadera gestión de proyectos y donde los grandes gestores de proyectos pueden mostrar su verdadero valor.

La gestión del riesgo en la gestión ágil de proyectos se aborda de forma un poco diferente a la de los enfoques más tradicionales. En cascada, la gestión de riesgos se realiza en función del megaplan creado al principio del proyecto.

Sin embargo, en la metodología ágil, la gestión de riesgos se realiza de forma iterativa, con cada nueva versión. Cuantos más sprints se realicen, más precisa será la visión de los riesgos y de lo que se puede hacer para evitarlos.

Esto no quiere decir que te lances de cabeza cuando empieces con tus primeras iteraciones. Sin embargo, no podrás (y no deberías) planificar hasta el más mínimo detalle. En la gestión ágil de proyectos, esto se considera todo menos productivo, concretamente porque la naturaleza de los requisitos y del propio proyecto puede cambiar y, por tanto, los riesgos también cambiarán.

Para aquellos que sólo han trabajado con métodos tradicionales de gestión de proyectos, la gestión ágil de riesgos puede sonar como un completo caos.

Sin embargo, está tan organizado y estructurado como cualquier otro método de gestión de proyectos.

Dedicaremos este capítulo a enseñar los entresijos de la gestión de riesgos en la gestión ágil de proyectos. Aunque no dediquemos tanto espacio a ningún otro aspecto individual de la gestión ágil de proyectos, creemos que la gestión de riesgos es demasiado crucial, demasiado grande y demasiado incomprendida. Por ello, queremos dedicarle mucho tiempo y espacio, para que entienda perfectamente cómo se hace.

Clasificar

La identificación de riesgos en los proyectos ágiles consiste en discutir las historias con tu equipo y encontrar aquellas partes que podrían resultar problemáticas en el camino. La identificación de los riesgos suele tener lugar en la tercera fase del desarrollo del proyecto (una vez que ya has entendido los requisitos del producto y el tamaño de las historias).

La razón por la que el riesgo debe gestionarse durante la tercera fase es que, para entonces, tendrá un conocimiento más profundo del tipo de proyecto que está tratando y una idea concreta de lo que tiene que hacer.

Una vez identificados, los riesgos deben clasificarse según su naturaleza. Este paso es importante porque le ayudará a ver más claramente los riesgos a los que se enfrenta, permitiéndole planificar acciones preventivas que le ayuden a evitar esos escollos específicos.

Por supuesto, dado que se trata de una gestión ágil de proyectos, hay que aceptar el hecho de que los riesgos pueden cambiar en el transcurso del propio desarrollo del proyecto. Precisamente por eso, la gestión de riesgos debe formar parte de la planificación de cada iteración: cuanto más detallada sea, más específicos podrán ser los riesgos que identifiques.

Hay múltiples formas de clasificar los riesgos en la gestión ágil de proyectos, pero vamos a hablar de dos de las más populares.

El método descriptivo

Este método de clasificación de riesgos no es prescriptivo, en el sentido de que le permitirá modificar las clases de riesgo según le convenga. Algunos proyectos pueden cumplir todas las clases de riesgo, mientras que otros pueden ser más limitados (y, por tanto, sólo tendrán que ocuparse de clases de riesgo específicas).

Algunas de las clases de riesgos más importantes y comunes que puede encontrar son las siguientes:

- **Solución**: riesgos que afectan a que el producto final sea o no una solución real a las necesidades de su cliente.
- **Cronograma**: riesgos que afectan a que el proyecto se entregue o no a tiempo.
- **Presupuesto**: riesgos que afectan a que el proyecto se ciña realmente a su planificación presupuestaria inicial.

- **Privacidad**: riesgos que afectan a la posibilidad de que el proyecto pueda cumplir y respetar la normativa y la legislación en materia de privacidad (como el GDPR, por ejemplo).
- **Seguridad**: riesgos que afectan a la seguridad del proyecto y su contenido frente a posibles piratas informáticos.
- **Recursos**: riesgos correlacionados con la posibilidad de disponer de suficientes recursos (humanos y no humanos) para terminar el proyecto.
- **Alcance**: riesgos que afectan a la correcta contención del proyecto.

Dependiendo del tipo de proyecto que esté gestionando y de sus implicaciones muy específicas, puede que también quiera tener en cuenta los riesgos políticos, medioambientales o de reputación, por ejemplo.

Además, es importante tener en cuenta que algunos riesgos pueden ser de varios tipos. Por ejemplo, la falta de desarrolladores senior puede ser un riesgo relacionado con los recursos, pero también puede ser un riesgo relacionado con el presupuesto (ya que tendrá que gastar más dinero para conseguir buenos desarrolladores) y un riesgo relacionado con el tiempo (ya que tendrá que asignar tiempo para buscar y contratar nuevos desarrolladores).

El método PMSTLE

No hay mucho que diferencie lo que llamamos el método "descriptivo" y el método PMSTLE, aparte de que este último utiliza un acrónimo para facilitar a los usuarios el recuerdo de las principales categorías de riesgos que hay que tener en cuenta en el proceso de planificación.

PMSTLE significa:
- Política
- Medio ambiente
- Social
- Tecnológico
- Legal
- Económico

Como se puede ver, estos riesgos son más generales y extrínsecos al propio proyecto, por lo que el método podría ser más adecuado para proyectos relacionados realmente con la escena política, medioambiental o social (pero no exclusivamente).

Al igual que con el otro método, algunos riesgos pueden pertenecer a varias clases: es importante discutir el asunto con su equipo y analizar estos riesgos desde todas las perspectivas imaginables.

No se puede predecir el futuro, sí. Pero sí puedes anticiparte a los escenarios, y es aquí donde deben producirse la identificación y la clasificación de los riesgos.

Cuantificar

Identificar los riesgos y clasificarlos según su naturaleza es obviamente importante. Al mismo tiempo, cabe mencionar que también es crucial cuantificar cada riesgo según su nivel de importancia y el impacto que puede tener en el proyecto.

Te puede gustar o no, pero los números dan sentido a la gestión de proyectos, y aunque Agile sea una forma más innovadora de abordar la gestión de proyectos en general, sigue cumpliendo las mismas reglas anticuadas en cuanto a la asignación de importancia numérica a los distintos elementos.

Al igual que la clasificación, la cuantificación del riesgo puede hacerse de múltiples maneras. Por su relativa sencillez y porque puede ser tan buena como cualquier otra técnica, hemos optado por presentarle un método que utiliza una matriz básica para ayudarle a identificar la importancia del riesgo.

Básicamente, este método utiliza una matriz compuesta por dos ejes: Impacto y Probabilidad. A cada riesgo se le asignará un valor numérico determinado para el eje de Impacto y un valor numérico determinado para el eje de Probabilidad. Cuando se juntan los dos ejes, a cada riesgo se le asocia un número que revela lo crítico que es ese riesgo específico para el proyecto en su conjunto, y si debe o no abordarse en primer lugar.

Al asignar valores numéricos para el eje Impacto, siga esta guía:
1) **Mínimo**: el impacto que tendrá en su(s) clase(s) es mínimo y el impacto del riesgo debe revisarse cada tres meses.

2) **Nominal**: el impacto que tendrá en su(s) clase(s) no supera el 5% (por ejemplo, el presupuesto del proyecto se sobrepasará en un 5% si se produce este riesgo).
3) **Moderado**: el impacto que tendrá en su(s) clase(s) puede ser algo significativo, pero su ocurrencia es poco probable y no afectará al proyecto en más de 10 puntos porcentuales (por ejemplo, el presupuesto del proyecto se sobrepasará en un 10%).
4) **Alto**: el impacto que tendrá en su(s) clase(s) puede ser significativo y puede afectar al proyecto en un 25% (por ejemplo, el presupuesto del proyecto se sobrepasará en un 25%).
5) **Extremo**: el impacto que tendrá en su(s) clase(s) es importante y puede afectar al proyecto en 50 puntos porcentuales (por ejemplo, el presupuesto del proyecto se sobrepasará en un 50%).

A la hora de asignar un valor numérico al eje de Probabilidad, tenga en cuenta lo siguiente:

1) **0-10%** - bastante improbable que ocurra
2) **11-40%** - poco probable que ocurra
3) **41-60%** - puede ocurrir
4) **61-90%** - probable que ocurra
5) **91-100%** - muy probable que ocurra

Una vez rellenada la matriz, multiplicará los valores numéricos asignados a cada eje y obtendrá un número. A partir de ese número (llamado Valor del Riesgo), podrá planificar con antelación y priorizar correctamente la forma de planificar para evitar riesgos importantes y estar lo más seguro posible de que no afectarán a la buena marcha de su proyecto.

Habilidades y desarrollo de software

Un componente clave en la aplicación de la metodología ágil en tu proyecto es aprender cómo puedes hacerlo. Al fin y al cabo, un método es tan bueno como las herramientas y los implementos que ofrece a tu disposición.

Afortunadamente para ti, el método ágil no es sólo un sistema elegante para hacer las cosas rápidamente. De hecho, todo el mundo es mejor para el sistema si identifica lo que puede hacer y lo que puede utilizar para implementar el método en su propio equipo.

¿Cuáles son las principales habilidades ágiles?

Además de que la metodología ágil depende de las herramientas que se utilizan, también depende de las personas que la aplican. Los gestores de proyectos como tú deben poseer ciertas cualidades para que el método sea eficaz y sostenible.

A. Capacidad de priorizar

A simple vista, todas las tareas que pueden intervenir en un proyecto parecen ser esenciales. Aunque esto puede ser cierto, un gestor de proyectos sabe cómo deben recortarse las tareas para que todo el mundo pueda centrarse en lo que es importante ahora.

Al fin y al cabo, el proyecto de la metodología se va a dividir en varias iteraciones. Esto significa que algunas tareas no son importantes hasta que surja su fase correspondiente o, debido a la segmentación del trabajo, se consideran redundantes. Su capacidad para identificar qué trabajo es importante y cuál es innecesario será entonces crucial para este método.

B. Calma bajo presión

Un gestor de proyectos que utilice el método ágil debe tener la capacidad de mantener la calma bajo presión y tomar decisiones cruciales incluso bajo un tremendo estrés.

Hay que recordar que los cambios deben ser incómodos. Una vez que todo el mundo se ha acomodado a un ritmo o se ha preparado mentalmente para hacer una cosa, lo último que quiere oír es que las reglas han cambiado.

Como gestor de proyectos, debe ser capaz de manejar los cambios, incluso los de última hora, y ajustar el trabajo de su equipo en consecuencia. En este aspecto, puede que incluso tengas que desarrollar tus habilidades de diplomacia para lidiar con las eventuales disensiones que surjan en tu equipo.

C. Habilidades de coaching

Uno de los principios clave del método ágil es tener un equipo motivado. El problema de la motivación es que no dura precisamente mucho tiempo por sí sola. Usted, como líder, debe ser capaz de mantener a su equipo lo suficientemente motivado como para terminar cada iteración del proceso de desarrollo. Debes darles la seguridad de que todo sigue según lo previsto y, si no es así, estás ahí para ayudarles en la transición al nuevo statu quo.

Y además de motivar a tu equipo, también debes ser capaz de mejorar sus habilidades y guiarles en su trabajo sin necesidad de una gran ayuda. En esencia, su liderazgo debe asegurarse de que los conjuntos de habilidades y capacidades de su equipo no sean los mismos al final de una iteración. Cuanto más dinámicas y amplias sean las habilidades combinadas del equipo, más capaz será de manejar los desafíos que puedan surgir en el proceso.

D. Habilidades organizativas

Como líder, tu objetivo es asegurarte de que todo el mundo hace su parte de la carga de trabajo. Además de priorizar lo que hay que hacer, tienes que ser capaz de recordar a todos los plazos de cada iteración.

Uno de los principales defectos del método ágil, después de todo, es que es fácil perder de vista el objetivo general, especialmente si las iteraciones son largas y numerosas. Por tanto, tu papel como líder es recordar a todos que todo lo que hagan no solo debe contribuir al éxito de esa iteración, sino al del proyecto en general.

E. Pensamiento rápido

La capacidad de tomar decisiones importantes es uno de los aspectos más destacados del método ágil. Así, los gestores de proyectos deben ser capaces de realizar cambios rápidos cuando surja la necesidad sin perder el impulso que ya han creado para el equipo.

Esto significa que debes ser capaz de abandonar las estrategias en un momento dado, por mucho que sientas esa táctica. Debes entender que los cambios están ahí por una razón y que tienes que responder haciendo los ajustes necesarios en tu agenda. Y ten en cuenta que algunas decisiones tienen un límite de tiempo. Si tardas demasiado en reflexionar, puedes perder valiosas oportunidades, lo que se traduce en algunos periodos de inactividad para el resto del equipo.

F. Adaptabilidad

La aceptación del cambio debe partir de la dirección. Como tal, debe ser el primero en acoger la perspectiva de cambiar las condiciones del proceso de desarrollo.

Cuando usted es el primero en adaptarse, en realidad está ayudando al equipo a adaptarse también a los cambios. Esto debería reducir la confusión en el proceso de implementación, a la vez que evita una mayor ruptura de las comunicaciones.

Pero ser adaptable no le va a servir de nada si transmite la necesidad de cambio lo antes posible. Tienes que hacer que tu equipo entienda por qué es necesario hacer cambios y demostrarles que esos cambios no afectan negativamente a toda la iteración sino que, por el contrario, mejorarían la calidad de su trabajo.

Software de gestión

Quien desee utilizar el método ágil debe encontrar también el software correspondiente. Estos programas vienen con características y sistemas que hacen que la implementación del proceso ágil sea posible y, en algunos casos, más fácil. A continuación le presentamos algunos de los programas informáticos optimizados para el método ágil que podría utilizar para su proyecto.

1. Planbox

Una de las partes más importantes del ciclo del método ágil es lo que se denomina gráficos de burndown (más adelante se hablará de ello). Planbox es un programa que puede hacer un seguimiento de estos gráficos para que todo el mundo en el equipo tenga una idea precisa de lo lejos (o cerca) que está el equipo de lograr un determinado objetivo.

El programa también integra funciones como los comentarios de los clientes, los informes de errores, las correcciones y otros contenidos generados por los usuarios que pueden ayudarle a mejorar su producto final. También viene con herramientas de evaluación que deberían hacer que tus revisiones periódicas y retrospectivas sean más completas.

Por último, el programa viene con un sistema avanzado de informes que le permite revisar fácilmente el estado de las áreas problemáticas en cada iteración. Y lo mejor es que Planbox es absolutamente gratuito en el mercado ahora mismo.

2. LeanKit

Si está intentando implementar la variante Kanban del método ágil, entonces este programa es el más adecuado para usted. Una de las principales características de este programa es la función de informes en vivo, en la que los usuarios pueden publicar elementos de trabajo y hacer que se aborden en tiempo real.

Esto es ideal si su equipo no está físicamente junto en un lugar de trabajo. Tal vez tenga equipos remotos que trabajan en otras áreas, lo que hace que las reuniones diarias sean casi imposibles. Pero con LeanKit, la correspondencia dentro del equipo es más fácil, lo que debería asegurar que todos los involucrados en el proyecto estén en la misma página.

Además de un sistema de contabilización e informes en vivo, LeanKit también está optimizado para las plataformas entre equipos y es ideal para realizar un seguimiento de las dependencias. El programa también puede hacerse compatible con los marcos de trabajo de Scrum.

El programa completo puede costar entre 20 y 30 dólares al mes.

3. Jira

Construido desde el principio para la metodología ágil, Jira es a menudo considerado como uno de los sistemas operativos de gestión de proyectos más fiables que hay. Cuenta con un conjunto bastante robusto de características que podrían ayudarte a rastrear, monitorear e incluso comunicarte con el resto de tus equipos a través de cada iteración del proceso.

El único defecto importante de Jira es que puede resultar intimidante para los recién llegados a la metodología ágil. A veces puede ser complejo de usar y el acto de simplemente configurarlo para su lugar de trabajo requerirá la ayuda de un desarrollador experimentado.

Aparte de esto, Jira puede ser caro. Las soluciones que ofrece y los servicios ofrecidos por el equipo pueden suponer para cualquier empresa al menos miles de dólares cada año. Si formas parte de una pequeña startup tecnológica, puede que Jira no sea la mejor solución para ti. Todavía no.

A pesar de estos defectos, Jira es bastante excelente cuando se trata de rastrear y abordar los errores, y la correspondencia entre equipos. Además, cuenta con varios campos personalizados que te permiten hacer que el programa se adapte a las especificaciones de tus proyectos actuales.

4. Gestión de proyectos GIthub

El principal punto de venta de este programa es que es el mayor servidor alojado basado en GIt que existe en el mercado en este momento. Entonces, te preguntarás, ¿qué hace eso por tu método ágil de gestión de proyectos? La respuesta es que el servidor permite a todos sus desarrolladores almacenar todo el código realizado en los proyectos ya terminados.

Esto significa que no tienes que rehacer el código que ya has hecho para nuevos proyectos, lo que puede reducir el tiempo de desarrollo en un grado considerable. Y lo mejor es que puede registrar las ediciones realizadas en tiempo real, lo que significa que el trabajo puede continuar donde se dejó en caso de emergencia.

Una de las grandes características del programa GIthub es que puede integrar muchas otras herramientas para diferentes personas involucradas en el proyecto. Hay un panel dedicado a los desarrolladores, otro para los propietarios del producto, otro para los gestores del proyecto, etc. Tu equipo de desarrollo puede incluso establecer un canal de comunicación privado o uno público dedicado a mejorar el código.

El resultado final es que su equipo siempre tendrá acceso a las mejores versiones de los códigos con los que ya han trabajado, lo que debería mantener el ritmo de trabajo. El precio de este programa de gestión empieza siendo gratuito con una cuota de suscripción mensual de 21 dólares por usuario si quieres acceder a más funciones.

5. Clickup

Si ha estado buscando el programa de gestión ágil más ideal, entonces Clickup podría ser la respuesta para usted. Una de las características principales de Clickup es un programa de gestión orientado a las características que permite a los equipos estar al tanto de lo que hay que hacer por iteración y asegurarse de que sus esfuerzos contribuyen al objetivo final más amplio.

Clickup ofrece a los usuarios la posibilidad de ver una visión general de las tareas que se han completado, de las que quedan por completar, de los trabajos en curso y de las dependencias. De este modo, se puede evitar, como mínimo, que las tareas atasquen a todo el equipo.

Algunas de las otras funciones que ofrece el programa son la posibilidad de crear epopeyas y establecer puntos de historia, analizar el progreso de la iteración en tiempo real, dar a los usuarios acceso a plantillas y estados personalizados para la gestión de procesos, seguimiento del tiempo y otras herramientas que podrían ayudar en las reuniones diarias.

Lo mejor de Clickup es que tiene un plan Free Forever. Esto significa que usted puede obtener una copia del sistema de forma absolutamente gratuita. Sin embargo, para el acceso a las características aún más completa, así como los costos de mantenimiento, el programa le pedirá una cuota de suscripción de $ 9.00 por mes para cada persona que va a utilizar el programa.

Identificación de problemas organizativos

Para que el método ágil funcione, todo el equipo debe adherirse a sus principios. Por ello, el mayor reto al que se enfrentaría al implantar el sistema en su organización es la propia organización. De hecho, hay una serie de problemas inherentes que podrían impedirle disfrutar plenamente del método ágil si no se abordan adecuadamente.

A. La cultura

No todas las empresas y culturas de equipo apoyan el método ágil o incluso son compatibles con él. E incluso si tu equipo se adhiere inmediatamente al proceso, existe la posibilidad de que los altos cargos no lo vean con buenos ojos.

Aquí es donde debe entrar en juego mucha diplomacia, ya que hay que convencer a las personas de las que depende directamente de que el sistema ágil tiene beneficios para apoyarlo. Para ello hay que ver las cosas desde su perspectiva.

Tal vez la dirección considere que está cediendo demasiada independencia a su equipo de desarrollo y teme que esto perturbe la comunicación interna. O tal vez tengan meros conceptos erróneos sobre la metodología.

Sea cual sea el caso, puedes hacer mucho por tu parte para disipar sus temores sobre el sistema, de modo que apoyen tu proyecto en las diferentes iteraciones.

B. No se entiende el impacto del sistema

Para obtener los mejores resultados del método ágil, no basta con poner en práctica los sistemas y las herramientas a su disposición. La mayoría de las veces, seguir ciegamente los principios sin conciliarlos con los objetivos de la empresa puede hacer que pierdas tiempo, esfuerzo y dinero.

Alinear el sistema con los objetivos y valores de la empresa seguirá siendo importante, ya que esto ayuda al resto de la empresa a entender por qué hay que hacer el proyecto en diferentes iteraciones. Si tu equipo y el resto de la empresa entienden cómo el método Agile puede afectar positivamente a toda la organización, puedes estar seguro de que el sistema se hace sostenible a largo plazo.

C. Tendencia a la precipitación

Un defecto fatal del método ágil es que aprovecha la molesta tendencia del ser humano a precipitarse. Con la esperanza de hacer las cosas rápido y en cantidades masivas, el cerebro tiende a pasar por alto detalles clave.

Esto da lugar a que los equipos se centren en hacer las cosas lo antes posible y dejen de lado los aspectos más sencillos y manejables del proceso de desarrollo. Esto puede tener graves repercusiones más adelante, ya que los problemas establecidos en iteraciones anteriores pueden aparecer en las posteriores.

Por ello, los gestores de proyectos deben encontrar la forma de mantener la concentración de todos y al mismo tiempo el ritmo de trabajo. En esencia, son la primera y la última línea de defensa para evitar que su equipo se vuelva imprudente en el proceso de desarrollo.

Planificar sus proyectos

La experiencia acumulada a lo largo del uso a gran escala de los estándares ágiles en las tareas de mejora de la programación nos indica que las técnicas de mejora de la programación ágil directamente conocidas (como Scrum http://www.scrumalliance.org/>) no escalan ahora a nivel de programa, artículo y esfuerzo empresarial sin cambios.

Los elementos esenciales para las alteraciones de estas estrategias se ven en las normas de Lean, o: el destino final de los métodos ágiles se encuentra en sus raíces. Este artículo describe una estructura de organización que se ha utilizado eficazmente en tareas ágiles a gran escala y examina el efecto de la presentación de este sistema en tres estándares Lean centrales http://www-personal.umich.edu/~liker/>: Muri, Mura y Muda.

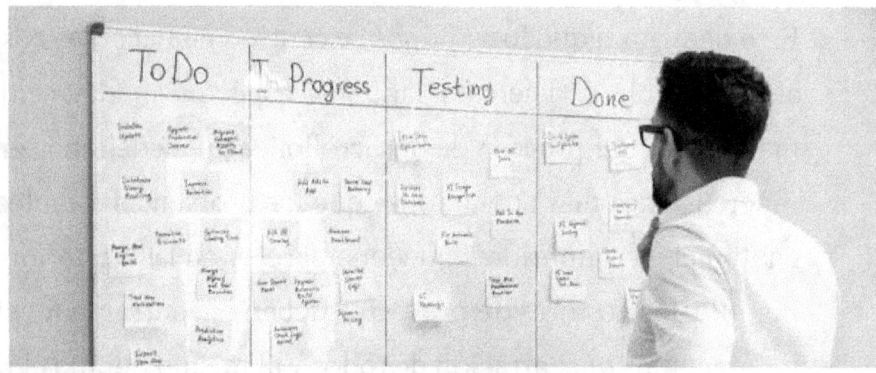

Organización en proyectos ágiles a gran escala

En las técnicas de Agile http://www.agilemanifesto.org/>, el apilamiento de una reunión con el trabajo se lleva a cabo por medio de la organización de la edad. Debido a la brevedad de la nueva descarga (ordinariamente uno a alrededor de un mes y medio) una organización disminuye en inmensidad y arreglar propiedades útiles en importancia.

Para las tareas pequeñas, además, puede ser suficiente diseñar exclusivamente una edad solitaria a la vez. La desventaja de la organización por edades cuando se utiliza para tareas que se prolongan durante más de un par de fases o con varios grupos es que puede perderse la perspectiva de las ramificaciones temporales más prolongadas de las actividades de énfasis. A fin de cuentas: se pierde la perspectiva del "todo". Una respuesta es añadir grados de ordenación para incluir la perspectiva actual sobre "la totalidad".

En las filosofías impulsadas por el plan y en cascada, este problema es derrotado a través de una enorme estructura directa, la planificación para anticipar precisamente cómo una parcela de trabajo terrible está estresada en cada tarea desafío. Esto provoca una enorme subvención desde el principio en la empresa, cuando no es por medio de ninguna capacidad positiva que la utilidad estructurada es realmente la utilidad deseada a través del propietario del artículo. Una metodología con unas pocas fases de organización necesita evitar la reintroducción del enorme formato por adelantado.

Las actividades de organización de las empresas de gran envergadura se basan en 5 niveles:

- ***Visión del producto***
- ***Hoja de ruta del producto***
- ***Plan de liberación***
- ***Plan Sprint***
- ***Compromiso diario***

La asignación básica de las actividades de prueba tendidas en cada uno de los cinco grados se incrementa, y a lo largo de estas líneas la cantidad de componente tendido (efectivo aportado), la cantidad de personas involucradas y la recurrencia pueden intensificar sin pasear el peligro de quemar a través de dinero en efectivo en las características que también puede ahora no ser construido o puede además ser fabricado de una manera inesperada. Cada uno de los cinco grados de ordenación tiende a las normas esenciales de ordenación: necesidades, evaluaciones y deberes.

Visión de conjunto

La imagen más amplia que se puede pintar de las cosas por venir es el sueño de un propietario de artículos. En esta innovadora y juiciosa obra aclara cómo debe ser una empresa o un artículo. Propone qué segmentos del marco deben cambiarse (necesidad) y qué esfuerzos pueden utilizarse para conseguir este objetivo (evaluaciones y obligaciones).

Visión de conjunto - Cómo hacerlo

Las estructuras potenciales para una práctica de visión son hacer una afirmación de elevación o una caja creativa y previsora del artículo http://www.joelonsoftware.com/articles/JimHighsmithonProductVisi.html>. El estatuto de cada ejercicio es hacer una declaración que represente el futuro en expresiones de artículos deseados incluye, clientes objetivos y diferenciadores clave de ir antes o artículos contundentes.

Geoffrey Moore http://en.wikipedia.org/wiki/Geoffrey_Moore utiliza la forma adjunta en su proclamación de elevación: "Para (cliente objetivo) que (articulación de la necesidad) el (nombre del artículo) es un (clase de artículo) que (ventaja clave del artículo, razón convincente para comprar). En contraste con (opción agresiva esencial), nuestro artículo (última presentación de la separación esencial)". El ítem innovador y perspicaz retrata una nación ideal que es un año o más después. Los ejercicios posteriores de ordenación (estructura) detallarán la visión, y podrán además ocupar de la visión por el hecho de que el futuro nos transmitirá un punto de vista cambiado disponible, el ítem y los esfuerzos necesarios para hacer la realidad inventiva y juiciosa.

Seguimiento y consejos para el éxito

En la actualidad hay numerosas empresas que intentan aprovechar diversas métricas para medir el éxito general de su organización. Pero, cuando se trata de aprovechar las métricas de la gestión ágil de proyectos, las cosas son mucho más complejas de lo que se podría pensar.

Cuando se inicia un proyecto ágil, ya hay que planificar las formas de medir el éxito, porque sin medirlo de la forma adecuada, el proyecto no puede seguir adelante. Además, en lo que respecta a la agilidad, no hay un único método o métrica que sea perfecto para organizaciones de todos los tamaños y tipos. Teniendo en cuenta estos factores, a continuación se presentan algunas de las métricas más importantes con las que se puede medir el éxito de la implementación de la gestión ágil de proyectos en su empresa.

Entrega puntual

La entrega a tiempo es una de las métricas más importantes que la mayoría de las organizaciones utilizan para medir el éxito de la gestión ágil de proyectos. Pero como la gestión ágil ya se basa en la gestión del tiempo para terminar los proyectos dentro de los plazos previstos, en este caso se entiende por entrega puntual el trabajo que se realiza de acuerdo con las expectativas generales de lo que se va a entregar.

Esto ayuda a mejorar el aspecto de la visibilidad de la gestión de proyectos ágiles en lo que respecta al trabajo que se realiza y se entrega de forma consistente a lo largo del tiempo. Esto ayuda a los miembros del equipo a estar más animados con su trabajo y, por lo tanto, a enfrentarse a situaciones complejas de antemano.

Los defectos

Cuando se tiene en cuenta cualquier proyecto, hay que tener en cuenta también sus defectos. Los defectos pueden formar parte de cualquier proyecto. Pero, con la ayuda de la gestión ágil de proyectos, su equipo podrá reducir o minimizar el número de defectos que se producen en gran medida. Puedes hacer un seguimiento de las métricas de los defectos y permitir que el equipo de desarrollo aprenda y conozca la forma de evitarlos y también de rectificarlos.

El número de defectos y el aumento o disminución de los mismos le ayudará a conocer el progreso general del proyecto. Le ayudará a suscitar debates con su equipo de desarrollo, mejorando así las técnicas generales durante las retrospectivas de los sprints.

La satisfacción del cliente

Esta métrica se utiliza para medir el grado de satisfacción del cliente con el progreso general de la gestión de proyectos ágiles. Utilizar esta métrica para medir los proyectos ágiles es la verdadera idea que subyace a toda la filosofía ágil.

Agile se basa en los comentarios de los clientes para desarrollar productos mejores y más eficientes, centrándose principalmente en las necesidades y requisitos de los clientes.

La metodología ágil generalmente trabaja para ofrecer el mejor valor al usuario final a través de su producto o software de trabajo. Se puede medir la satisfacción del cliente de varias maneras diferentes, que incluyen las estadísticas de uso, el aumento del número de ventas, las opiniones de los usuarios y las revisiones y similares.

La calidad del producto

Puede ser un poco más difícil medir la calidad del producto desarrollado mediante procedimientos ágiles, con la ayuda de estas métricas. Como ya se ha mencionado, la metodología ágil se basa en la creación de valor para el usuario final. Por lo tanto, esto significa que, aunque hay un mayor énfasis en la calidad del producto, la parte más difícil es la forma de medir el éxito obtenido.

Para ello, se puede empezar a observar la satisfacción general del cliente junto con las tasas de crecimiento en términos de ingresos y también los demás aspectos técnicos de las fases de prueba del entorno ágil. Cuando se trata de prácticas y políticas ágiles, el equipo de desarrollo se centra en la construcción de software con la ayuda de la integración de productos de calidad desde el principio.

Cuando el equipo de desarrollo permite métodos de prueba continuos a lo largo del ciclo de vida del producto, se asegura que el software o el producto se está desarrollando de la manera correcta, lo que garantizará el tipo correcto de calidad al final del producto del ciclo de vida del software.

El valor creado para la empresa

Es esencial medir el valor empresarial que se está creando con la ayuda de las diversas políticas y prácticas ágiles. Se ha mencionado y reconocido en el Manifiesto Ágil la importancia de los valores empresariales en muchos principios ágiles. Cuando se planea medir el valor del negocio, la ambición debe ser muy clara sobre lo que se necesita. Esto se debe a que la creación de valor para el negocio consiste en saber si se han cumplido los requisitos para el cumplimiento o el contrato.

Por lo tanto, si se puede aplicar la métrica del valor de negocio para medir el tipo de características que deben ser entregadas por el equipo de desarrollo, entonces ayudará a medir el éxito de todo el proyecto de una manera eficaz.

Alcance global del producto

El éxito de su proyecto ágil también puede medirse con la ayuda del alcance del proyecto.

El alcance del proyecto contendrá todos los requisitos y características necesarios, como parte integral de la gestión ágil del proyecto.

Cuando se establece un objetivo en relación con los desarrollos que se van a realizar en los próximos tres meses, entonces puede ser muy gratificante cuando se hace un seguimiento del estado del proyecto y también se completan las tareas pertinentes relacionadas con él.

Recibir actualizaciones en tiempo real sobre los beneficios de la finalización del proyecto beneficiará a todos los implicados en el desarrollo de productos o software. Podrá visualizar fácilmente el éxito del proyecto y también su progresión general hacia la línea de meta.

La visibilidad del producto

Sin duda, la visibilidad puede ser un factor masivo y también una métrica esencial en varias políticas y prácticas ágiles. Una buena visibilidad del producto también conducirá a un mayor éxito en el proyecto general.

La visibilidad del producto se basa en la transparencia general del desarrollo del producto, y la transparencia es muy importante también para generar confianza a largo plazo.

En términos más sencillos, los planes del proyecto deben estar a disposición de todos y todos deben tener acceso al progreso del proyecto, de modo que la confianza entre los miembros del equipo pueda multiplicarse. Siguiendo ese método, todos los implicados en el éxito del proyecto, incluidos los gestores y las partes interesadas, pueden aportar su perspectiva sobre el éxito del proyecto.

Hay que asegurarse de que las características del proyecto se representen junto con el plan del proyecto actual para que todos puedan ver el éxito general. Además, con la ayuda de la visibilidad, la alineación de los diferentes equipos resulta fácil. Cuando hay más de un equipo trabajando en el desarrollo de un proyecto en particular, con la ayuda de la visibilidad, se puede provocar la comprensión mutua y la cooperación entre los miembros del equipo y los equipos también. Esto, a su vez, dará un impulso al éxito general del proyecto.

El retorno de la inversión o R.O.I

El retorno de la inversión puede definirse como los ingresos que genera el producto o el software que se desarrolla. Si la producción del producto cuesta menos dinero, lo que significa que la empresa ha tenido que gastar menos dinero en general, se puede decir que el ROI del producto es alto.

En términos de proyectos ágiles, el concepto de ROI es diferente al que se utiliza en los proyectos tradicionales. Con la ayuda de los proyectos ágiles, puede permitir fácilmente que el producto o el software en cuestión le ayude a generar ingresos desde la primera iteración o lanzamiento. Los ingresos seguirán aumentando con cada versión de lanzamiento. El retorno de la inversión es, de hecho, una gran métrica para que una empresa aprecie a su equipo de desarrollo y también el valor global del proyecto que está en curso también.

Con la ayuda de las métricas del ROI, las organizaciones pueden decidir si financiar o desechar un proyecto por completo. La mayoría de las empresas se fijan en el potencial del ROI. La empresa puede hacer un seguimiento del ROI de los proyectos individuales, así como de los proyectos para la empresa en su conjunto.

La productividad global

Cuando se trabaja en un entorno ágil, es muy esencial que la productividad se mantenga al máximo. También puede ser una métrica muy útil para supervisar y cuidar el éxito general del proyecto. En un entorno ágil, la productividad se mide en términos de producción global.

Por lo tanto, puede averiguar fácilmente el impacto de la productividad observando los requisitos que se completan o realizan. Si un equipo tiene una alta productividad, los requisitos se realizarán de forma rápida. Si la productividad es menor, se necesitará más tiempo para completar los mismos requisitos.

La previsibilidad general

La previsibilidad es otro de los factores más importantes a la hora de medir el éxito de la gestión de proyectos ágiles. Se puede medir la previsibilidad con la ayuda de la tendencia de la velocidad. La tendencia de velocidad puede definirse como la cantidad máxima de trabajo que un equipo de scrum o un equipo ágil puede realizar o completar en cada sprint ágil.

Cuando se mide esta tendencia durante unos tres o cuatro meses, se llega a conocer la cantidad de trabajo que se ha realizado o completado a un ritmo lo suficientemente sostenible para el equipo de desarrollo. En caso de que la métrica de la velocidad difiera de forma drástica, entonces puede significar que hay una serie de factores que pueden ser responsables de tal comportamiento, incluyendo los cambios de equipo, los equipos que se están acostumbrando al nuevo trabajo y así sucesivamente.

El éxito también puede medirse en función del número de historias de usuario que se completan regularmente por semana, lo que también será un buen indicador de previsibilidad.

La duración del proyecto

No hay duda de que el proyecto ágil se hace mucho más rápido que los proyectos tradicionales en cascada. Por lo tanto, al permitir que el proyecto se inicie más rápido y a un ritmo mucho más rápido le ayudará a cortar todo el bloatware que es innecesario.

En este caso, se denomina "bloatware" a los requisitos que no son significativos ni necesarios.

De este modo, los equipos de proyecto que siguen la gestión ágil de proyectos pueden entregar el proyecto a un ritmo mucho más rápido que antes.

Tendrá que medir el tiempo necesario para que todo el proyecto se complete para conocer el éxito del proceso.

El coste global del proyecto

El coste de los proyectos ágiles dependerá de la duración real del proyecto. Cuanto mayor sea la duración, mayor será también el coste. Pero, como los proyectos que siguen metodologías ágiles tardan menos en completarse que los proyectos tradicionales que siguen políticas, el coste también será menor.

Las empresas u organizaciones pueden utilizar las distintas métricas de costes para planificar sus presupuestos, determinar el rendimiento global de la inversión y también conocer el momento de ejercer la redistribución del capital para impulsar la productividad del trabajo. Si el coste del proyecto se mantiene dentro del presupuesto, se considerará un éxito.

La mejora del proceso

Los principios y políticas ágiles dependen de una filosofía crucial, que incluye la mejora continua del desarrollo del proyecto en cuestión. El equipo de desarrollo debe esforzarse siempre por ser mejor en todo momento. Pero medir la mejora del proceso no será posible si no se mide el resultado del proyecto en absoluto. Por lo tanto, es necesario medir el éxito en cada final de sprint para conocer el estado actual del

proyecto.

Para saber si el equipo de desarrollo se está esforzando, hay que utilizar la combinación de los pasos mencionados anteriormente, incluyendo la previsibilidad, la productividad y la velocidad.

Por último, hay que tener en cuenta que hacer un seguimiento de las distintas métricas ágiles siempre es beneficioso para la organización o entidad empresarial. Ayudará a la empresa a elegir el equipo adecuado y también el proyecto para el éxito futuro. Necesitará una visión de conjunto equilibrada en todos los campos para tomar decisiones que favorezcan al equipo de desarrollo que sigue las prácticas y políticas ágiles, y también al propio proyecto.

Es necesario aplicar estas métricas de la mejor manera posible para ayudar a contar el éxito general de la implementación de la gestión de proyectos ágiles.

El proceso ágil

Hay dos cosas que deberían conseguirse con la metodología ágil de gestión de proyectos: ciclos de producción más cortos (sin sacrificar la calidad, por supuesto) y lanzamientos de productos más frecuentes. Al tener iteraciones de desarrollo más cortas, un equipo debería ser capaz de reaccionar a los cambios de fuentes externas con mayor eficacia.

Como se ha dicho antes, hay más de una forma de hacer el método ágil. Scrum y Kanban, por ejemplo, presentan estructuras de trabajo bastante diferentes a las demás. Sin embargo, cada metodología ágil sigue el proceso básico que es el siguiente:

1. **Planificación de proyectos**

Como con cualquier método, debes hacer que el equipo comprenda el objetivo final del proyecto antes de iniciarlo. Aquí les explicarás el valor potencial que supondrá para el equipo y la empresa tener éxito en el proyecto y cómo debe lograrse.

Aquí puedes establecer un alcance para el proyecto, pero no lo hagas inalterable. Toda la premisa del método ágil es adaptarse a los cambios que puedan producirse en medio del proceso de desarrollo. Por ello, debes evitar que tu equipo se estanque en la consecución de los objetivos a través de un marco de trabajo estático.

2. **Creación de la hoja de ruta del producto**

Una hoja de ruta puede ser una palabra de moda para los técnicos en este momento, pero es un concepto bastante simple pero vital para el desarrollo de software. En pocas palabras, es un desglose de las características que conformarán el producto final.

Lo que hace que sea crucial para el proceso de desarrollo, ya que la hoja de ruta indica a su equipo en qué debe centrarse en cada fase. Además, en este punto, establecerá el backlog del producto que enumerará todas las características y entregables que se incluirán en el producto final. Cuando se planifiquen las iteraciones en el futuro, el equipo podrá remitirse a este backlog para identificar en qué centrarse.

3. **Planificación de los comunicados**

En las metodologías tradicionales de gestión de proyectos, sólo hay una fecha de implementación que llega después de que se haya desarrollado todo el proyecto. Sin embargo, en el método ágil, tu proyecto tendrá un ciclo de desarrollo más corto con características liberadas en sus extremos.

Antes de iniciar el proyecto, debe elaborar un plan de alto nivel para la liberación de características. Y al comenzar un nuevo ciclo, deberá revisar y reevaluar el plan de lanzamiento de esas nuevas características.

Un plan de alto nivel es, básicamente, el que proporciona la visión del gestor del proyecto en su totalidad. No es sólo un plan detallado en el que se indican todas las tareas necesarias para completar el proyecto. Un plan de alto nivel incluye información sobre lo que hay que hacer, quién debe hacer la tarea que hay que hacer, cómo se hace y cuándo se espera que se haga. Este plan se elabora con el objetivo de garantizar que se pueda hacer un seguimiento del progreso a lo largo del tiempo.

4. Ciclos de planificación

Antes de comenzar cada ciclo o iteración, los accionistas deben planificar con su equipo lo que se llevará a cabo en cada segmento. Por supuesto, esto también incluirá cómo se lograrán esas cosas y cuánta carga de tareas debe llevar cada miembro del desarrollo.

En este punto del proceso, es importante que te asegures de que la carga se reparte uniformemente entre los miembros. De este modo, podrán realizar de forma eficiente cada una de las tareas asignadas por iteración.

Además, tendrá que documentar su flujo de trabajo de forma visual. Esto es para que el proceso de asignación de tareas sea lo más transparente posible para su equipo y para evitar que se produzcan cuellos de botella al aplicar el calendario.

5. Reuniones regulares (idealmente diarias) y correspondencia

Para que sus equipos realicen sus tareas de forma más eficiente en cada ciclo, o para evaluar lo que hay que mejorar, tiene que acostumbrarse a celebrar breves reuniones cada día. Durante estas reuniones, cada miembro tendrá la oportunidad de hablar brevemente sobre lo que ha logrado ese día y en lo que trabajará en el siguiente.

Pero es importante que esta reunión sea breve. No dedique más de 15 minutos a hablar con su equipo, ya que estas reuniones no están pensadas para resolver problemas extensos ni para hablar de cosas que todo el mundo ya ha resuelto o conoce. De hecho, puedes incluso hacer estas reuniones de pie.

6. Revisiones del ciclo y retrospectivas

Al final de cada iteración, el equipo celebrará dos grandes reuniones. En la primera reunión importante, harás una revisión del ciclo con el cliente y los accionistas para presentarles lo que se ha conseguido. Y no sólo vas a presentar una característica sostenible, sino que vas a mostrar a estas personas un producto que funciona.

Se trata de una reunión bastante importante, ya que refuerza las líneas de comunicación entre su equipo, los accionistas y los clientes, además de permitirles hacer una aportación que podría ayudar en las siguientes iteraciones.

La segunda reunión importante es la retrospectiva del ciclo. En ella, usted y los accionistas discutirán las cosas que han ido bien durante ese ciclo, las que no, y si la carga de trabajo puede haber sido demasiado pesada o demasiado pequeña para el equipo. Por supuesto, esta reunión también se centrará en la identificación de los problemas recurrentes que deben tratarse en las próximas iteraciones, si es que hay alguno.

Si tú y tu equipo sois relativamente nuevos en el concepto de gestión ágil de proyectos, es importante que no os saltéis estas reuniones. Estas reuniones te ayudarán a determinar la carga de tareas que tu equipo puede manejar en cada iteración, así como la duración más efectiva de cada una.

¿Qué es la mentalidad ágil?

Para aplicar correctamente esta metodología, es importante que usted y su equipo cambien de mentalidad. Para ello, debes adoptar algunos valores que son necesarios para el éxito de la metodología:

- **La satisfacción del cliente está en la cima**

Las necesidades del cliente deben ser lo primero. Por lo tanto, hay que proponerse como objetivo producir regularmente contenidos funcionales y de buena calidad en el momento oportuno.

Cuando se presentan los avances a un cliente, éste debe poder probarlos por sí mismo y llegar a la conclusión de que son buenos. También hay que darles la oportunidad de expresar sus preocupaciones y aportaciones al proyecto, al tiempo que se les garantiza que se tomará nota de sus preocupaciones y que se aplicarán de la mejor manera posible.

- **Adaptación e improvisación**

Los cambios pueden producirse en cualquier momento del proceso. Incluso pueden producirse cambios de última hora que acaben afectando a la calidad del producto. A pesar de ello, usted y su equipo deben aceptar el cambio en cualquiera de sus formas y ajustar sus esfuerzos para cumplir los nuevos objetivos y condiciones.

Para los líderes, esto conlleva el requisito adicional de ser lo suficientemente rápidos para actuar ante cambios repentinos y tomar decisiones importantes lo antes posible. Cuanto menos reflexionen sobre lo que hay que hacer a continuación, más capacidad de respuesta tendrá el equipo para hacer frente a los cambios repentinos en las condiciones y los objetivos del proyecto.

- **Ciclo de desarrollo rápido**

El objetivo último del método ágil es optimizar el tiempo. En esencia, tú y tu equipo debéis procurar no perder el tiempo centrándoos en los objetivos más importantes de cada iteración. Por supuesto, esto debe significar que cada etapa de iteración del proceso de desarrollo debe ser lo más breve posible. Sin embargo, hay que estar siempre dispuesto a mostrar los resultados y los progresos realizados cuando los clientes, los accionistas y la dirección lo exijan al final de cada iteración.

Si te has dado cuenta, estas tres cualidades resumen básicamente la metodología de gestión de proyectos ágil. No están exactamente escritas en piedra pero, como dice el propio método, es la mejor estrategia que puedes utilizar para adaptarte a los cambios al instante sin perder de vista el objetivo general.

Además, si algunos aspectos de su metodología no funcionan como estaba previsto, siempre puede introducir mejoras hasta que vea los resultados deseados.

En definitiva, con la metodología, debería producir tres cosas: un buen producto, una entrega puntual del mismo y un cliente realmente satisfecho.

¿Cuáles son las razones por las que la gestión ágil de proyectos puede fracasar?

No cabe duda de que los métodos de gestión ágil de proyectos llevan tiempo ganando popularidad. Pero incluso las mejores políticas del mundo pueden fracasar debido a una serie de razones. Por lo tanto, si quieres que tu equipo de proyecto tenga éxito utilizando metodologías ágiles, entonces debes tener en cuenta estos siguientes baches que pueden hacer que tus planes sean ineficaces.

Los siguientes factores son algunas de las razones por las que debe vigilar siempre sus políticas ágiles para poder evitar estas lagunas.

- **La falta de experiencia**

En la novena encuesta anual sobre el estado de la agilidad se informó de que casi el 44% de las personas que votaron en la encuesta se quejaron de la falta de experiencia, afirmando que es una de las razones clave del fracaso de las metodologías ágiles. Lo ágil no sólo tiene que ver con la forma de pensar, sino también con lo que se hace y la forma en que se hace.

Los miembros del equipo que tienen la deficiencia de aplicar prácticas ágiles que son de naturaleza básica siempre se encontrarán con problemas en las etapas posteriores del proyecto cuando se involucren estrategias más complejas. Por lo tanto, es muy importante que invierta en bases sólidas mediante la formación de los miembros de su equipo en técnicas relacionadas con la agilidad y también realice un entrenamiento adecuado para sus mejores escenarios de uso. Sólo entonces su dinero estará mejor invertido.

- **Choque entre las filosofías de las empresas y los valores fundamentales de Agile**

La falta de apoyo a la transición cultural y las diferencias entre las filosofías de la empresa y los valores ágiles son dos de las razones más populares por las que las metodologías ágiles fracasan con tanta frecuencia. Las políticas ágiles tienen que ver con la forma de pensar y lo que se hace de acuerdo con esa forma de pensar. Si la cultura de la organización es hostil o ignora los valores y principios de lo ágil, el éxito de los miembros del equipo interno que sigan las políticas ágiles será muy escaso.

Hay que tener en cuenta que lo ágil también repercute en los valores de la organización y, para facilitar esa transformación, hay que adoptar políticas ágiles en un espectro más amplio. Esto le permitirá disfrutar de más éxito a largo plazo.

No hay apoyo de la dirección

A veces, cuando una transformación ágil está mal planificada, se reduce el entusiasmo masivo del equipo de proyecto y de los directivos, con lo que se reduce su moral y su capacidad de trabajo. Si la orientación ejecutiva no es lo suficientemente fuerte, el departamento de gestión se sentirá desvinculado del equipo de desarrollo.

Cuando se lleva a cabo una transformación ágil, los ejecutivos de una organización deben cambiar su comportamiento de tal manera que anime al equipo del proyecto a vivir los valores que desean y también les ayude a entender y adaptarse a los valores ágiles cambiantes de la organización.

- **La presión externa para seguir los procedimientos tradicionales**

Este problema es muy común en las empresas de gran tamaño, sobre todo cuando los equipos que siguen métodos ágiles y tradicionales trabajan bajo el mismo departamento. Esto significa que las políticas ágiles tienen que trabajar en tándem con los procedimientos tradicionales, en lugar de que los procedimientos tradicionales trabajen en tándem con las políticas ágiles.

Por lo tanto, la agilidad tiene que coexistir con las metodologías tradicionales, lo que en última instancia afectará a la planificación de la organización, las retrospectivas, las revisiones y también el acuerdo sobre las interfaces organizativas que son mutuas.

- **La falta de voluntad del equipo para seguir metodologías ágiles**

Este tipo de situaciones surgen cuando los miembros de un determinado equipo siguen identificándose mediante el uso de una función diferente. Por lo tanto, esto conduce a la formación de una fuerte personalidad entre los miembros del equipo y, por lo tanto, también afecta a su posición en el orden jerárquico.

Por lo tanto, hay una cierta disparidad y diferencia de enfoque y comportamiento que se desarrolla entre los miembros del equipo, según su orden jerárquico. Para superar estas diferencias de ideología, es necesario que los ejecutivos de la dirección impartan formación y entrenamiento a los miembros del equipo.

- **La formación recibida por el equipo es insuficiente**

La formación puede dividirse en tres partes:

- *La formación no fue recibida por nadie.*

- *La formación se realizó de forma selectiva.*

- *La formación no estaba a la altura.*

No es en absoluto una buena idea escatimar en la formación general, porque nunca puede conducir a una organización exitosa. Tienes que asegurarte de que todos tus esfuerzos en la implementación de políticas ágiles reciben formación de la mejor manera posible, incluyendo también a los ejecutivos de gestión.

- **Falta de fiabilidad del equipo**

Si quieres que tu proyecto ágil tenga éxito, los miembros de toda la organización que trabajan en él deben estar en la misma onda que los demás. Si la mitad de los miembros de su equipo de proyecto o incluso los interesados no asisten a las reuniones importantes, el proyecto simplemente fracasará. La mejor manera de evitar este problema es asegurarse de que su equipo es lo suficientemente eficiente y depende de los demás para evitar este problema común.

- **Los líderes del equipo son débiles**

Antes de elegir al mejor scrum master en su equipo de proyecto ágil, tiene que asegurarse de que la persona sea un líder muy fuerte y tenga también unas cualidades de liderazgo encomiables. Pero no todas las personas tienen las cualidades de liderazgo perfectas para hacer que el equipo trabaje unido.

Cuando los líderes son débiles, el mismo precedente se establecerá también ante los miembros del equipo. El scrum master o el líder del proyecto debe tener la capacidad de supervisar, liderar y también realizar cualquier decisión o acción que se vaya a llevar a cabo.

- **Falta de comunicación con las partes interesadas**

Cualquier deterioro o falta de comunicación entre las partes interesadas puede ser fácilmente la perdición de cualquier proyecto ágil. Puede haber ocasiones en las que las partes interesadas no sean totalmente transparentes en cuanto a sus expectativas de los miembros del equipo, así como de las ofertas del proyecto. Tienes que establecer buenos canales de comunicación con tu organización para asegurarte de que estas cosas no suceden y de que las partes interesadas son totalmente capaces de expresar y presentar sus necesidades a los miembros del equipo del proyecto ágil.

- **Las especificaciones del proyecto son incompletas**

A veces, los proyectos pueden fracasar debido a que los requisitos del proyecto no se definen de forma correcta. Los proyectos ágiles siempre se centran en los entregables y acciones importantes de un proyecto y luego se ocupan de cualquier posibilidad que pueda surgir durante la ejecución general del proceso. Tener un proyecto con requisitos casi incompletos impedirá que el proyecto entre en el modo de acción, que es muy importante para que el proyecto sea un éxito.

- **La aplicación de la retrospectiva no es efectiva**

Uno de los principales objetivos de llevar a cabo proyectos ágiles es realizar
retrospectivas y discutirlas con los miembros de su equipo. Una retrospectiva consiste en aprender del proceso: los aspectos positivos y negativos. Te ayudará a saber cómo está funcionando el equipo y cómo se podría mejorar el rendimiento. Si no lleva a cabo retrospectivas, su equipo no llegará a conocer sus fallos.

Será mucho más difícil conocer la postura actual de cada persona y los esfuerzos de colaboración entre ellos serán difíciles. Por lo tanto, las reuniones retrospectivas deben celebrarse a intervalos regulares.

- **El equipo se centra en el éxito y no en el arte de aprender**

Una de las grandes razones del fracaso de los proyectos ágiles es la falta de ambición por aprender primero que por tener éxito a la primera. Los miembros del equipo se centran demasiado en el éxito del proyecto y olvidan las oportunidades de aprender los distintos valores y métodos de la gestión ágil de proyectos. Los errores deben verse siempre como una forma de mejorar y aprender algo nuevo. Por ejemplo, si un software no funciona como se esperaba, hay que verlo como una oportunidad para aprender algo nuevo en lugar de verlo como un fracaso.

- **Falta de un conjunto de mejores métodos en la gestión ágil de proyectos**

Cuando se compara la agilidad con políticas como Six Sigma, se no tiene un conjunto de mejores prácticas o métodos que se puedan seguir. Por esta razón, las políticas ágiles de dos organizaciones diferentes pueden variar enormemente. Tienes que dejar claro a tu equipo cuáles son tus expectativas.

Si algunas políticas no funcionan, hay que tacharlas de la lista lo antes posible. Y si algunas políticas funcionan, hay que añadirlas a la lista. En este caso hay que utilizar el método de prueba y error, porque la gestión ágil de proyectos no te da el marco de los mejores procedimientos o métodos.

- **El tiempo se utiliza de forma ineficiente**

Es bastante imposible completar un proyecto con éxito si no se sigue el tiempo de la manera adecuada. Las habilidades de gestión del tiempo son muy importantes si quieres tener éxito en cualquier campo o industria. Si inviertes demasiado tiempo en el desarrollo de una sola característica, las demás características del proyecto se verán afectadas. Del mismo modo, dedicar menos tiempo del necesario hará que la función quede a medias o con errores. No hay que subestimar la gestión del tiempo y, con los métodos ágiles, siempre hay que mantenerse alerta para conseguir los mejores resultados.

Herramientas para una mayor eficacia del equipo en la gestión ágil de proyectos

El equipo

Su equipo es su mayor activo y herramienta para la gestión eficaz de proyectos ágiles. Por ello, querrá asegurarse de que su equipo funciona de la mejor manera posible.

Declaración de la misión del equipo

Al igual que las mejores empresas tienen su declaración de misión, los mejores equipos tienen su propia declaración de misión. Se trata de algo que permitirá al equipo hacer referencia y servirá de guía para su funcionamiento. La declaración de la misión no tiene por qué ser larga, pero sí tiene que reflejar la esencia del equipo y sus objetivos generales. Asegúrese de dedicar algún tiempo a pensar realmente en cuál es la misión de su equipo y asegúrese también de que todos los miembros del equipo están de acuerdo con esta declaración de misión. Una forma de consolidar su acuerdo es hacer que cada persona firme la declaración de misión y reciba una copia del documento firmado.

Mantener la brevedad de las reuniones e interacciones

A lo largo de su proyecto, tendrá muchas reuniones sobre

diversos temas. Otra forma de mantener la eficiencia de tu equipo es asegurarte de que las reuniones que se organicen sólo duren lo suficiente para cumplir el objetivo de la reunión. Intenta que las reuniones sean breves y que los temas se terminen en 20 minutos.

Acuerdo rápido de resolución de conflictos

Una cosa a considerar como parte de su declaración de objetivos es añadir un acuerdo para una rápida resolución de conflictos. Como probablemente hayas experimentado a lo largo de tu vida, los conflictos ocurrirán, sin embargo, si se resuelven rápidamente, el conflicto no tiene por qué causar un retraso o un descarrilamiento en tu proyecto. Una de las cosas que hay que tener en cuenta para este tipo de acuerdo es establecer un límite de tiempo para cualquier desacuerdo y, una vez transcurrido ese tiempo, se recurre a otro miembro del equipo para que ayude a resolver el conflicto

Celebrar el éxito

A medida que os unáis como equipo y empecéis a mejorar, empezaréis a alcanzar el éxito. Algo que suele faltar en muchas empresas es tomarse el tiempo para celebrar los éxitos. Probablemente te motiven los logros personales como recompensa.

Sin embargo, los animo a que se tomen el tiempo de celebrar su éxito como equipo. Esto hace varias cosas. Una de ellas es que permite a su equipo establecer un vínculo más profundo. Cuando eres capaz de sacar a tu equipo de la oficina y llevarlo a un entorno en el que pueden ser un poco más libres para decir lo que piensan, se crean relaciones más profundas, y esto se traduce en una mayor confianza en el entorno de trabajo.

Comprenderte a ti mismo

Si vas a ser eficaz con cualquier tipo de habilidades blandas o estar en un papel de liderazgo, primero tendrás que entenderte a ti mismo. Saber cuáles son tus puntos fuertes y tus puntos débiles es fundamental para tu éxito.

Habilidades de comunicación

Mientras trabajas en un proyecto ágil, la mayor parte de tu interacción será cara a cara con tu equipo a diario. Además, como maestro de scrum, su función es eliminar cualquier cosa que esté bloqueando el progreso de su equipo. Esto puede significar que tenga que dirigirse al liderazgo o a otras personas y ser capaz de negociar en su nombre. Tu capacidad para comunicarte por escrito y ser claro en tus intenciones te ayudará mucho a ser un buen gestor de proyectos ágiles.

Hay que ir más allá de las formas de comunicación escritas y verbales y ser hábil en la comunicación no verbal.

Confianza

Uno de los componentes clave del liderazgo es la confianza. Tener confianza es tanto un estado mental como una habilidad. Como cualquier otra habilidad, la confianza puede aprenderse y desarrollarse. Volviendo al lenguaje corporal, una de las cosas que puedes hacer para aumentar tu confianza tiene que ver con la forma de sentarte y pararte.

Tendrá que mostrar confianza. Tu postura deberá mostrar que tienes el control o, al menos, que tienes las cosas bajo control. Una cosa que tienes que recordar es que la mayoría de los miembros del equipo no desean estar en una posición de liderazgo y si estás en una posición de liderazgo, entonces debes pertenecer a ella.

Delegación

Delegar es tanto un arte como una habilidad. Si quieres lograr lo máximo posible, debes aprender a delegar en aquellos en los que sabes que puedes confiar eficazmente. Al hacerlo, la cantidad de cosas que puedes lograr será mucho mayor que la que puedes hacer por ti mismo. Una de las claves de la delegación es otra habilidad blanda: tener paciencia.

Paciencia

Debes tener la paciencia de permitir que otros te quiten cosas y ayudarles si se caen. Para los que sois auténticos buscavidas, y si estáis leyendo esto probablemente lo seáis, ceder el trabajo a otra persona es muy difícil.

Al fin y al cabo, si quieres que algo se haga bien, sabes que tienes que hacerlo tú mismo. Sin embargo, aprender la habilidad de la paciencia le ayudará en todos los ámbitos de su carrera y su vida personal. En concreto, te ayudará a ser un gestor de proyectos más eficaz e influyente.

Adaptabilidad y creatividad

Si vas a tener éxito en cualquier aspecto de tu carrera, tendrás que ser capaz de adaptarte a tu entorno y ser flexible. Ser demasiado rígido, especialmente en un entorno ágil, no funcionará. Te asegurarás el fracaso si no eres capaz de ser flexible en tus acciones y pensamientos. Toda la premisa detrás de la metodología ágil es la adaptabilidad. Así que, para ti, como director de proyecto o maestro de scrum, tienes que asegurarte de que te adaptas al entorno, al equipo y a las necesidades del proyecto.

Mentores

Como gestor de proyectos, ocupará una posición de autoridad y liderazgo. Por ello, la gente acudirá a ti con preguntas y consejos. La otra cosa que encontrarás es que la gente está sedienta de conocimientos y busca a alguien que pueda ayudarles a salir adelante. A través de su interacción, si perciben que usted puede ser esa persona, pueden empezar a hacerle preguntas y acudir a usted en busca de mentores.

El proceso de desarrollo ágil

En realidad, no existe una metodología única que pueda funcionar para todos los proyectos. Sin embargo, no cabe duda de que muchos equipos de desarrollo y empresas están abandonando poco a poco las metodologías más predictivas y restrictivas como Waterfall y adoptando algo más adaptativo como Agile.

De hecho, te sorprenderá saber que metodologías como Agile nacieron principalmente de la frustración de cómo se solían hacer las cosas en aquella época. Al dar al equipo mucho más control sobre cómo se hacen las cosas y durante cuánto tiempo, la teoría es que el producto final será un software mucho más completo sin dejar de ser fiel a la visión original del cliente.

Con esto, se puede entender fácilmente que el proceso ágil seguirá un camino de desarrollo considerablemente diferente al de las metodologías convencionales y tradicionales.

Cómo se desarrollaba antes

El proceso convencional de desarrollo de software consta de seis fases que son las siguientes:

1. Planificación

Obviamente, todo proceso de desarrollo comienza con el establecimiento de las especificaciones del proyecto. Aquí se identificará el flujo de trabajo y se segmentará en partes más pequeñas y manejables.

También se identificarán las funcionalidades de cada segmento y elemento, así como el calendario de cada fase del proyecto. Por último, se identificará la carga de trabajo y las funciones que desempeñará cada miembro del equipo de desarrollo.

2. Análisis

En esta parte se identifican los objetivos y se establece el alcance de todo el proyecto. Se trata de un proceso mucho más detallado que la fase de planificación, ya que se examinará cada etapa del proyecto.

Un aspecto importante de esta fase es identificar la asignación de recursos para cada parte del proyecto. ¿Cuál es el presupuesto para cada fase? ¿Qué herramientas y programas se necesitan? ¿Es necesario subcontratar el trabajo o contratar a personas totalmente nuevas para el trabajo (aunque sea temporalmente)? Estas preguntas deben tener suficiente respuesta en esta parte del proceso.

Por supuesto, este proceso también implicará la identificación de posibles problemas que puedan surgir en medio del proyecto. A su vez, esto permite a los gestores idear soluciones para evitarlos.

3. Diseño

Una vez finalizada la planificación y el análisis, el equipo puede pasar a diseñar el producto. Se trata de una fase puramente conceptual, ya que usted y su equipo visualizarán el aspecto del proyecto estableciendo su marco de trabajo.

Aquí se establecen las normas para cada fase del proyecto. De este modo, el equipo sabe lo que tiene que hacer para producir el software deseado y, al mismo tiempo, eliminar los fallos.

4. Desarrollo y aplicación

Es la fase en la que se construye realmente el producto. Dependiendo de la metodología elegida, esta fase implicará múltiples procesos que incluyen la escritura de código y la implementación de herramientas y lenguajes de programación. Una vez desarrollado el software, se inicia el proceso de implantación, en el que se somete a diversos estudios y experimentos para ver si, como mínimo, funciona sin colapsar.

5. Prueba

Una vez terminada la estructura básica del software, se someterá a una serie de pruebas. El objetivo es identificar los errores y fallos introducidos en el código a lo largo del proceso de desarrollo y corregirlos.

Al igual que el proceso de desarrollo, se trata de una fase bastante extensa, ya que hay que examinar el programa en todos sus aspectos y funciones para ver si es apto para su producción y distribución en masa.

El aspecto más importante que hay que abordar aquí es determinar si el producto cumple o no los criterios establecidos en las fases iniciales del proyecto. En algunos casos, se modificará el diseño general del programa para subsanar los defectos inherentes.

6. Mantenimiento

Antes de la producción en masa, el equipo debe revisar sistemáticamente el código en busca de cualquier error o fallo que no se haya identificado y solucionado en las fases anteriores.

Esta parte también incluye las actualizaciones que se introducirán mucho después de que se haya lanzado el producto. Parches en el código para solucionar problemas o mejorar la funcionalidad del producto base.

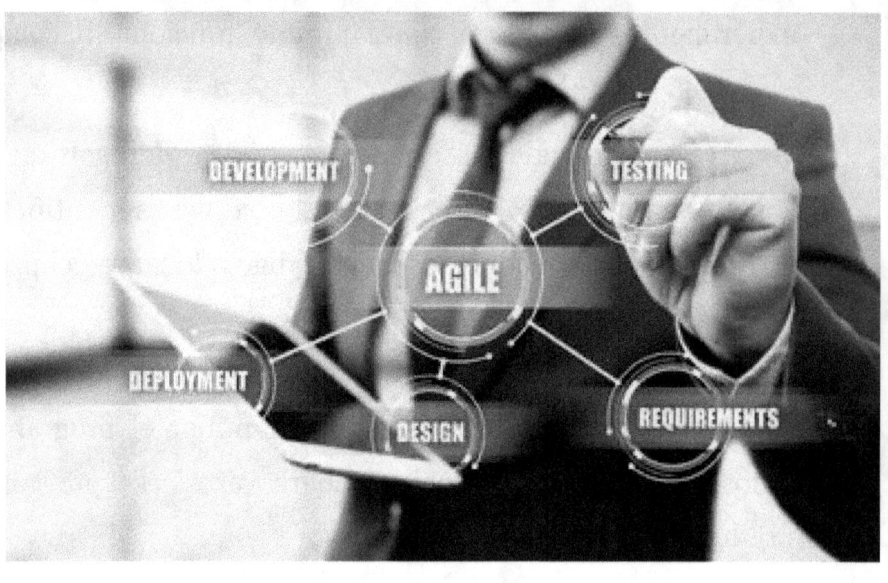

Defectos del método convencional

Casi todas las metodologías predictivas siguen la secuencia expuesta anteriormente. Sin embargo, algunos métodos como el de la cascada quieren añadir algunos pasos más entre ellos, como la investigación y la retroalimentación.

Sea como sea, las metodologías predictivas suelen seguir una secuencia estricta para crear un producto que funcione. Sin embargo, eso no significa que sea aplicable en todos los casos.

De hecho, hay defectos inherentes a estas metodologías que pueden hacerlas inaplicables a su proyecto o, mejor aún, inferiores a otras metodologías más adaptativas.

1. Carácter restrictivo

A primera vista, las metodologías predictivas son tan rígidas que no hay más remedio que seguir el plan establecido en las fases anteriores. Por supuesto, esto significa que no se puede responder exactamente a los cambios que se producen en medio del proyecto.

Al final, producirá algo que podría cumplir los criterios del proyecto pero que no tiene en cuenta los avances que se han producido recientemente. En resumen, el producto puede ser bueno si se hace con métodos restrictivos, pero podría haber sido mejor.

2. Pruebas tardías

Estos métodos suelen situar el proceso de pruebas en una fase tardía del proyecto. Esto significa que la identificación y corrección de errores no es tan exhaustiva como se desearía. Al fin y al cabo, si todo tiene una fecha límite y sigue unos protocolos establecidos, sólo se están encontrando y solucionando problemas superficiales; no los inherentes, que rompen el programa.

Aquí es donde los métodos adaptativos son superiores, ya que la fase de pruebas se reparte uniformemente entre todas las iteraciones. En pocas palabras, se corrigen los errores a medida que se construye el producto base.

3. Los comentarios de los clientes no tienen impacto

En la mayoría de las metodologías restrictivas, los comentarios de los clientes suelen ser ignorados. Y si reconocen los comentarios de los clientes, estos no tienen mucho impacto en el proceso de desarrollo.

Por ejemplo, un cliente puede querer añadir algo al producto durante la parte de comentarios y pruebas. Dependiendo de la envergadura de ese cambio, es posible que se ignore para no cambiar la estructura del producto o que se aplique al azar y acabe arruinando la calidad del software.

4. Alto riesgo

Como estas metodologías son tan rígidas en su aplicación, se corre el riesgo de no abordar problemas importantes en la codificación o de no añadir funciones de mejora hasta que sea demasiado tarde.

Además, existe la posibilidad de que tenga que enfrentarse a constantes periodos de crisis, ya que los plazos de cada fase están muy ajustados, uno tras otro. Como resultado, la carga de trabajo de su equipo aumenta junto con el ritmo de trabajo. De este modo, se corre el riesgo de que el proyecto se atasque hasta el punto de que el producto final se complete de forma irregular.

El ciclo del proceso ágil

El proceso de aplicación del método ágil difiere de una estrategia a otra. Sin embargo, todas siguen más o menos la misma secuencia, que es:

1. **Conceptualización** - Aquí se visualiza y diseña el producto. Se establece el marco del proyecto y se segmenta, lo que ayuda a priorizar lo que hay que hacer. También se abordarán aquí cuestiones como la asignación de recursos y la distribución de la carga de trabajo.

2. **Inicio** - Una vez conceptualizado el proyecto, el gestor debe centrarse en crear el equipo (si aún no existe, claro). Aquí se identificarán las funciones de cada miembro del equipo y se les designarán las cargas de trabajo y los requisitos iniciales.

3. **Iteración y construcción** - La parte más extensa del proyecto, este proceso implica que los equipos pasen por cada "sprint" o iteración mientras construyen el producto. El objetivo aquí es presentar algo que cumpla los criterios establecidos en cada iteración a la alta dirección, los accionistas y el cliente.

Dado que el método ágil es iterativo por naturaleza, es necesario que el equipo pase por cada una de las iteraciones establecidas y las termine según el tiempo establecido. Al mismo tiempo, el producto que están construyendo debe crecer y desarrollarse para cumplir con las nuevas normas y otros cambios de última hora por ciclo.

4. **Lanzamiento** - Una vez que el producto base está listo, se somete a más controles de calidad. Aquí se corrigen los errores más importantes y se renueva o mejora el diseño general y la experiencia del usuario del producto.

En este proceso también se realizan pruebas internas y externas, se documenta lo que se ha corregido y se lanza la iteración final a la producción en masa.

5. **Producción** - En esta fase, los desarrolladores deben proporcionar apoyo continuo al software. Esto incluye más pruebas y mantenimiento, así como la introducción de parches en el código, si es necesario.

Esto debería servir como un "ciclo" adicional al proceso en el que se mejora el producto aunque ya haya pasado la fase de distribución masiva. Tu equipo puede incluso ampliar las características de base del producto añadiendo más, pero manteniendo el código lo más funcional posible.

6. **Retirada** - Con el tiempo, ese producto llegará al final de su vida útil, que dura un año o unos pocos después del lanzamiento. En esta fase, el equipo

debe iniciar algunas actividades de fin de vida del producto, como notificar a los usuarios lo que está por venir y prepararlos para migrar al nuevo producto.

La secuencia anterior presenta el ciclo de vida completo de los productos realizados con el modelo ágil. De hecho, puede haber más de un proyecto ágil en la misma empresa o múltiples iteraciones en diferentes líneas de producto. Y lo que es mejor, el modelo permite a una empresa atender a diferentes clientes, internos o externos, con su propia gama de necesidades que hay que satisfacer.

El flujo de trabajo de la iteración

El proceso ágil está dominado por ciclos e iteraciones. Cada segmento del proyecto que se complete se basará realmente en el producto final. En esencia, con el método ágil, no solo se tiene un programa funcional en cada iteración, sino también características de apoyo, documentación y un código que puede utilizarse para futuros proyectos.

Las iteraciones suelen durar entre dos semanas y un mes entero, con un plazo fijo para su finalización. Al estar limitado en el tiempo, el proceso pretende ser metódico y el alcance se limita a lo que debe hacerse en cada iteración.

No es raro que un proyecto tenga de 3 a 10 iteraciones, dependiendo de su tamaño y tipo. Cada iteración seguirá también su propio flujo de trabajo, que puede visualizarse como sigue:

A. **Requisitos** - Aquí se establecen las especificaciones de la iteración. Deben basarse en el backlog del producto, en el backlog de cada ciclo y en los comentarios de los clientes y accionistas, si los hay.

B. **Desarrollo** - En esta fase, el equipo desarrolla o construye el software basándose en los objetivos establecidos para ese segmento.

C. **Pruebas** - Esta fase incluirá pruebas de garantía de calidad, formación interna y externa, y documentación de lo que se ha mejorado o desarrollado.

D. **Entrega** - Una vez que el producto sea funcional, se integrará para darle cohesión. Después de esto, la iteración del producto se enviará a la producción en masa.

E. **Comentarios** - Una vez que esté en el mercado, el equipo de desarrollo supervisará la recepción del software por parte de los usuarios finales. ¿Hay fallos importantes que deban solucionarse? ¿Qué errores ha pasado por alto el equipo pero los clientes han notado? ¿Hay alguna forma de mejorar la experiencia del usuario? Estas preguntas pueden responderse en este punto del ciclo.

Una vez finalizada la fase de retroalimentación, el ciclo comienza de nuevo con el equipo conceptualizando lo que hay que hacer a continuación para la nueva iteración. Lo mejor de este método es que se puede conseguir un producto mejor o una rama completamente nueva en un corto periodo de tiempo.

¿Qué es la cartera de productos?

La definición más básica de los backlogs de producto es que son una lista de características que pueden añadirse a un software existente creado en una iteración anterior. Y aparte de las nuevas características, los backlogs pueden incluir cambios de infraestructura, correcciones de errores y otras actividades necesarias para obtener un resultado específico en una iteración actual.

En otras palabras, una cartera de productos responde a esta pregunta:

"¿Qué podemos hacer para mejorar este software?"

Aparte del director del proyecto, el backlog del producto funciona como una fuente autorizada de lo que hay que hacer por iteración. Esto significa que si una tarea, una característica o una corrección no está en el backlog, el equipo de desarrollo no debe ni siquiera pensar en invertir un ápice de esfuerzo en la realización de dicha tarea.

Sin embargo, la presencia de una tarea en un backlog no da la seguridad de que la misma pueda ser entregada exactamente al final de

esa iteración. Sólo presenta al equipo una opción sobre cómo para entregar algo que ya se prometió al principio de

el proyecto. No es una tarea obligatoria a la que deban comprometerse usted y su equipo.

Por ejemplo, usted y su equipo podrían estar trabajando en un videojuego como, por ejemplo, un juego de rol multijugador masivo en línea (o un MMORPG por conveniencia). Tal vez su cartera de productos incluya lo siguiente:

- Aumentar las gotas de objetos y armas
- Ampliar los mapas del mundo existentes
- Añadir nuevos mapas
- Equilibrar las habilidades y las clases que los jugadores descubrieron que eran demasiado potentes
- Se ha corregido un error de bloqueo del juego en las zonas X3 y F10
- Mejorar las comunicaciones basadas en el chat
- Introducir el modo Jugador contra Jugador

Ahora, de un vistazo, puede determinar por sí mismo cuáles de los elementos deben añadirse lo antes posible y cuáles pueden posponerse para las próximas iteraciones. La cuestión es que el backlog da a tu equipo una idea de lo que debe mejorarse en las próximas iteraciones para que el producto global sea mejor.

Lo mejor de los backlogs de productos es que se pueden ir añadiendo cuanto más se amplíe el producto. La adición de nuevas funciones a un software da lugar a nuevas oportunidades y problemas.

Sin embargo, hay que controlar un poco al equipo cuando se trata de terminar el backlog. No hay ninguna regla que obligue a su equipo a eliminar ese backlog en cada iteración. De hecho, algunos de los elementos de ese backlog pueden introducirse como características totalmente nuevas en el siguiente proyecto, dependiendo de la situación.

Burndowns

Podría decirse que lo que más hay que tener en cuenta en cualquier proyecto es el tiempo. En concreto, tienes que asegurarte de que el progreso de tu equipo es suficiente para cubrir todo el periodo de tiempo de esa iteración.

Y está el hecho de que personas ajenas al equipo de desarrollo que quieren que termines tus tareas ayer. Su intención, al fin y al cabo, es siempre esta: hacer las cosas y rápido.

Por ello, el trabajo de los gestores de proyectos consiste en comprender que el tiempo es un elemento que deben controlar de forma competente en cada proyecto que emprendan. Cuanto mejor sean los datos sobre el tiempo en relación con el trabajo que hay que realizar, mejor podrá asegurarse el gestor de que su equipo se ciña al calendario aprobado.

Aquí es donde entra en juego un gráfico de desglose, ya que indica cuánto queda por hacer y cuánto tiempo ha consumido el equipo hasta el momento. Un gráfico de desgaste es simplemente una representación gráfica de la rapidez con la que su equipo está trabajando en el proyecto de un cliente.

La forma en que cada herramienta ágil elabora un gráfico de desglose varía, pero a menudo extrae información de las "historias", descripciones detalladas de las características de un programa proporcionadas por un usuario final o el director del proyecto.

¿Cómo se lee?

Los gráficos de avance son, en realidad, gráficos bastante sencillos. La cantidad de trabajo restante se muestra siempre en un eje vertical, mientras que el tiempo transcurrido desde el inicio y el final proyectado de una iteración se dibuja horizontalmente.

El eje X, el que representa la línea de tiempo, está siempre en línea recta desde que se fija el periodo. Sin embargo, el eje Y, que representa el trabajo realizado o por realizar, puede fluctuar de un día a otro. Por ello, sólo hay que leer el gráfico de izquierda a derecha.

Pero, por supuesto, la pregunta más apremiante que puede tener con el gráfico es "¿cuál es la tendencia ideal de quemado?". Para responder a esa pregunta, hay que buscar ciertos elementos en la lectura.

- **Trabajo ideal restante** - La tendencia ideal para esta parte debe ser una línea recta que conecte desde el punto inicial hasta el actual. Esto es un signo revelador de que cada tarea se ha realizado suficientemente y no hay objetivos que no se hayan tocado a partir de esa iteración.

Además, en el punto final, la línea del eje Y debe cruzarse con el eje X. Esto indica que no se ha dejado ningún trabajo sin hacer.

- **Trabajo real restante** - Pero, por supuesto, no es precisamente fácil conseguir una línea plana cuando se trata de gráficos. Los cambios en el plan de trabajo pueden provocar algunos desplazamientos en ese gráfico, lo que se traduce en picos de actividad en cada punto del gráfico.

Entonces, ¿cómo vas a hacer que esto funcione? La mejor tendencia real en esta situación es que la línea de trabajo real nunca supere la línea de trabajo ideal. Si la línea de trabajo real supera la ideal, es una indicación de que queda más trabajo sin hacer del que se había planificado originalmente. En pocas palabras, su equipo está muy atrasado.

Beneficios de la metodología ágil

¿Es posible que una filosofía sin procesos ni herramientas tenga beneficios claros? Aunque se podría leer el manifiesto de una manera casi parecida a la del Doctor Seuss, es un documento muy serio. La Alianza Ágil no elaboró el manifiesto para lanzar algunas ideas al mundo sin saber que casi siempre se producirían algunos resultados. Las ideas, los valores y los principios que componen Agile sientan las bases para muchas cosas grandes. Por supuesto, querrás asegurarte de que estás utilizando Agile correctamente. No intentes implementar Agile y esperar todos estos beneficios si no trabajas en el desarrollo de software. Los departamentos de cumplimiento no estarían contentos si su equipo entregara un informe a medio terminar, con incrementos de trabajo. En la mayoría de los departamentos, es necesario entregar versiones finalizadas de cualquier cosa en la que se esté trabajando, no sólo una versión funcional del entregable. También hay ocasiones en las que Agile no es adecuado para tu enfoque debido al acceso limitado a los clientes. Si estás desarrollando a ciegas, lo mejor es lanzar tu mejor versión, en lugar de lanzar la versión funcional y luego mejorarla.

Las numerosas ventajas de Agile son muy importantes para los desarrolladores de software:

- *Entrega predecible de hitos*
- *Oportunidad de aplicar el cambio*
- *Se centra en los clientes o usuarios*

- *Transparencia*
- *Reducción de riesgos*

Entrega previsible de hitos

El único aspecto predecible de Agile son los incrementos, o en Scrum los sprints. Tampoco es difícil hacer un seguimiento de las distintas tareas y objetivos dentro del proyecto, lo cual es un pequeño plus de este beneficio. La entrega de hitos en períodos de una a cuatro semanas ayuda a todos, incluso a los que no están involucrados en el equipo de desarrollo, a saber que están en el camino. Significa que pueden lanzar o probar el software con mucha antelación. También significa que se sabe que cada división más pequeña del software funciona y funciona bien antes de avanzar. Las empresas no corren el enorme riesgo de invertir meses de trabajo para descubrir que algo está haciendo que todo falle repetidamente.

Este beneficio proviene de la comunicación cara a cara y de la alta frecuencia de la comunicación. Es posible implementar hitos predecibles sin Agile; sin embargo, probablemente hayas visto de primera mano las solicitudes de prórroga o los plazos descaradamente incumplidos. La razón por la que los hitos funcionan tan bien en Agile es porque los métodos implicados desglosan las tareas y los pequeños objetivos para el equipo en lugar de para cada persona.

Para ver esto en acción, presentaremos este ejemplo. En una reunión de Scrum, el objetivo del sprint podría ser algo así como "mapear las interacciones del usuario para la característica de registro en papel, comenzar a redactar el diseño". Mientras que en una reunión normal de gestión de proyectos, ese mismo objetivo podría sonar más como "Jim, trabaja en la historia de usuario y en las interacciones preferidas". Anette nos devuelve el feedback del hito de la semana pasada. Jody, prueba el diseño de usuario cuando esté listo". ¿Ves la desconexión aquí? Cuando los responsables asignan tareas a las personas en lugar de al equipo, no hay garantía de que cada persona esté utilizando sus habilidades correctamente. En el ejemplo anterior, Jody o Jim pueden tener mejores conexiones para obtener retroalimentación, pero como la tarea fue asignada a Anette, esos recursos no se utilizarán.

El cumplimiento de los hitos depende en gran medida de la estructura de un equipo auto organizado. El equipo identifica el trabajo que es capaz de realizar y, a continuación, determina la mejor manera de llevarlo a cabo. Teniendo en cuenta todo esto, los hitos se vuelven mucho más predecibles.

Oportunidad de aplicar el cambio

La adaptación al cambio fue el inicio de la formación de la Alianza Ágil y la redacción del Manifiesto Ágil. La crisis que asoló a la comunidad de desarrollo de software a finales de la década de los 90 se debió a la incapacidad de pivotar y adaptarse a los cambios en las condiciones internas y externas. Agile permite que eso ocurra, y este beneficio es la principal razón para adoptar los valores de Agile. A través de cada iteración, es posible que todo el equipo reconozca la necesidad de cambio y altere su plan en consecuencia.

También es importante señalar aquí que la documentación desempeña un papel clave en la realización de muchos de los beneficios de las metodologías ágiles. Mientras que muchos equipos sólo se basan en un backlog, ese trozo de documentación permite a todo el equipo volver a priorizar las preocupaciones principales cuando se enfrentan a un cambio.

También les permite implementar cambios en los ítems del backlog que se establecen para el siguiente sprint o iteración.

Esto significa que los cambios pueden producirse en días o semanas en lugar de meses.

Se centra en los clientes o usuarios

La capacidad de centrarse en la satisfacción del cliente es una gran recompensa para muchas empresas. Cuando se trabaja con un equipo ágil, la atención se centra en el software de trabajo y la mejora con cada lanzamiento o sprint. Puede ampliar el ciclo de vida del producto al lanzarlo antes y mantenerlo relevante durante más tiempo.

También es posible mantener a los clientes más comprometidos durante todo el proceso. El enfoque en la satisfacción del cliente o del usuario es algo que se deriva de las expectativas tradicionales de desarrollo de productos.

Un efecto secundario de esta ventaja es que sus clientes tienen acceso a las partes funcionales del software antes. Así, cuando el cliente puede utilizar y empezar a desarrollar la formación para el software antes, significa que el lanzamiento vendrá acompañado de materiales de formación completos o de resolución de problemas. En definitiva, el producto es de mayor calidad y mayor utilidad para los usuarios finales.

Transparencia

Decir que la transparencia es una ventaja es un poco arriesgado porque sólo funciona como ventaja si los miembros del equipo la ejercen adecuadamente. Esencialmente, sólo funciona si el equipo la hace funcionar. Sin embargo, si los miembros del equipo trabajan con una comprensión de los principios ágiles, entonces debería ser evidente.

Pero la transparencia no consiste sólo en comunicar abiertamente, sino en asegurarse de que los objetivos son evidentes y en dificultar el desvío de esos objetivos originales.

Trabajar con transparencia también requerirá diferentes niveles de comunicación.

En un ejemplo, la transparencia exitosa incluiría la comunicación entre el Product Owner y los administradores de la empresa, mientras que el Scrum Master debe asegurarse de que el Product Owner conoce el progreso del proyecto y ayudar al equipo a mantenerse en la tarea con sus objetivos.

Es un aspecto de la gestión de proyectos muy difícil de gestionar, pero tiene una enorme recompensa. Con la transparencia, todo el mundo tiene expectativas realistas, todo el mundo está en la misma página, y cuando es necesario, la gente puede pedir ayuda. Sin duda, la transparencia es un gran problema en los métodos tradicionales de desarrollo de software. En el método de cascada, era habitual que nadie supiera lo que estaba pasando con la unidad de desarrollo que el equipo de desarrollo creía que estaba lista para las pruebas. Entonces, eso solía provocar que muchas personas implicadas se sintieran engañadas o que el equipo fallara de una u otra manera. La transparencia ágil comienza con la negociación del contrato, la colaboración del cliente y la reunión del equipo. Lo ideal sería que los conceptos de transparencia estuvieran en la mente de cualquiera que reuniera al equipo de desarrollo. Entonces, el equipo trabajaría con las negociaciones del contrato de forma abierta y honesta. Proporcionarían la información que pudieran y se mostrarían comunicativos cuando fuera poco realista o cuando el equipo no estuviera seguro de la información. La agilidad no consiste en seguir un plan, sino en comunicar lo que el producto y el cliente necesitan. La transparencia es una necesidad si quieres que Agile funcione, y la presencia de la transparencia hace que todo el proyecto sea más satisfactorio para todos los involucrados. De hecho, es tan importante que la transparencia es la única área de Agile que tiene herramientas en cada metodología.

En Scrum, el tablero de tareas es la presencia de la transparencia en el sentido de que cualquiera puede acercarse al tablero y ver las historias, el trabajo en curso y la tarea terminada. Un tablero Kanban muestra las tareas del backlog, su estado, y lo que está en pruebas o terminado. Las reuniones de Scrum y las retrospectivas de los sprints también impulsan la transparencia. Estas reuniones y la comunicación cara a cara son aspectos integrados de Agile que la gente suele pasar por alto. Hay muchas metodologías, pero cada una de ellas se centra en asegurar que cada miembro del equipo pueda acceder a lo que necesita y comunicar en qué punto se encuentra su trabajo.

Reducción de riesgos

La reducción del riesgo es un asunto de gran importancia para las empresas de cualquier departamento. Agile se enfrenta a los problemas de riesgo de frente al insistir en que los equipos actúen con transparencia. Pero otros aspectos de las metodologías ágiles también ayudan a reducir el riesgo. Por ejemplo, al trabajar en sprints como con Kanban o Scrum, los lotes pequeños facilitan la identificación y mitigación del riesgo en tiempo real. En lugar de trabajar en un trozo gigante del desarrollo para enterarse de una brecha en la seguridad o el progreso.

Los lotes pequeños reducen el riesgo de costes excesivos, mientras que el trabajo en curso reduce el riesgo de pérdida de tiempo. La transparencia ayuda a reducir el riesgo de baja calidad, y la priorización del backlog reduce el riesgo de pérdida de valor para la empresa. La reducción de riesgos de la metodología Agile es extraordinaria, y hace imprescindible que los desarrolladores de software entiendan cómo implementar Agile siempre que sea posible. El uso de Agile también puede ayudarle a proteger la relación con sus clientes.

A la hora de decidir si Agile es el método adecuado para usted, asegúrese de que mira el panorama general. ¿Está utilizando Agile para lograr una cosa específica, o está buscando un método de desarrollo que mire por sus clientes? Los beneficios de Agile son aspectos de gran envergadura porque Agile opera a nivel de gran envergadura. Ayuda a las empresas a asegurarse de que el producto final es algo que sus clientes quieren, y algo que necesitan.

Desventajas de la metodología ágil

Adoptar un enfoque ágil para el desarrollo de software no es nada terrible. Sin embargo, hay algunas desventajas en muchas de las metodologías ágiles. Pueden afectar a los desarrolladores, a la gente de negocios involucrada e incluso a los clientes en ocasiones. En última instancia, todo se reduce a la gestión del proyecto y del equipo, y a cómo se aceptan las distintas compensaciones de utilizar diferentes métodos. Por ejemplo, utilizar Kanban cuando hay pocos miembros del equipo que entiendan de Kanban probablemente supondrá una gran pérdida de tiempo para ajustarse a la curva de aprendizaje. Las desventajas de Agile son muchas, pero casi todas son evitables o prevenibles, y depende únicamente del enfoque y la comprensión del equipo.

Los principales inconvenientes de Agile pueden ser:
- *Proyectos más largos*
- *Muchas exigencias a los clientes y a los desarrolladores*
- *Falta de esfuerzo en el diseño*
- *Planificación de recursos*
- *Hecho y terminado son cosas diferentes*
- *La gente se desvía*
- *La deuda técnica*

Proyectos demasiado largos

Los sprints son cortos, pero los proyectos son largos. Ese grado de compromiso, las numerosas reuniones cara a cara y la estrecha colaboración hacen que los proyectos sean largos. Aunque un sprint no dura más de un mes, un proyecto de dos meses puede convertirse rápidamente en uno de seis. Sin embargo, no son sólo las reuniones las que alargan los proyectos. Recuerda que estas reuniones son vitales para que el software satisfaga las necesidades de los usuarios. La cuestión es que la estrecha colaboración y el carácter agradable hacia el cambio hacen que los desarrolladores añadan a menudo numerosas características o aspectos al software. El objetivo es garantizar que se cumplan las expectativas de los usuarios y que el equipo cree el mejor software posible. Sin embargo, el tiempo y la energía que conlleva no siempre son necesarios. Los equipos deben dar un paso atrás e identificar si lo que están haciendo es necesario. Vuelve al principio siete: "El software en funcionamiento es la principal medida del progreso". Muchos equipos pierden de vista que hay un enfoque dentro de Agile en el objetivo de software de trabajo. Añadir lo innecesario puede hacer un mejor producto, pero también puede llevar a un proyecto mucho más largo. Trabajar en incrementos, que es el estándar de casi todas las metodologías ágiles, incluyendo XP, Scrum e incluso Lean, puede hacer que un proyecto se sienta corto cuando en realidad ha pasado mucho más allá de su fecha de finalización.

Para evitar que los proyectos se alarguen innecesariamente, asegúrate de que todos los miembros del equipo eviten añadir aspectos al proyecto que no sean necesarios. Es perfectamente posible que el equipo de desarrollo, que se queda para las actualizaciones y los nuevos lanzamientos, aporte características e ideas avanzadas en los meses siguientes al lanzamiento inicial. Así se libera al resto del equipo para trabajar en otros proyectos.

Demasiado exigente

¿Es posible que un proyecto de desarrollo sea demasiado exigente? Sí y no. Este problema no se limita al desarrollo de software, y es específicamente un problema para cualquier equipo responsable de la creación. También es un problema de percepción. Lo que es demasiado exigente para una persona es un volumen de trabajo normal para otra. La raíz subyacente de este problema proviene de los equipos ágiles de una o dos personas. Si hay más trabajo que personas, entonces no es justo para nadie y los propósitos de Agile alargarán la vida del proyecto, pondrán más tensión en los desarrolladores y más tensión en los clientes mientras se apresuran hacia un lanzamiento. Los clientes deben entonces aprender el software y determinar si es de una calidad que puedan soportar.

La mejor manera de mitigar este problema es centrarse en la colaboración desde el principio del proyecto. Scrum es una de las principales metodologías de Agile debido a este problema.

Cuando se trabaja con Scrum, el equipo se reúne al principio del proyecto para diseñar el alcance del mismo. A continuación, el equipo de desarrollo lo divide en sprints, y el equipo completo se reúne al final de cada sprint. Incluso con equipos muy pequeños, Scrum puede ayudar a los Propietarios de Producto y a los clientes a entender lo que están recibiendo y con lo que su equipo está trabajando en términos de personal.

Falta de diseño

Este problema percibido conlleva una serie de desventajas para el Product Owner y los clientes. Aunque la base de Agile es la confianza, es muy difícil de ejecutar. Pedirle al cliente que confíe en un equipo con el que nunca ha trabajado es difícil para cualquiera. El Product Owner también debe confiar en el equipo y para ellos trabajar con la parte administrativa del proyecto puede ser difícil. Antes de Agile, con el desarrollo de software pesado, los equipos utilizaban el método de cascada. Con ese método, la parte administrativa podía ver el diseño completo antes de empezar el trabajo. Sabían exactamente lo que iban a recibir y tenían una idea de cómo sería el producto final. Sin embargo, cuando se trata de un desarrollo ágil, no es así. El diseño se realiza por sprint, aunque el equipo de desarrollo suele tener un boceto muy aproximado del producto final.

La solución a este problema es la comunicación. Cuando la parte administrativa del proceso ágil se preocupa, debe transmitirlo a su equipo de desarrollo. Haga peticiones, pregunte, pero sobre todo, pregunte si tienen confianza en su producto. La confianza es vital, pero eso no significa que no se pueda comunicar. Como cliente o Product Owner, Agile le permite tener un nivel de participación. Sin embargo, eso no significa que no se pueda comunicar, y muchos Product Owners o clientes involucrados en un proyecto Agile no entienden ese aspecto. No hay una falta de diseño, sino que a menudo hay una falta de comunicación sobre el diseño a medida que se desarrolla.

Planificación de recursos

Mientras que otras desventajas son sólo cuestiones menores veladas, la planificación de los recursos es una cuestión importante. Imagínese que alguien del departamento de marketing se dirigiera a sus directivos y les dijera que puede desarrollar una estrategia de marketing ganadora. Pero no tuvieran ni idea de lo que costaría en términos de adquisición de copias de ventas, costes de anuncios o el tiempo para completarla. Eso es esencialmente Ágil.

Aunque la flexibilidad de Agile da paso a muchas oportunidades, el principal problema al que se enfrentan los equipos es la planificación de los recursos. A las empresas no les gusta operar de esta manera, hace que los ejecutivos se sientan incómodos y, esencialmente, solo las grandes empresas pueden salirse con la suya.

Lo peor es que cuanto más grande es el proyecto, más se desconocen las necesidades de recursos. Hay muy poco que hacer para prevenir o mitigar este problema, aparte de dejarse llevar por la corriente. Si trabajas con un equipo ágil, tendrás que confiar en que están haciendo todo lo posible con los recursos disponibles. Sin embargo, si usted forma parte del equipo ágil, tendrá que asegurarse de que está utilizando los recursos disponibles con cuidado. Es responsabilidad de cada miembro del equipo no desperdiciar los recursos. Si está buscando formas de perfeccionar sus habilidades de manejo de recursos, considere la posibilidad de optar por uno o dos cursos sobre procesos Lean. Hay muchas coincidencias entre Lean y Agile, y aprender ambos puede ser útil para todos los miembros de tu equipo.

Hacer y terminar son cosas diferentes

La frase "Definición de Hecho" o DoD se lanza mucho en las discusiones ágiles porque presenta un problema único. No existe tal cosa como un producto terminado. Debido a que estos equipos liberan el software en incrementos, los clientes o usuarios finales probablemente estén usando el producto mucho antes de que esté realmente "terminado". A la mayoría de los usuarios no les importa, o a veces ni siquiera se dan cuenta, porque tienen un software que funciona y que sigue mejorando.

A menudo mejoran a un ritmo rápido, los lanzamientos de parches, actualizaciones y características adicionales hacen que estos proyectos puedan durar para siempre.

El enfoque de salida fragmentada hace que sea muy difícil saber cuándo hay que tirar la toalla. Luego tienes los aspectos de mantener el software actualizado con otro software y el hardware del que los usuarios dependen a diario. Por ejemplo, el lanzamiento de la suite Microsoft Office 2019 se produjo el 9 de abril con el número de versión 1903. Sin embargo, el 14 de mayo, apenas un mes después, se produjo otro lanzamiento con la versión número 1904. El sistema estaba disponible, funcionaba y los usuarios estaban contentos. Sin embargo, los desarrolladores no habían terminado, así que siguieron trabajando. Las actualizaciones de 2019 continúan, y con la pista de Microsoft, los desarrolladores de registros probablemente continuarán refinando la codificación y ajustando pequeñas cosas hasta el próximo lanzamiento de la suite de Microsoft Office. Esencialmente, una suite de Microsoft nunca estará terminada. Depende en gran medida del equipo de desarrollo y del Product Owner saber cuándo decidir que un proyecto está terminado. Este método de trabajo es una de las cosas que aparece repetidamente como una desventaja. Si estás buscando una manera de evitar esto, entonces considera el uso de Kanban. Con Kanban, tendrás una representación visual de las muchas partes móviles del proyecto y de los aspectos iniciales, así como de las características añadidas, que surgieron en varios momentos durante el desarrollo.

La gente se despista

Este problema está presente en la jornada laboral de casi todo el mundo, pero para los desarrolladores de software, desviarse puede costar a la empresa
una fortuna.
Puede hacer descarrilar al equipo, el calendario y, a pequeña escala, puede hacer descarrilar el sprint. El problema viene de la combinación de dar la bienvenida al cambio, una perspectiva ágil básica y tener un plan minimalista. Muchos culpan a la falta de procesos de la alta probabilidad de desviarse. Sin embargo, cuando se observan las numerosas metodologías implicadas, Scrum ofrece mucha estructura para los equipos y les ayuda a mantenerse en el camino. Incluso da una ventana de participación para un control horizontal y el equilibrio con el Scrum Master y el Product Owner. Si estás en un equipo que se desvía fácilmente, entonces vuelve a los principios ágiles y
reúnete con todos cara a cara. Enfócate en los aspectos que están desviando al equipo e identifica por qué el equipo se está desviando. Ahora, si eres el Product Owner o Scrum Master, asegúrate de que tu equipo está trabajando de forma
productiva. Vuelve a centrarte en el cliente, no sólo en lo que los elementos cambiantes del entorno tecnológico hacen posible en términos de características. No permitas que el entorno domine la productividad del equipo. Vuelve siempre al principio siete:

la prueba del progreso está en el software que funciona. Ese es el objetivo, un software que funcione.

Deuda técnica

La deuda técnica es un tema candente porque aunque es una desventaja, no es inherentemente algo malo. Hay veces que la deuda técnica es necesaria para demostrar que el equipo debe hacer un cambio o simplemente para hacer avanzar el proyecto. La deuda técnica es comparable a la deuda monetaria y a menudo no se puede pagar. Esencialmente, es alimentar la entropía del software para lograr un objetivo más urgente o resolver un problema más urgente. Hay dos tipos de deuda técnica, y ambos son inconvenientes, pero en ciertos momentos, ambos son partes necesarias del desarrollo ágil de software. Los dos tipos incluyen la deliberada y la inadvertida. La deuda técnica deliberada casi siempre se toma debido a las limitaciones de la fecha de lanzamiento o a las fechas de vencimiento. A menudo el eslogan es: "Lanzaremos ahora y lidiaremos con las consecuencias más tarde". Mientras que la deuda técnica inadvertida, es bien, inadvertida. A menudo pasa desapercibida hasta que alguien del equipo puede identificar la entropía del software. A menudo, si un equipo tiene que preguntar qué miembro del equipo se está encargando de algo, entonces ya tienen deuda técnica inadvertida. Por ejemplo, si alguien pregunta: "¿Quién está haciendo la estratificación?", entonces está claro que algo se pasó por alto o no se planificó durante la planificación del sprint. La mejor manera de evitar la deuda técnica inadvertida es utilizar Kanban o Scrum, aunque ninguno de ellos garantizará que no haya oportunidad de deuda técnica inadvertida.

Aunque Agile tiene sus inconvenientes, no son nada que sea más o menos notable que las desventajas de otros métodos de gestión de proyectos. Como filosofía, por supuesto, hay mucho margen de error. Todo depende de la aplicación y, en forma de Agile, depende de las personas involucradas. Es fácil para cualquiera intervenir y decir que Agile conduce al despilfarro, o que los proyectos Agile tardan demasiado. Sin embargo, hay muchos equipos ágiles que son conscientes del despilfarro y eligen trabajar con la metodología Lean-Agile. También hay muchos equipos que alcanzan su definición de hecho a tiempo, o incluso antes de tiempo. Siempre que se analicen las desventajas de Agile, es vital que se observen los elementos humanos de ese equipo. Entonces podrás decidir por ti mismo si el equipo fue responsable del fracaso del proyecto o si el proyecto fracasó porque Agile no tiene procesos estrictos.

Cómo ser ágil: la ética y los valores del trabajo

Agile es más que una forma de organizar las diferentes tareas que componen un proyecto.

En muchos sentidos, la agilidad es una forma de vida. Es una norma que estableces como director de proyecto y que inspira a los miembros de tu equipo a seguir tu ejemplo.

Nada en agile puede suceder sin una ética de trabajo adecuada y unos valores que se coordinen con el objetivo principal de este enfoque de gestión de proyectos: ofrecer una calidad oportuna y con ahorro de costes, independientemente de lo que se esté construyendo.

Creemos que es muy importante que te familiarices con los valores básicos de la gestión ágil de proyectos. Por eso, la última sección del capítulo en el que se explican los fundamentos ágiles es precisamente esta: una dedicada íntegramente a la ética de trabajo y a los valores que debes adoptar y luego trasladar a tu equipo.

Planificar justo a tiempo

En pocas palabras, la planificación es lo que hacen los gestores de proyectos. Por supuesto, cualquiera que trabaje fuera del espectro de la gestión de proyectos tendrá la tentación de creer que todo lo que hace su gestor de proyectos es balbucear, tantear y luego rellenar algunas hojas de cálculo.

La realidad está bastante lejos de eso, en realidad. Sin duda, una buena planificación es la base de cualquier gestor de proyectos que se precie. Pero más allá de eso, los directores de proyecto tienen que ser grandes psicólogos, tienen que entender los productos, tienen que tener perspicacia comercial y unas cien y una cualidades diferentes que hacen que ellos y sus equipos funcionen con la máxima eficiencia.

La gestión ágil de proyectos comprende el difícil trabajo que tiene un PM y la cantidad de cosas diferentes que hace malabares cada día. Por ello, nació el concepto de justo a tiempo (y su hermano, justo lo suficiente).

La planificación "justo a tiempo" sirve tanto al PM como al equipo. Por un lado, ahorra al PM un tiempo precioso que puede utilizar haciendo un millón de otras cosas (en lugar de planificar en exceso cosas que se perciben como intrínsecamente inestables en ágil). Como gestor de proyectos ágiles/maestro de scrum, tienes que planificar lo justo para que el equipo pueda hacer su trabajo y para que el cliente reciba los entregables con regularidad.

Por otro lado, este concepto también es útil para los equipos. Cuando su PM no planifica en exceso (y potencialmente micro gestiona), los miembros del equipo pueden centrarse en hacer lo que mejor saben, como mejor saben, en el menor tiempo posible.

Es una situación en la que todos ganan, realmente.

No desperdicies

En el mundo moderno, el despilfarro es un problema masivo. Desperdiciamos alimentos, liberamos residuos tóxicos en el agua y desperdiciamos plástico como si fuera lo más sano y ecológico desde las manzanas.

La gestión ágil de proyectos entiende que el despilfarro es un problema enorme también cuando se trata de desarrollar productos.

El concepto de no desperdiciar está estrechamente relacionado con Kanban y, como tal, con las fábricas japonesas. Sin embargo, también puede aplicarse a todo lo ágil.

En la gestión de proyectos, el despilfarro puede adoptar mil formas. Puede consistir en crear más productos de los necesarios (como en las industrias manufactureras). También puede consistir en planificar en exceso y crear más funciones de las que realmente se necesitan (lo que nos remite a la primera regla de la ética laboral descrita en esta sección). Y también puede tratarse de perder el tiempo viendo vídeos de gatos en el trabajo.

Al fin y al cabo, ¿quién necesita crear mil ruedas de coche cuando el cliente ha pedido unas determinadas novecientas? ¿Y quién necesita una plataforma de gestión de redes sociales que permita cambiar el color del fondo?

Desde el "vamos a ponernos guapos" hasta el "vamos a exagerar" y el "voy a desplazarme un minuto más en Facebook", el despilfarro es un problema polifacético en las empresas. Un problema que la agilidad promete disuadir y eliminar paso a paso, minuto a minuto.

Mostrar habilidades de liderazgo

La gestión ágil de proyectos no es una jerarquía de ningún tipo. Sí, algunos de los títulos otorgados por algunos marcos ágiles a los gestores de proyectos pueden parecer pomposos (te estamos mirando a ti, Scrum Master). Sin embargo, en última instancia, son sólo eso: títulos.

Lo más importante es que cada miembro del equipo (incluido el director del proyecto) haga su trabajo e inspire a los demás para que también lo hagan. Además, es absolutamente esencial que el director del proyecto ayude a crecer a todos los miembros del equipo. Esto beneficia a todos: da a los miembros del equipo nuevas perspectivas y les ayuda a sentirse útiles, ayuda definitivamente a la empresa y ayuda al director del proyecto a obtener un nuevo sentido de satisfacción.

Ahí es donde entra en juego el liderazgo. No puedes inspirar y promover un espíritu de crecimiento si tus habilidades de liderazgo están por los suelos. Trabaja en ello de forma continua, regular y activa.

Conviértete en el líder que siempre deseaste tener (si no lo tenías).

Conviértase en la persona a la que la gente admira y pide consejo. Pero lo más importante es que animes a todos y cada uno de los miembros del equipo a ser también líderes: a ayudar a los demás, a inspirarlos, a ayudarlos a crecer.

El liderazgo es como la bondad: es un valor transferible, casi contagioso. Una vez que se transmite, se convierte en un ciclo interminable de éxito a todos los niveles.

Sea honesto

Lo que más nos gusta de la agilidad es que fomenta un entorno de confianza. Crea el tipo de equipos a los que realmente les gusta trabajar juntos. Es más, en muchos casos, la confianza entre los

miembros de los equipos ágiles se expande más allá de los límites de la oficina y crece hasta convertirse en verdaderas amistades.

Es maravilloso ver que esto ocurre. Y sí, sabemos que es una utopía contar con un equipo que realmente sepa funcionar en conjunto.

Sin embargo, nada de esto sería posible sin la honestidad. Este valor funciona en todos los niveles del enfoque de gestión ágil de proyectos, como un pegamento destinado a mantener todo unido: PMs, miembros del equipo, tareas y partes interesadas por igual.

Desde ser honesto con tus estimaciones como parte del equipo hasta los standups diarios en los que todo gira en torno a la franqueza y la honestidad, este valor se expande en todo lo que representa la agilidad.

Y ¡oh, cuánto puede beneficiar a todos!

Compromiso

En cierto modo, es bastante inapropiado decir que los PM ágiles gestionan equipos.

Los equipos se gestionan a sí mismos, y esa es la magia de la gestión ágil de proyectos en sí misma.

Además de la honestidad, todos y cada uno de los miembros del equipo deben mostrar su compromiso con el proyecto, con el equipo, con los objetivos del proyecto y con los valores de la agilidad en sí misma.

No se puede ser auto motivado, auto gestionado y proactivo si no puede comprometerse con los valores en los que realmente cree, si no puede

comprométase a hacer lo que dice que va a hacer, si no puede comprometerse con el autodesarrollo.

Mantener la sencillez

Tanto una regla de ética laboral como un principio básico real de la agilidad, la simplicidad es el punto de partida.

Cuando la agilidad estaba todavía en sus inicios, la gente inteligente se dio cuenta de que complicar todo tiende a ser, bueno, complicado. Tiende a absorber energía, tiempo y dinero. Y lo que es peor, suele llevar a procesos de desarrollo largos y casi interminables que acaban de forma anticlimática: con productos mal hechos.

Por otro lado, la sencillez desborda y repercute en todo, y permite que todo responda de la misma manera: facilitando las cosas.

Ya hemos hablado de simplificar las historias de usuario y las tareas, así que no nos detendremos en ello. Sin embargo, lo que sí queremos destacar es que el mismo concepto de simplicidad debe aplicarse en todo lo que hagas: cómo hablas con los miembros de tu equipo, qué esperas de ellos y, en última instancia, lo directo que eres sobre lo que realmente quieres de ellos cuando las cosas van mal.

Dar prioridad a

Vale, esto puede ser un poco ambiguo. Todos los gestores de proyectos priorizan, es parte de la descripción del trabajo.

Sin embargo, en la metodología ágil, priorizar las tareas es aún más importante, porque hacerlo mal podría significar que no se puede entregar un software viable.

Más allá de la aplicación real de la "priorización" en la forma de asignar las tareas, el término debería incluirse también en su conjunto de valores.

¿Qué es más importante, echar la culpa o encontrar una solución? ¿Enfadarse o encontrar la raíz del problema? ¿Hacer hojas de cálculo de mil colores o crear procesos fluidos que permitan a las personas comunicarse y cumplir?

Seguro que ya conoces las respuestas ágiles a estas preguntas.

Respetar

Ninguno de los valores mencionados hasta ahora significa nada sin respeto.

No se puede tener honestidad, no se puede evitar el despilfarro y no se puede proyectar capacidad de liderazgo si no se tiene respeto por:

- Todos y cada uno de los miembros de su equipo, desde el más joven hasta el más veterano.
- Su proyecto y los objetivos que pretende alcanzar.
- Su cliente/partes interesadas.
- Su organización y su dinero.

Si la honestidad es el pegamento de su enfoque de gestión ágil de proyectos, el respeto es el pulido que hace que todo brille y fluya sin problemas.

Obviamente, estos son sólo algunos de los valores que creemos que debes incorporar a tu vida laboral como PM ágil. Cuando proyectas estos valores en el mundo, ocurren cosas buenas, tanto a nivel profesional como personal. Te vuelves mejor, creces, empujas las cosas más allá, y ayudas al mundo entero a ser un poco mejor entregando un producto que, en última instancia, ayudará a otros, de una manera u otra.

Lleva estos valores contigo por la noche cuando te vayas a dormir y rebobina tu día de trabajo. Ajústalo y cámbialo según sea necesario. Nadie lo hace bien la primera vez, ni siquiera las primeras cien veces. Y nadie es impecable.

Pero mientras tengas algo a lo que aspirar, tus habilidades de gestión de proyectos ágiles estarán en un camino continuo hacia el verdadero éxito.

La autenticidad de la gestión ágil

Los rasgos distintivos de la gestión ágil de proyectos son los que impulsan a tener un equipo de personas ágiles y que puedan poner en práctica con éxito esta técnica de gestión.

Iteraciones de longitud fija

Las metodologías de gestión ágil se estructuran en torno a iteraciones (también conocidas como hitos) que tienen una duración determinada y están formadas por características que deben completarse.

Las iteraciones deben durar entre 2 y 4 semanas y el resultado de cada iteración debe ser un software que esté listo para ser probado, que funcione actualmente y que esté listo para ser entregado al cliente. Una iteración debe ser un flujo constante de tareas que se unen para crear características que se convierten en software de alta calidad. Las iteraciones ayudan a un Equipo Scrum a sentir que cada hora y cada día cuenta hacia el objetivo final del proyecto.

Software probado

Los equipos ágiles nunca entregan software que no sea el mejor. Cualquier software que salga de la oficina de un equipo ágil debe funcionar lo mejor posible y debe haber sido probado.

Los programas informáticos nunca deben salir al mercado si no han sido probados previamente.

De hecho, debería haberse probado en todas las fases de desarrollo. Las pruebas constantes permiten a un equipo saber que su software funciona y crea confianza, concentración y miembros del equipo comprometidos; desde los gerentes hasta los programadores y todos los demás.

Orientación al valor

Los proyectos que asume un equipo ágil siempre deben estar orientados al valor. Si no aporta valor al cliente, no es una característica que deba incluirse en un programa. El producto no sólo debe

ser valioso, pero también debe ser entregado de forma consistente.

Nunca debe producirse una iteración en la que la calidad de los entregables de valor no sea percibida por un cliente. Aunque haya que hacer un ajuste, los entregables de valor deberían salir siempre de un equipo de forma consistente.

Planificación adaptativa

Ese plan no es el fin de todo, y a medida que las circunstancias cambian, también debería hacerlo el plan. Un plan anticuado nunca es bueno, especialmente en el desarrollo de software. Los equipos deberían recibir actualizaciones de la planificación de forma constante para poder delegar adecuadamente y lanzar las características correctas para cada iteración.

Planificación a varios niveles

La planificación nunca debe limitarse a lo que ocurre en el momento actual. Debe tener lugar en dos niveles: lo que estamos haciendo ahora y lo que haremos en el futuro. Sin embargo, también hay que planificar la siguiente iteración sobre la marcha. Hay que pensar en qué características serán prioritarias en el futuro. El corto plazo puede ser importante, pero nunca hay que planificar sólo lo que está en el corto plazo. Su próxima iteración se le acercará rápidamente y debería estar preparado o al menos tener algunas ideas que pueda hacer circular. Los proyectos de gestión ágil son rápidos y es necesario planificar con antelación para cumplir con los rígidos plazos.

Estimación relativa

Las estimaciones pueden ayudar a mantener al equipo en el buen camino y mostrar qué características pueden necesitar ser divididas en más tareas. Por ejemplo, una función media debería tardar un día en completarse y puede hacerlo entre 4 horas y 2 días. Si se estima que una función tardará más de 2 días, puede ser necesario dividirla en tareas más pequeñas y manejables.

Pruebas continuas

Los defectos, los errores y los fallos pueden evitarse fácilmente en cada fase con las pruebas. Muchos proyectos tradicionales de gestión en cascada tienen una fase de "prueba y corrección".
Antes de la publicación, el equipo debe probar su programa y corregir cualquier fallo o error. Sin embargo, la gestión ágil permite que las pruebas se realicen en todas las fases del desarrollo, de modo que los errores se detecten a tiempo en lugar de al final del proyecto. Esto acelera el proceso de pruebas y puede ser más eficiente que el método de "probar y arreglar", tan popular en el mundo del software.

Conclusiones sobre Agile

Hace unos años, cuando surgió la gestión ágil de proyectos, surgió una gran demanda en el mercado. Había una urgencia por adoptarla lo antes posible para aquellas organizaciones que la utilizaban como prueba y tenían éxito en la realización de sus proyectos de forma más eficaz que sus competidores. A medida que la tecnología avanza, se producen cambios en los procesos y toda la organización tiene que pasar por estos cambios a los que algunas personas pueden resistirse. Los cambios en los procesos de una organización pueden hacer que algunas personas dejen su trabajo, pero si desean aceptar los retos no hay nada que una persona no pueda aprender.

Las técnicas y métodos que se incluyen en este libro le ayudarán a llevar a cabo un proyecto con gestión ágil, incluso si es la primera vez que lo intenta. Todas las empresas más exitosas del mercado siguen actualmente la Gestión Ágil de Proyectos, dependiendo de sus propios géneros en los que destacan.

Si las organizaciones no adoptan los cambios, puede ser difícil que sobrevivan, debido a las demandas de los clientes, que cambian cada día. Una organización debe modificarse para satisfacer estas demandas, ya que el mercado se ha convertido en algo orientado al cliente y es necesario que éste quede satisfecho con su servicio. Satisfacer las necesidades del cliente es un factor crítico para el éxito en un mercado competitivo. Si no ofrece algo que el cliente necesita, habrá otra empresa similar que lo haga y el cliente se dirigirá a ella para obtener los servicios que desea y necesita.

El siguiente paso es averiguar cómo aplicar esta metodología en su propia empresa. Hemos hablado de muchas de las ventajas de utilizar el método ágil e incluso de algunos de los retos que puede encontrar en el camino. Lo primero en lo que tendrá que concentrarse es en la gestión y asegurarse de que están a bordo y listos para trabajar con este sistema. Una vez que todo el mundo esté de acuerdo y preparado para utilizarlo, será infinitamente más fácil implantar esta metodología también en su empresa.

A primera vista, la gestión ágil de proyectos puede parecer confusa. Puede parecer que exige que deseches todas tus viejas habilidades de gestión y adoptes otras nuevas. Pero una vez que se profundiza, se aprende que la gestión ágil no consiste en eso. Al adoptar la gestión ágil, haces una declaración de atención y compromiso no sólo con tus empleados, sino también con tus clientes. Al adoptar prácticas ágiles, le dices a un cliente que el valor y la calidad de su trabajo importan. Les muestras que su aportación es importante y que lo que ellos quieren, en última instancia, está por encima de lo que un equipo pueda querer hacer. Los empleados de un equipo ágil verán que se tienen en cuenta sus ideas y las tareas e instrucciones ya no se "pasarán de boca en boca". En su lugar, los miembros del equipo formarán parte de pequeños equipos que delegarán tareas entregadas directamente por el cliente. Aprenderán a confiar en los miembros de su equipo y formarán un vínculo que les permitirá trabajar con diligencia, eficacia y rapidez; proporcionando un trabajo de alta calidad en una fracción del tiempo que lo haría un sistema de gestión en cascada.

La gestión ágil es el estilo de gestión del futuro. Aunque no funciona en todas las empresas, muchas que lo ponen en práctica tienen éxito. Con esta guía, ya sabes que tienes todo lo que necesitas para implantarlo en tu empresa y con tu equipo.

¿Qué es Scrum?

Podemos decir que la actitud aceptada sobre el desarrollo de sistemas es que estos procesos son muy entendidos. La filosofía que subyace es que todo enfoque puede y debe ser planificado. Todo acto puede calcularse, estructurarse y aplicarse eficazmente. Sin embargo, la práctica dice lo contrario. Por otro lado, la creencia básica detrás de Scrum es que el sistema es impredecible y que el desarrollo es complicado. Por ello, Scrum se basa generalmente en su definición del sistema en la progresión global y no en un proceso predecible. Según Scrum, el desarrollo del sistema es un conjunto de actividades sueltas. El desarrollo combina técnicas viables que conocemos y herramientas que pueden ser utilizadas por los equipos de desarrollo. Además, estas herramientas son ideadas por los equipos para construir los sistemas deseados. Scrum sugiere que las actividades sueltas impiden una gestión precisa. Por ello, los equipos deben estar dispuestos a asumir cierta cantidad de riesgo. Dicho esto, Scrum representa una especie de mejora para los ciclos de desarrollo orientados a los objetos.

Historia de Scrum

Las prácticas que se consideran lo mejor de Scrum han evolucionado a lo largo de las décadas. También han cambiado. En los primeros papeles, Scrum era simplificado y algunas empresas como Patient Keeper no tenían la fase de cierre del proyecto a finales del siglo XX. Al principio, Scrum tenía que pasar muchas pruebas para lograr la aceptación. Estas pruebas junto con la formación y otra documentación formaban parte del llamado Sprint que es una de las secciones de Scrum. Después, el marco de trabajo de Scrum fue producido y vendido a muchas empresas.

En ese momento, la demo de Scrum se convirtió en un marco avanzado con una gran red de usuarios. Algunos dicen que se convirtió en un sistema vivo que implementó variaciones avanzadas de Sprint. Los principios y prácticas avanzadas de Scrum se han puesto en un curso.

Este curso se llama "Certified Scrum Master" y es una de las principales herramientas de formación. Fue desarrollado por el primer equipo de Easel Corporation que utilizó este marco. El Certified Scrum Master se hizo oficial en 1993. Consta de varias categorías como iteraciones mensuales, sprints, reuniones con tres preguntas diarias, etc. Este primer Scrum Master no sólo tenía backlogs e impedimentos adicionales, sino que también implementó los principios de ingeniería de eXtreme

Programming unos años antes de que el conocido Kent Becks codificara XP.

El primer documento oficial sobre Scrum fue escrito en 1995 por Jeff Sutherland. Fue uno de los conferenciantes en las conferencias OOPSLA. Sutherland estaba organizando una serie de talleres sobre el diseño de objetos de negocio, y fue el principal conferenciante en las implementaciones de Ken Schwaber de esos diseños entre 1995 y 2000.

La primera ponencia sobre Scrum se publicó para la conferencia anual OOPSLA'95. Jeff Sutherland tuvo la oportunidad de observar el funcionamiento del primer Scrum. Más tarde, estableció los principios básicos para su funcionamiento.

Incluso ahora, el escrito de Sutherlands sigue siendo una de las ponencias más importantes y más populares de los talleres de OOPSLA. La ponencia original sobre Scrum puede encontrarse en el sitio web de Jeff Sutherlands: http://jeffsutherland.com/Scrum.

La compleja teoría de Scrum se introduce junto con la diferencia entre el proceso empírico y la predicción. Esta distinción es importante porque las empresas son complejas. Representan sistemas adaptativos, al igual que los programas informáticos que las dirigen. Algunos expertos comparan las empresas con los sistemas biológicos. La complejidad y la velocidad de los cambios y las adaptaciones son similares.

Es como la evolución de un sistema vivo. Sin embargo, la existencia artificial es más flexible y más rápida de adaptar. Su flexibilidad aumenta proporcionalmente con el caos. Necesitamos procesos empíricos para prevenir y controlar el comportamiento caótico y no deseado. Sutherland cree que ésta es la esencia de Scrum. El líder de este primer proceso empírico en la práctica real de Scrum fue Mike Beedle. Él estableció los patrones de elaboración y organización junto con el Jeff Sutherland - el autor del documento, y Ken Schwaber

Información adicional sobre los principios básicos de Scrum se describió en los documentos posteriores de Mike Beedle y Ken Schwaber. Estos documentos se llaman "Agile Development with Scrum". Las contribuciones de Jeff Sutherland se añadieron en un volumen llamado "Agile Can Scale: Inventing and Reinventing Scrum in Five Companies" En los últimos 15 años, Ken Schwaber trabajó como consultor de Scrum en varias empresas, mientras que Sutherland realizaba investigaciones en al menos cinco.

Las mayores empresas que utilizó para su investigación de Scrum son IDX, Easel, Patient Keeper, VMARK e Individual. Schwaber y Sutherland continuaron probando y evolucionando Scrum juntos a lo largo de los años. Una de las cosas que más les interesaba era la hiperproducción de equipos. Esto ocurrió también con el primer Scrum. Ellos creían que la hiperproductividad está relacionada con la estructura de despliegue en los equipos de Scrum. También depende de la madurez de las etapas que se implementan en la estructura del equipo.

Ventajas y beneficios

Si Scrum se aplica correctamente utilizando los procesos y reglas adecuados, puede aportar muchos beneficios a un proyecto y dar lugar a la entrega de un producto de alta calidad en un plazo aceptable.

Beneficios clave de Scrum

- Mejora de la moral del equipo.

- Mejores relaciones con los clientes.

- Sistemas y productos de mayor calidad.

- Una mayor tasa de productividad significa que los clientes ven los resultados más rápidamente.

- Los costes se mantienen bajos

- Mayor adaptabilidad de los productos a los requisitos de cambio.

- Mejor alcance para las actualizaciones de productos o sistemas y las mejoras continuas.

- Menos riesgo de fracaso del proyecto que los marcos convencionales.

Marco y principios

1. Se centra en las necesidades del cliente

Scrum se centra en las necesidades del negocio, los usuarios y los clientes. Los productos o sistemas se construyen en torno a la información que se obtiene de las partes interesadas. Involucrar a los clientes desde el principio de un proyecto hace que se sientan involucrados y les da una razón para invertir en él.

Por ejemplo, si a una persona se le dice: "Esto es lo que vas a tener", siente que se le está imponiendo algo.

El sistema o el programa informático no obtendrá la misma respuesta que si se incluyera desde el principio y antes de la introducción del sistema: "Queremos introducir un sistema para... o ¿cómo podemos mejorar el sistema actual?".

Dar a conocer el sistema al público tiene como objetivo la posibilidad de incorporar sus ideas, necesidades y deseos, y les muestra que su opinión importa. Las personas que van a utilizar el producto se sienten más implicadas en él y, por tanto, serán más abiertas y complacientes con él cuando se ponga en marcha.

Esto también conduce a que los clientes estén más satisfechos, ya que pueden ver cómo se desarrolla el producto, ya que se les pide que prueben y den su opinión sobre cada iteración a medida que se termina.

2. Propietario de producto dedicado

El Scrum Product Owner está constantemente involucrado tanto con los interesados como con el equipo de Scrum. Se asegura proactivamente de que no haya cambios de última hora en la lista de deseos, y si los hay, se asegura de que lleguen al Product Backlog a tiempo para el Scrum diario.

3. Funciones y responsabilidades

Los equipos son más pequeños y se les anima a asumir la propiedad y la responsabilidad de su parte del desarrollo. Tienen que auto gestionarse y asegurarse de que su jornada se planifica de forma adecuada para poder informar sobre su progreso en cada Scrum diario. También pueden elegir en qué parte del proyecto o "historias de usuario" trabajan.

Dado que cada hora del día está bien gestionada y "encasillada", se garantiza que el proyecto se mantenga en marcha y que no haya miembros del equipo agotados por tener que trabajar horas extra para ponerse al día. Si un Sprint no va por buen camino, la carga de trabajo diaria se reajusta, y si un miembro del equipo tiene problemas, los demás miembros del equipo colaborarán para asegurarse de que completa su tarea.

Tienen un Scrum Master dedicado que es el director del proyecto que se asegura de que todas las necesidades de sus equipos de proyecto se están cumpliendo.

Es responsable de asegurarse de que su trabajo está en marcha, de resolver cualquier problema y de proporcionar al equipo Scrum las herramientas y la información necesarias para que tengan éxito en las tareas asignadas.

4. Scrum diario

El Scrum Diario es una reunión diaria de 15 minutos en la que el equipo pone al día al Scrum Master, al Product Owner y, a veces, a los Stakeholders sobre el progreso del día anterior. Aquí es donde llegan a informar sobre todo lo que salió bien y todo lo que salió mal, sus preocupaciones, problemas, etc.

Es el deber del Scrum Master asegurarse de que todas estas cuestiones se abordan de manera eficiente y adecuada con el fin de garantizar que el proyecto se mantiene en la pista y el equipo está feliz.

5. Sprints

El Propietario del Producto reúne todos los requisitos del cliente y produce un Backlog que se prioriza y se divide en lo que se llama Sprints. Los sprints son piezas del proyecto compuestas por características que funcionan juntas para formar una sección del sistema.

Por ejemplo, en un sistema ERP, podría ser la sección de la base de datos de clientes en la que la empresa querría ver una recopilación de todas las credenciales de sus clientes, los

detalles de pago y mantener un historial de los pagos. El equipo de desarrollo considera que ésta es una parte importante del software, ya que es la información que la empresa necesita para cobrar. Por lo tanto, este puede ser el primer módulo de trabajo que comiencen.

El equipo examinará todo el trabajo necesario para crear este módulo, las características, cómo se integra con otras partes del software, etc. A partir de ahí, pueden incluso dividir el módulo en sprints más pequeños si el trabajo necesario tarda más de 30 días en completarse.

Los sprints tienen una caja de tiempo, lo que significa que tienen un número determinado de días en los que deben ser completados. Este método distribuido significa que un proyecto puede medirse fácilmente para asegurarse de que se mantiene en el camino si se ha desviado, es más fácil de arreglar por Sprint que en su conjunto.

Esto también reduce las posibilidades de que los desarrolladores tengan que trabajar mucho tiempo después para asegurarse de que están al día y de que se han realizado todos los cambios.

El marco de trabajo de Scrum se enmarca dentro de los métodos ágiles de gestión de proyectos. Puede funcionar eficazmente por sí solo o puede combinarse con otros marcos ágiles como XP, Lean, Kanban, etc., para adaptarlo a las distintas necesidades empresariales.

Entender Scrum

Entonces, ¿para qué sirve exactamente Scrum? ¿Para qué se puede utilizar y por qué utilizarlo? ¿Cuál es el propósito, y es incluso vale la pena usarlo?

Hay varias razones para utilizar Scrum y su implementación en su negocio es definitivamente una idea inteligente. Piense en el factor de competitividad. El mercado cambia más y más rápido cada día, y sólo aquellos que son flexibles y contemporáneos pueden seguir el ritmo. Usando Scrum, una persona puede seguir siendo competitiva y crear una ventaja única para sí misma. Y lo mejor es que no es una moda no probada. Es un marco ágil sólido y exitoso que ha sido probado una y otra vez en varios proyectos y equipos. Las universidades lo utilizan para entregar proyectos a los clientes. Los militares confían en Scrum para preparar sus barcos para el despliegue. Incluso en el mundo de la automoción, ¡se está construyendo un coche utilizando Scrum! Y no cualquier coche; uno que es rápido, asequible, eficiente, seguro y que debería venderse por menos de 20.000 dólares.

Scrum también permite el desarrollo de características y da al cliente la capacidad de permanecer involucrado. El cliente es capaz de recibir versiones de trabajo a lo largo del proceso, ver el progreso que se está haciendo, e incluso añadir nuevas ideas si es necesario.

Todo esto es importante porque esperar hasta el final del proyecto para mostrárselo al cliente podría ser un gran error.

Puede que odien la versión final y pidan una revisión completa, lo que supone una pérdida de tiempo y dinero. Piénsalo así: si te cortan el pelo, ¿observas el proceso de tu estilista o cierras los ojos hasta que todo haya terminado? A no ser que quieras que te sorprendan y no te importe el resultado final, lo normal es que estés pendiente de lo que hace el estilista. Si empieza a cortarte el pelo demasiado corto o a teñirlo de un color raro, hablas y le pides que se detenga o que lo vuelva a hacer. No quieres acabar con un pelo horrible que odias. El uso de Scrum Agile Framework es todo acerca de la transparencia; una visión clara para todos los involucrados. También permite que todas las partes interesadas estén informadas, lo que ayuda específicamente a descubrir los puntos débiles y hace que el trabajo en equipo sea más eficaz. Scrum permite a todos en el bucle durante un proyecto, lo que significa que hay menos errores a cometer.

La calidad también juega un papel importante en Scrum. Las pruebas son algo que ocurre en cada Sprint, lo que significa que ocurre a menudo; ¡generalmente a diario! Hacer esto asegura la calidad de cada producto desde el principio y permite que los problemas sean reconocidos y arreglados a tiempo y con prontitud.

También ayuda con los costes, algo que a todas las empresas les gusta oír. Cada proyecto suele tener un periodo fijo, lo que significa que hay un coste definitivo y que no aumentará. Y aunque el esfuerzo y los pequeños detalles pueden cambiar a lo largo del proceso, el coste siempre será el mismo, ya que el periodo de un proyecto es definitivo.

Algo que al cliente le encantaría de Scrum es que los cambios son siempre bienvenidos. Pueden ser mostrados al Product Owner en cualquier momento, que luego sigue con ellos en la siguiente reunión del Sprint. El Product Owner informa al Equipo Scrum, que luego implementa los cambios tan pronto como el día siguiente. Hacer esto ayuda al cliente a obtener el producto que desea, y un cliente feliz siempre es bueno para la empresa.

Implementación de scrum

Scrum también puede ayudar a mejorar las habilidades de comunicación y la creatividad. Involucra a todos dentro del proyecto y requiere una fuerte comunicación, colaboración, respeto y comprensión. Un proyecto exitoso se construye a partir de lo que el cliente requiere y lo que el equipo desarrolla, y Scrum puede ayudar a hacer cumplir ambos.

Los miembros del equipo Scrum se benefician especialmente de la adquisición de habilidades de comunicación.

Desarrollan estas habilidades por etapas, y al final del proceso son capaces de comunicarse con eficacia. Esto puede utilizarse tanto en la vida profesional como en la personal.

El desarrollo de sistemas complejos y proyectos extensamente largos puede ser difícil y muy frustrante. Afortunadamente,

Scrum puede ayudar con la planificación exacta necesaria para este tipo de proyectos, lo que permite la integración de nuevas funcionalidades y una nueva forma de pensar. El uso de Scrum ayudará a que las cosas funcionen sin problemas y no permitirá una terrible constatación al final del proyecto de que algo ha ido mal. Básicamente agiliza el proceso y lo hace mejor para todos los involucrados.

También hay varios casos en los que Scrum puede ayudar a un negocio de manera muy específica. Después de todo, tal vez su negocio está haciendo bien, y usted piensa que no necesita un cambio. Sin embargo, considere esto - las organizaciones que implementan Scrum experimentan cambios en la cultura de sus empresas. Se vuelven más orientadas al equipo, más orientadas al valor, y dan más valor a los propios clientes. ¿Preferirías trabajar para una empresa que sólo se preocupa por los beneficios, o trabajar para una que se preocupa más por su gente? Las empresas que utilizan equipos Scrum se convierten en equipos de alto rendimiento y muestran resultados mucho más altos que los equipos normales.

¿Qué pasa con el otro lado de las cosas? En lugar de un negocio que está haciendo bien, digamos que hay una organización que podría estar en problemas profundos, pero están dispuestos a adoptar el sistema Scrum. La adopción de un nuevo sistema sacude a la empresa, y permite una nueva cultura, proceso y ambiente de equipo, que luego ayuda a la empresa a salir de los problemas. La empresa cambia por completo, y la gente realmente quiere empezar a trabajar allí. Lo más importante de este escenario es que la empresa está dispuesta a admitir que realmente necesita la ayuda. A veces las organizaciones no les gusta admitir que hay cosas mal, lo que conduce a cosas malas para el negocio. Usando Scrum, pueden volver a sus pies, y volver a donde les gustaría estar.

Otra forma en que Scrum puede ayudar a un negocio es cuando hay una pequeña empresa que tiene un estado de alto rendimiento, pero está luchando para mantener dicho alto rendimiento cuando también están tratando de crecer al mismo tiempo. Ellos pueden implementar fácilmente Scrum en su organización, y ayudará inmensamente a equilibrar las cosas. Scrum puede ayudar a la línea de vapor de su producción para que no estén tan abrumados con todo a la vez. La organización ayuda inmensamente y hace que parezca que las cosas son más fáciles de lograr.

Ciclo de sprint

Reunir a un grupo de personas para lograr algo tan sofisticado como el proceso Scrum puede ser una tarea difícil. Es necesario asegurarse de que todo el mundo está trabajando hacia un objetivo común, y requiere un proceso específico llamado el Proceso de Desarrollo del Grupo. Este proceso es un programa de 5 pasos que asegura que el equipo Scrum sea lo más exitoso posible. Las primeras 4 etapas (Forming, Storming, Norming, y Performing) fueron desarrolladas por Bruce Tuckman en 1965. Tuckman dijo que estas etapas son necesarias para que el equipo Scrum crezca y que el uso de este proceso les ayuda a enfrentar los desafíos, abordar los problemas, planificar el trabajo, encontrar soluciones, y entregar los mejores resultados posibles. Tuckman más tarde añadió en la quinta etapa final (Aplazamiento) en el año 1977. Es interesante observar que, específicamente en el desarrollo de software ágil, los equipos mostrarán un comportamiento llamado "enjambre". Este es un comportamiento que se muestra cuando el equipo se reúne, colabora y se concentra en resolver un problema singular. Este comportamiento es una adaptación de cuando un enjambre de insectos se concentra en un evento común, como un enjambre de avispas que ataca a una persona porque ésta decidió que sería prudente golpear el nido de avispas con un bate de béisbol. El uso del método del Proceso de Desarrollo en Grupo conduce a la madurez y a un Equipo Scrum altamente eficiente. Es necesario recordar que a veces un proceso como este puede llevar tiempo. La mayoría de las empresas están más preocupadas por los resultados inmediatos y saltar a las tareas de inmediato, sin pensar en lo importante que es la construcción del equipo. El uso de un método como este conducirá a impactos positivos y al éxito del Equipo Scrum.

1. **Etapa de formación** - Es muy importante para que el Equipo Scrum tenga un comienzo exitoso. Esta etapa se utiliza para que los miembros del equipo se conozcan entre sí y descubran diferentes cosas que tienen en común. La utilizan para conectarse de una manera que les permita trabajar juntos sin problemas. Si se salta este paso, el equipo puede tener dificultades para avanzar en las etapas posteriores del proceso. Una forma de que el equipo se conecte entre sí es haciendo divertidas actividades para romper el hielo. Los miembros del equipo pueden compartir información personal: las películas que les gustan, su música favorita o sus comidas preferidas. Es posible que haya otro miembro del equipo al que le gusten las mismas cosas, lo que les ayudará a conectar entre sí. Además, durante esta etapa, los miembros del equipo confían en un líder de grupo para que les guíe y dirija. Los miembros buscan la aceptación del grupo y quieren sentir que es un "espacio seguro". Buscan que las cosas sean sencillas y quieren evitar la controversia,

lo que significa que se evitan los típicos temas y sentimientos serios. La orientación también juega un papel importante en esta etapa. Los miembros del equipo intentan orientarse más no sólo entre ellos, sino también en las tareas. Normalmente, las discusiones giran en torno a averiguar el alcance de cada tarea, cómo enfocarla y otras preocupaciones similares. Para que los miembros del equipo pasen de esta tarea a la siguiente, deben salir de su caja de confort y arriesgarse a la posibilidad de conflicto.

2. **Etapa de asalto** - Asalto es un nombre adecuado para esta etapa. En ella es más probable que surjan conflictos y competencia. El "miedo al fracaso" o el "miedo a la exposición" pueden entrar en juego y aumentar el deseo de clarificación estructural y compromiso. Los miembros cuestionarán quién va a estar al mando, quién es responsable de qué, cuáles son las reglas, el sistema de recompensas y cuáles son los criterios de evaluación. Puede que incluso se produzcan cambios de actitud basados en cuestiones de competencia. Los miembros del equipo pueden aliarse con otros miembros del equipo, especialmente con los que ya están familiarizados. Incluso es posible que se formen camarillas, a las que algunos de los miembros del equipo se opondrían. Algunos miembros podrían sentirse más cómodos

hablando, mientras que otros sentirían que es mejor permanecer en silencio. Podría terminar con el Equipo Scrum sintiéndose dividido y no como si fueran un equipo. Es importante averiguar los diferentes estilos de trabajo y otros obstáculos que se interponen en el camino del grupo para completar su objetivo. La mejor manera de resolver los conflictos es a través de un enfoque basado en la colaboración y la resolución de problemas. Es la única manera de que los miembros del equipo se unifiquen y trabajen juntos. La única razón para saltarse un paso como este es si el Equipo Scrum ya está establecido y ha estado trabajando juntos durante un tiempo. Es posible que ya conozcan el estilo de trabajo de cada uno y ya estén unidos como equipo. Si este paso es necesario, entonces la única manera de que el equipo Scrum pase al siguiente es adoptando una mentalidad de resolución de problemas. Y el rasgo más importante que debe tener cada miembro es la capacidad de escuchar.

3. **Etapa de normalización** - Esta etapa tiene que ver con la cohesión dentro del grupo. Es importante que cada miembro reconozca las contribuciones de los demás, la creación de una comunidad y el intento de resolver los problemas del grupo. Los miembros del equipo deben estar dispuestos a cambiar sus

ideas y opiniones previas cuando se les presenten hechos de otros miembros del equipo. Esto debe ir acompañado de la formulación de preguntas a los demás. El equipo reconoce que el liderazgo es compartido y que no es necesario que haya camarillas. Que todos los miembros se conozcan y se identifiquen es importante para reforzar la confianza, lo que contribuye al desarrollo del grupo como unidad. También es importante tener reglas establecidas para el funcionamiento del equipo en cada reunión. Los miembros del equipo deben discutir la logística, como el lugar de la reunión, la duración de la misma y la hora de inicio. Tienen que hablar sobre cómo fluirá la reunión y qué hacer si surgen conflictos. La inclusión juega un papel importante dentro del Equipo Scrum. Cada miembro del grupo necesita sentir que pertenece, para que realmente participe en todas las actividades. El objetivo principal es encontrar un conjunto de reglas que todo el mundo puede estar de acuerdo, y luego realmente seguir. Esto ayudará al equipo a funcionar lo mejor posible. El grupo tendrá una sensación de camaradería y casi un sentimiento de alivio cuando se resuelvan los conflictos interpersonales. En esta etapa específica, la creatividad es alta; hay una sensación de apertura y de compartir información, tanto a nivel personal como de tareas. Todo el mundo se siente bien al formar parte de un grupo que consigue hacer las cosas. El único inconveniente en esta etapa es que los miembros se resisten a cualquier tipo de cambio, y los que temen la inevitable ruptura futura del grupo. Pueden decidir que la única forma de evitar dicha ruptura es resistirse a formarlo en primer lugar.

4. **Etapa de ejecución** - No todos los grupos alcanzan esta etapa. Si la han alcanzado, el grupo ha formado un equipo muy unido que confía en los demás y está preparado para realizar las tareas con eficiencia y eficacia. Los miembros del equipo son capaces de trabajar de forma independiente, en subgrupos o como el grupo en su conjunto con igual productividad. Las funciones de cada uno pueden cambiar y ajustarse en función de las necesidades del grupo y de los individuos. Esta es la etapa en la que el grupo es más productivo. Cada miembro individual se ha vuelto seguro de sí mismo y siente que no es necesario buscar la aprobación del grupo. Los miembros del equipo están orientados tanto a las tareas como a las personas. Hay un cierto sentimiento de unidad y. La moral del grupo es alta, la lealtad del grupo es fuerte, y todos saben quiénes

son como grupo. Los productos en los que trabaja el Equipo Scrum pueden cambiar con el tiempo, por lo que hay un fuerte sentimiento de apoyo a la experimentación en la solución de problemas. El equipo es capaz de trabajar juntos lo suficientemente bien como para adaptarse y aceptar ese cambio. Todo el mundo sabe que el objetivo general es la productividad alcanzada a través de la resolución de problemas y el trabajo duro. El rendimiento también es mejor si el equipo sigue las reglas establecidas en la Etapa de Normalización porque se utiliza para resolver conflictos personales. Si se produce una situación de este tipo, el equipo tendría que revisar las reglas y hacer cumplir lo que el equipo decidió originalmente.

5. **Etapa de aplazamiento** - Esta etapa no formaba parte originalmente del proceso y se añadió en años posteriores. Pero el hecho de que se haya añadido posteriormente no significa que sea menos importante. En este momento, el equipo ha cumplido con la visión del proyecto. Mientras que los aspectos técnicos están hechos, el equipo necesita comprobar las cosas a un nivel más personal. Tienen que reflexionar sobre cómo han trabajado juntos como equipo y ver si hay alguna mejora que se pueda hacer. El equipo también

reconoce la participación y los logros. También pueden aprovechar la ocasión para despedirse personalmente. El equipo ha trabajado estrechamente en un proyecto intenso. Es importante concluir las cosas a nivel personal, ya que de lo contrario podría haber una sensación de incompletas. ¿Y si el equipo vuelve a reunirse en futuros proyectos? Es importante que discutan el proceso y las metodologías que tuvieron éxito y las que fracasaron. El equipo puede repasar y decidir si hay algo que se pueda salvar con un pequeño cambio. La información recopilada durante este tiempo podría incluso utilizarse para las evaluaciones de rendimiento. Por eso, es importante que el equipo se tome en serio esta etapa.

A veces puede ser difícil seguir las etapas. Puede haber una persona que sea especialmente testaruda, o tal vez algunas personas no trabajen especialmente bien con otras. Para que el grupo alcance su mejor potencial, debe ser lo suficientemente flexible como para aceptar cuándo necesita ayuda. Hay algunos pasos diferentes que un grupo puede dar para asegurarse de que se desarrolla adecuadamente a través de las diferentes etapas:

1. El grupo debe asegurarse de cambiar la responsabilidad del facilitador del grupo. Cada persona debe tener la oportunidad de estar "a cargo" y esto crea un sentimiento de inclusión e igualdad.

2. El objetivo y la misión del grupo deben estar claros para todos los miembros implicados. Y la misión debe revisarse a menudo, por si acaso ha cambiado algo o algún miembro ha olvidado lo que se suponía originalmente. Es muy posible que la misión cambie, en función de los comentarios de los clientes después de un Sprint. Mantener la declaración de la misión actualizada ayudará a todos a mantenerse en la tarea.

3. Las normas son muy importantes y deben establecerse y controlarse durante todo el proceso. Contar con las reglas ayuda a que todos sepan en qué punto se encuentran las cosas y qué hacer si una regla se rompe o se pone en duda.

4. El grupo debe recordar que el conflicto puede ser algo positivo y es completamente normal. El conflicto puede ser incluso necesario para el desarrollo del grupo. Un miembro puede estar en desacuerdo con otro sobre cómo realizar una tarea. Como los dos miembros no están de acuerdo, pueden inventar una tercera forma de realizar dicha tarea que sea mucho más eficiente.

5. El grupo debe recordar que debe escuchar a los demás. Que una persona hable por encima de todos no es productivo y puede hacer que el grupo se

moleste o se resienta. Si todos se acuerdan de escuchar, todos se sienten escuchados por los demás miembros. Las personas tienden a responder mejor y a aceptar mejor a los demás si sienten que han tenido la oportunidad de ser escuchados.

6. Cada sesión debe terminar con una crítica constructiva en lugar de un "consejo" duro. Es importante que nos levantemos unos a otros y nos ayudemos mutuamente, en lugar de menospreciarnos. Y también es importante recordar que la crítica constructiva debe referirse al proceso del grupo y no a lo personal.

7. Todos deben contribuir y hacer el trabajo. Que una persona haga todo el trabajo hace que esa persona se sienta resentida con todo el grupo. Y si sólo una persona hace el trabajo, es muy posible que el producto no esté terminado a tiempo y que los plazos se retrasen. Lo mismo ocurre si una persona se queda fuera mientras el resto del grupo hace todo el trabajo. Esa persona recibirá el crédito por el trabajo que no ha hecho, y no es justo para el resto del equipo.

Los roles de Scrum

Un Scrum tiene tres roles o responsabilidades principales, a saber, un propietario del producto, un Scrum master y los miembros del equipo de desarrollo. Estos roles pueden confundirse a menudo con títulos de trabajo reales, pero no son lo mismo.

Roles de Scrum vs. Títulos de Trabajo

Los tres roles de Scrum implican y describen las responsabilidades clave dentro del equipo de Scrum. No son títulos de trabajo y no reemplazan los títulos de trabajo existentes. Un rol de Scrum master, por ejemplo, puede ser realizado por alguien con cualquier título de trabajo apropiado.

La esencia de la metodología Scrum es operar con un enfoque iterativo que implica el empirismo, los bucles de retroalimentación continua y la mejora. Lo que es clave para los roles de Scrum anteriores es que son capaces de cumplir con los objetivos de Scrum mediante el desempeño de lo que su papel requiere. Asumir estos roles no afecta su título de trabajo u otras responsabilidades dentro de una organización.

Herramientas y metodologías

La razón por la que los enfoques metodológicos demasiado detallados no han tenido éxito en el proceso de desarrollo es que no están completamente definidos. Si se actúa como si estos procesos fueran predecibles, no se estará preparado para situaciones y resultados impredecibles.

Existen varias metodologías detalladas basadas en los métodos actuales de desarrollo. En los próximos párrafos hablaremos de la metodología Waterfall, que es una de las primeras metodologías detalladas y definidas para el desarrollo de sistemas. También hablaremos de las metodologías Espiral e Iterativa. Por último, hablaremos con más detalle del funcionamiento y las fases de Scrum.

Metodología en cascada y en espiral

El enfoque en cascada parte de la premisa de que existen procesos no definidos y hay que controlarlos. Aun así, esta metodología tiene una naturaleza lineal y por eso presenta algunas deficiencias. Por ejemplo, Waterfall no ofrece ninguna solución para los resultados inesperados. La metodología en espiral creada por Barry Boehm abordó esta cuestión más adelante. Por el contrario, en cada una de las fases de Waterfall hay un final provocado por el riesgo de la evaluación o las actividades que sugieren la realización de prototipos.

La metodología Spiral se basa en las "capas" y prevé más aspectos y variables en los procesos de desarrollo de sistemas.

Por ejemplo, a diferencia de la Cascada, la metodología Espiral permite probar el prototipo. Le permite estimar si el proyecto está en el camino correcto. De este modo puede ver, de primera mano, si el proyecto necesita volver a algunas de las fases anteriores. También puedes determinar si el proyecto tiene éxito o no y ponerle fin. Aunque los principios de la Espiral dan una mayor visión del desarrollo que el método de la Cascada, las fases de los proyectos siguen teniendo una construcción lineal. Esto significa que si se trata de un requisito de diseño, sólo hay que hacer el diseño en esa fase. Si se trata de codificación, sólo hay que hacer codificación, y así sucesivamente. Todos los procesos están estrictamente definidos y explicados en detalle, sin ningún margen de flexibilidad.

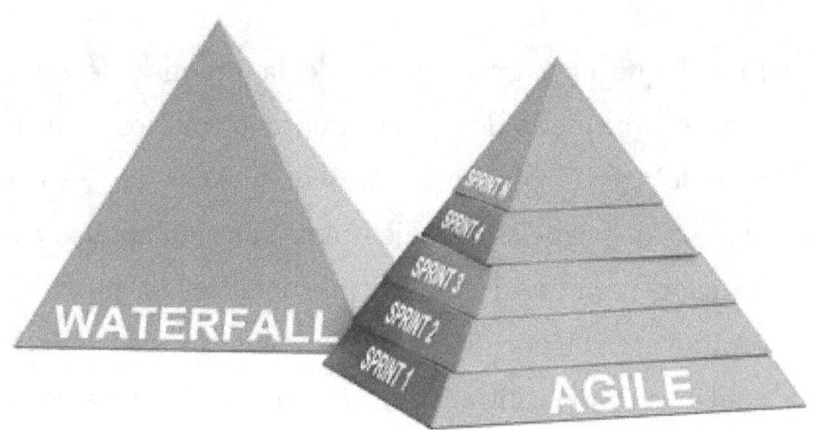

Metodología iterativa

La metodología iterativa es una mejora de las dos primeras. Las iteraciones tienen fases que son estándar para las fases de Waterfall; aun así, las iteraciones abordan sólo un conjunto de funcionalidades. Los entregables del proyecto se dividen en subsistemas y se ordenan por prioridad. La interfaz es clara y se define para los subsistemas de forma individual.

Esta metodología es útil para probar la tecnología del subsistema y su viabilidad. La ventaja es que puede hacerse en algunas de las fases iniciales. A medida que el proyecto avanza, las iteraciones pueden utilizarse para obtener recursos adicionales, y puede acelerar la entrega del proyecto. La metodología iterativa supone un buen control de los costes y mejora el sistema de entrega y la flexibilidad. Sin embargo, hay algunos procesos del enfoque iterativo que conservan su definición lineal.

Metodología Scrum

El proceso de desarrollo de sistemas no es sencillo. Tiene muchas variables imprevisibles, por lo que su complejidad requiere soluciones flexibles.

La evolución de la tecnología ha demostrado que para que un proyecto tenga éxito hay que trabajar con total flexibilidad.

Esto también significa que hay que estar preparado para estar completamente expuesto a los cambios ambientales.

En esta época, es inútil intentar que el entorno sea menos complejo y tratar de evitar el caos. Los equipos de trabajo tienen que adoptar un enfoque que les ayude a adaptarse a los excesivos cambios y a predecir soluciones eficaces que no siempre son demasiado precisas.

Ya está claro que todo desarrollo de sistemas se produce en circunstancias que pueden cambiar rápidamente. Esto también significa que incluso la producción de sistemas basados en tecnologías existentes bajo variables caóticas y diversas tiene que ser flexible.

El equipo debe estar preparado para trabajar bajo la presión de condiciones caóticas y mantener el orden. Aunque esto requiere flexibilidad y muchas incógnitas, también aumenta la competitividad y aporta una producción más eficaz. La teoría de la complejidad introducida por Langton se basó en un efecto modelado que se utilizó en simulaciones por ordenador. Esta simulación fue reconocida posteriormente como uno de los descubrimientos fundamentales que explicaban los principios de complejidad en los procesos de desarrollo de sistemas. Uno de los factores más importantes para estimar la probabilidad de éxito es la metodología que se utiliza en el proyecto. Se ha comprobado que las metodologías que promueven enfoques flexibles tienen un mayor grado de éxito y una mejor capacidad de respuesta ante los cambios en las variables.

En empresas como Easel, ADM y VMARK se utilizó la metodología de cascada, espiral e iterativa para el desarrollo de software y se reflejaron sus experiencias.

Estas empresas estaban dispuestas a arriesgarse y han construido el software más exitoso del momento. En este contexto, aumentaron el impacto de sus productos y cambiaron el significado de los entregables al incluir factores ambientales. La metodología Scrum define todos estos procesos como completamente indefinidos. El propósito de Scrum es utilizar mecanismos que mejoren efectivamente la flexibilidad y el control. La principal distinción entre los enfoques totalmente definidos como Waterfall o Spiral y Scrum es que Scrum tiene la hipótesis de que el Sprint es impredecible en términos de análisis o diseño. Por eso Scrum tiene un enfoque especial en el control de riesgos y la gestión de las variables impredecibles. El objetivo general de Scrum es mejorar la capacidad de respuesta y aumentar los resultados durante el proceso de desarrollo del sistema.

Algunas de las principales características de la metodología Scrum son

- Los únicos procesos totalmente definidos son la primera fase, llamada planificación, y la última, llamada cierre. Todos los procesos durante estas dos fases deben tener entradas y salidas claras. Scrum utiliza algunas de las iteraciones en la parte de planificación, lo que le da un flujo lineal.

- La categoría de sprint que hemos mencionado varias veces es en realidad una fase empírica. Aquí es donde se comparan las premisas indefinidas de Scrum con la caja negra. Estos procesos incontrolables necesitan tener mecanismos externos de control. Scrum predice esto con las secciones como la gestión de riesgos para las iteraciones de forma individual durante el Sprint. Así es como un equipo puede lograr la máxima flexibilidad y reducir el caos.

- El sprint puede tener múltiples partes y no es lineal. Forma parte del enfoque de Scrum, que es el más flexible. Los equipos pueden utilizar el conocimiento que es explícito si pueden, pero si ese no es el caso, el conocimiento táctico puede ser utilizado. El conocimiento táctico significa que el equipo construye experiencia y busca soluciones a través de pruebas y errores. El propósito de la fase de Sprint es ayudar a que el producto final evolucione al máximo.

- En Scrum, las variables del entorno pueden influir en el proyecto hasta el Cierre. También permite el cambio de entregables durante toda la primera fase y el Sprint. Las variables pueden cambiar durante estas dos secciones e incluyen el marco de tiempo, los recursos, los cambios ambientales y la calidad del producto.

-Por último, pero no menos importante; Scrum es diferente porque permite a los equipos determinar los entregables siguiendo los requisitos del entorno.

Una de las divisiones de las fases de Scrum

Las fases del scrum pueden dividirse en grupos. El primer grupo es el Pregame. Consiste en la planificación que debe proporcionar una definición de un lanzamiento planificado. Esta definición tiene que basarse en el conocimiento del backlog y tener un coste y un calendario estimados. Si el equipo quiere desarrollar un sistema completamente nuevo, tiene que proporcionar un concepto y un análisis de su producto en esta fase. La arquitectura también se encuentra en este grupo. Significa que el equipo tiene que proporcionar el concepto para un diseño de sus elementos del backlog. También tienen que explicar cómo van a implementar este diseño.

El segundo grupo es el Juego. Este grupo incluye los Sprints de desarrollo. El equipo necesita determinar la funcionalidad de su nueva versión.

Tienen que incluir las variables del entorno y prever formas flexibles de aumentar su capacidad de respuesta en cuanto a la calidad de su producto, los requisitos del mismo y los plazos de entrega. Necesitan tener un plan flexible de costes y financiación durante la fase de desarrollo del sistema e incluir la competencia y su impacto en la productividad del equipo. Tiene que haber múltiples Sprints durante esta fase para evolucionar los entregables del sistema.

El tercer grupo se llama Postgame. En esta fase, los equipos que implementan el enfoque Scrum entran en el Cierre. Esto significa que los equipos terminaron todas las etapas anteriores con éxito y que están listos para preparar el lanzamiento final de su producto. Una vez que el equipo de gestión ve que las variables se han resuelto con éxito, declarará el proyecto como cerrado. Las tareas adicionales para el cierre son la preparación para la integración del producto y los ajustes necesarios para la liberación general. Scrum incluye las pruebas finales antes de liberar el producto. También incluye todo el papeleo necesario como los informes financieros, las licencias del producto, los derechos de patente, etc. Esta fase también abarca los manuales de usuario, las comprobaciones finales del sistema, la documentación para la formación, etc. Uno de los aspectos significativos de la fase posterior al lanzamiento es que el equipo debe preparar una campaña de marketing que lance su producto final.

Evitar el caos debido a muchos factores impredecibles es una de las características más fuertes de la metodología Scrum. Una gestión madura y bien estructurada es necesaria para potenciar este tipo de enfoque. Scrum se utiliza para proporcionar un control externo para las entradas y salidas indefinidas. La razón por la que Scrum es tan popular es que permite a los equipos tener una buena visión de sus tareas y les ayuda a aumentar su productividad y la calidad de todo el proceso de desarrollo del sistema. Al final, una implementación exitosa de Scrum significa que su producto está listo para salir al mercado.

Planificar sus proyectos

El proceso de organización de Scrum establece los deseos de los socios. Estos socios incorporan las personas que apoyan la empresa, las personas que esperan utilizar la utilidad hecha por la tarea, y las personas que serán en todo caso influenciados por la empresa. El acuerdo es un método para sincronizar los deseos de los socios con los deseos del equipo.

En cuanto a los socios que serán clientes de la utilidad de la empresa, el acuerdo les hace ordenar su trabajo con el objetivo de que puedan estar preparados para explotar la utilidad a medida que se actualiza.

En cuanto a los socios que financian la empresa, el acuerdo sutiliza su deseo de qué subvención es necesaria y cuándo deben calcularse las ventajas de la empresa. El acuerdo es también la premisa de la revelación de la empresa. Hacia el final del Sprint, los socios acuden a las reuniones de estudio del Sprint y examinan el avance real de la empresa en comparación con el avance acordado.

Los cambios de rumbo y las actualizaciones del acuerdo realizadas en las reuniones de organización del Sprint se dan a conocer a los socios. Para las personas que no pueden asistir a la reunión de estudio del Sprint, los informes de la empresa contrastan los resultados reales con el acuerdo, tanto el primer acuerdo como el que se ha ajustado desde el inicio de la tarea.

El proceso de organización de Scrum incluye la resolución de tres cuestiones:

¿Qué pueden esperar los que financian la tarea que haya cambiado cuando la empresa haya terminado? ¿Qué progresos se habrán realizado antes de la finalización de cada Sprint?

¿Por qué razón los que se dirigen a apoyar el emprendimiento deben aceptar que la empresa es una especulación importante, y por qué razón sería aconsejable que aceptaran

que los que proponen la tarea pueden transmitir esas ventajas previstas?

Las empresas Scrum requieren menos organización que las empresas regulares basadas en el diagrama de Gantt a la luz del hecho de que los que tratan de transmitir las ventajas normales dan percepción en su avance hacia el final de cada Sprint. Dado que las empresas Scrum son demasiado desconcertantes para ser representadas con increíble detalle en su origen, más bien las proyectamos y las guiamos con el objetivo de que transmitan los resultados más ideales.

La disposición de la base importante para comenzar una empresa Scrum comprende un sueño y un Backlog del Producto. La visión describe por qué la empresa se está intentando y cuál es el estado final ideal. Para un marco utilizado dentro de una asociación, la visión puede retratar cómo la actividad empresarial será diversa cuando se introduce el marco.

En el caso de los programas informáticos que se están produciendo para el mercado exterior, la visión puede describir las principales novedades y capacidades del programa, cómo beneficiarán a los clientes y cuál será el impacto previsto en el centro comercial.

El Product Backlog caracteriza las necesidades útiles y no funcionales que el marco debe cumplir para transmitir la visión, organizada y evaluada.

Supervisión del efectivo en MegaBank:

MegaBank es uno de los mayores establecimientos relacionados con el dinero en el planeta. Vamos a considerar la utilización de

MegaBank de Scrum aquí y en las partes siguientes. Dos años después de que Scrum fue presentado por primera vez en MegaBank, el 20 por ciento de todo el software de MegaBank se extiende ahora el uso de Scrum. Un grupo había oído lo que un triunfo Scrum había sido en diferentes piezas de MegaBank y necesitaba darle una oportunidad una empresa piloto que incluía mover una de las aplicaciones de MegaBank de los marcos informáticos centralizados a la Web. La aplicación a la que se refería, conocida como la "aplicación de dinero", se utilizaba para registrar y revelar los movimientos de dinero. La subvención había sido aprobada, el grupo había sido encuadrado y el acuerdo había sido compuesto. El grupo recibió un aviso que expresaba que la variante de la aplicación de dinero basada en la web estaría terminada y preparada para su uso en cinco meses. No eran necesarias más sutilezas, dado que la nueva aplicación sería una reproducción coordinada de su precursora en el servidor centralizado; posteriormente, no se había aprobado ninguna utilidad nueva para esta empresa.

Las ejecuciones normalmente comienzan con una reunión de organización del Sprint de un día. Para emprendimientos como este, sea como sea, añado un día extra para construir un Backlog de Producto para la tarea también para educar al nuevo ScrumMaster, Dueño de Producto, y el Equipo de cómo funciona Scrum. Veo estas reuniones de dos días como especialmente viables para mostrar Scrum-en gran parte a la luz del hecho de que el tema del ejercicio es característicamente práctico, en relación con el trabajo genuino que se debe hacer en el plazo extremadamente cercano.

La reunión de planificación del Sprint de dos días:

El grupo estaba formado por cinco diseñadores. El Product Owner, Julie, estaba en esta reunión, así como Tom, el ScrumMaster, y Ed, el administrador de desarrollo de frameworks. En ese momento les dije a todos que estábamos prácticamente preparados para comenzar la habitual reunión de organización del Sprint; lo principal que nos faltaba era el Product Backlog. Julie requería una lista de Product Backlog para poder reconocer los excesos de necesidades más notables.

El grupo esperaba ver la lista de Product Backlog para poder centrarse en cambiarla y convertirla en un elemento útil. Garanticé a todos que tendríamos el Product Backlog hecho antes de que terminara el día, pero todos se quejaron de todos modos.

Los colegas lo consideraron específicamente como una sobrecarga superflua. Preguntaron por qué no podíamos simplemente dar sentido a lo que había que hacer en el siguiente Sprint. En definitiva, de eso se trataba ser ágil, contemplaron. Aconsejé al grupo que esperábamos entender la empresa dentro de la configuración de Scrum; utilizaríamos el

Product Backlog para establecer un punto de referencia de los deseos contra el cual la junta de MegaBank podría trazar el avance de la empresa.

Pegamos hojas de papel en el separador y empezamos a publicar la totalidad de las capacidades del actual marco del servidor centralizado, que debían duplicarse en la web. También consideramos algunas necesidades no funcionales, por ejemplo, la creación de una condición de afirmación de calidad (QA) y de creación para el marco. En dos horas, habíamos registrado básicamente la totalidad del Product Backlog, y positivamente los componentes más significativos.

Evaluación de la cartera de productos:

La etapa siguiente consistió en evaluar la cantidad de trabajo que supondría satisfacer las necesidades del Product Backlog. Los colegas se quejaron una vez más, esperando que esta tarea durara una eternidad.

Cuestionaron que pudieran pensar en valoraciones precisas - especialmente valoraciones que fueran lo suficientemente exactas para establecer con precisión los deseos y guiar su determinación del Product Backlog en cada Sprint futuro.

Antes de continuar con la evaluación, hablamos de la idea de complejidad y su efecto en el desarrollo de software. Para evaluar cada necesidad de forma decisiva, tendríamos que conocer la estructura y la comunicación específicas del prerrequisito, la innovación utilizada para fabricar la necesidad y las aptitudes y el estado de ánimo de las personas que realizan el trabajo. Podríamos invertir más energía en intentar caracterizar estas características y sus colaboraciones que en transformar realmente la necesidad en utilidad. Y lo que es más lamentable, independientemente de que lo hagamos, la naturaleza de las cuestiones complejas acabaría por hacer inútiles nuestros esfuerzos. La idea de las cuestiones complejas es con el objetivo final de que pequeñas variedades en cualquier parte de la cuestión pueden causar variedades increíblemente enormes y excéntricas en la forma en que la cuestión se muestra. Así que, por mucho tiempo que dediquemos a mejorar la exactitud de nuestras evaluaciones, éstas serían en la actualidad tremendamente incorrectas.

Monitorización

El término escalabilidad se refiere al proceso de tomar un proceso o marco definido y ampliar el proceso para crear un mayor impacto. Algunos procesos o prácticas son más fáciles de escalar que otros, y a menudo se plantea la cuestión de si Scrum es o no escalable, y si es así, cómo se hace mejor. La ampliación de Scrum, por ejemplo, podría implicar tomar los mecanismos de un equipo de Scrum y aplicarlos en varios equipos para proyectos más grandes.

Entonces, la pregunta es: "¿Es Scrum escalable? Inicialmente, se pensó que Scrum sólo era aplicable a los equipos que trabajan en proyectos más pequeños, y que no era adecuado para la aplicación a través de múltiples equipos para proyectos más grandes. Sin embargo, esto sólo se basó en el hecho de que Scrum aún no se había utilizado en proyectos de mayor escala, y desde su creación Scrum se ha aplicado y escalado con éxito.

Entonces, ¿cuándo y cómo debe un equipo hacer un movimiento para escalar un proyecto Scrum? La respuesta a esta pregunta por lo general depende de la naturaleza del proyecto y en qué nivel un equipo desea escalar.

La ampliación suele producirse en uno de los tres niveles diferentes, ya que puede tener lugar en proyectos, programas o carteras.

Dependiendo del nivel al que quiera escalar un equipo, se determina el grado de coordinación necesario. Cuando se trata de a la escalabilidad, los recursos adicionales y los gestores de proyectos pueden ser necesario para garantizar que el desarrollo se mantenga en el camino.

Cuando se trata de equipos Scrum, por lo general se recomienda que los equipos permanezcan por debajo de diez miembros. En el caso de que una organización desee escalar sus proyectos Scrum, se recomienda que un equipo más grande se divida en grupos más pequeños que se reúnan regularmente para discutir su progreso e informar de cualquier problema o preocupación. Mantener la cadencia de estas reuniones y asegurarse de que se producen a intervalos regulares es crucial y podría ser gestionado por un director de proyecto.

Cada equipo de Scrum seleccionaría un representante del equipo que se uniera a las reuniones de Scrum y actualizara el progreso del equipo, los desafíos que puedan estar enfrentando, los avances que puedan haber tenido, así como coordinar cualquier actividad futura con otros equipos. Cuando se trata de decidir la frecuencia con la que un Scrum de Scrums debe reunirse, es el tamaño del proyecto, el nivel de interdependencia, la complejidad y las recomendaciones de la alta dirección, lo que debe tenerse en cuenta.

Como sabemos, Scrum recomienda que las reuniones y la colaboración tengan lugar cara a cara. Aunque no es imposible implantar Scrum en diferentes ubicaciones geográficas, sí que requiere mucha más coordinación y esfuerzo.

Cuando se trata de escalar un proyecto con equipos en diferentes oficinas, el escaneo de la reunión de Scrum of Scrum tiene lugar utilizando herramientas de videoconferencia.

Cuando se despliegan proyectos más grandes, será necesario contratar a un jefe de Scrums, y esta persona es responsable de facilitar todas las sesiones entre los Scrum de Scrums. El jefe de Scrums determinará exactamente cuando las reuniones deben tener lugar y delinear sus agendas. Estas reuniones, al igual que otros check-ins, implicarán el intercambio de actualizaciones sobre el progreso, los desafíos y las dependencias reconocidas a través de los proyectos. Una vez que los equipos reciben una agenda del jefe de Scrum master, deben preparar sus actualizaciones antes de la reunión. En caso de que algún miembro del equipo se enfrente a algún reto, debería plantearse en estas reuniones, ya que es probable que otros equipos experimenten los mismos retos. Esto permite a los equipos compartir la resolución de problemas y superar los obstáculos a un ritmo más rápido.

Cuando se celebran estas reuniones, el representante de cada equipo suele ofrecer una actualización que responde a cuatro preguntas principales. Entre ellas, lo que el equipo ha estado trabajando desde las últimas reuniones, lo que el equipo planea trabajar de aquí a la próxima reunión, preguntar a los otros representantes si hay otros elementos de desarrollo de los que los otros equipos dependen y, por último, en qué podría estar trabajando el equipo que tuviera un impacto directo en los otros equipos.

El resultado de estas reuniones de Scrum of Scrum suele ser una mejor coordinación del trabajo, que se lleva a cabo entre equipos.

Esto es específicamente cierto cuando hay tareas que se ejecutan a través de

diferentes equipos, y hay altos niveles de dependencia.

Esto garantiza que si hay obstáculos, discrepancias entre las expectativas o cambios en los resultados, se expongan y se aborden lo antes posible. Estas reuniones también funcionan como un foro abierto en el que los representantes pueden aportar comentarios sinceros y recibir recomendaciones o aportaciones de otros representantes.

En el caso de que un proyecto se escale por encima de las capacidades de un marco de Scrum of Scrums, se crea un marco de reunión adicional en el que un representante de cada Scrum of Scrums es enviado a una reunión más grande conocida como "Scrum of Scrum of Scrums". Esto permite que todos los proyectos relacionados entre sí se coordinen de forma que se consiga la máxima calidad y puntualidad. Lo que es importante tener en cuenta es que este tipo de coordinación, especialmente si los equipos más grandes se distribuyen a través de ubicaciones geográficas, requerirá un esfuerzo de coordinación y gestión mucho mayor.

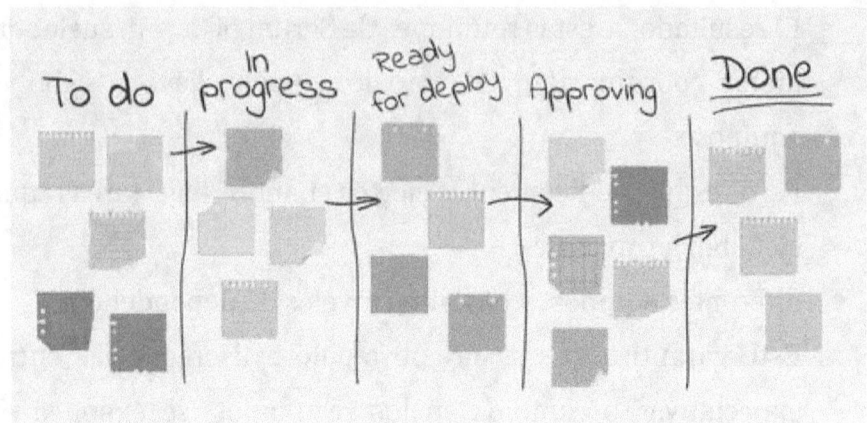

Consejos para el dominio de Scrum

Abordaremos algunos de los problemas que pueden surgir durante la implementación de las fases de Scrum. Por ejemplo, ¿cómo se puede encontrar una solución para financiar algunos de los problemas que tienen que ser resueltos sin saber el resultado concreto, y cómo va a presentar la posibilidad de asignar los fondos a los posibles financiadores cuando algunos riesgos y circunstancias no se pueden predecir, pero todavía están en control de ROI?

La persona responsable de la planificación del proyecto es el propietario del producto, como ya sabemos. En las grandes empresas, esta función suele asignarse al jefe del departamento. Puede ser el director de la sección de fabricación, el jefe de control de inventario, etc.

Cuando se trata de organizaciones de productos, el propietario del producto suele ser el propio gestor del producto porque ya está familiarizado con el software y los productos. Hay casos en los que el propietario del producto es un gestor de proyectos de TI. Normalmente, esta persona se encarga de la infraestructura interna en el sector de las TI.

Por ejemplo, el papel del propietario del producto en la metodología Scrum puede asignarse al director del proyecto encargado de consolidar los servidores en el sector informático interno de una empresa concreta.

empresa. El papel del propietario del producto es alimentar la visión del producto y comunicar esa visión a todos los demás miembros del equipo.

miembros. El propietario del producto también tiene que conseguir la financiación inicial del proyecto y trabajar constantemente en la captación de recursos. Esto se consigue haciendo el backlog inicial del producto y los planes iniciales de lanzamiento del proyecto.

¿Por qué es necesaria la planificación?

Contar con un plan es la forma más eficaz de determinar que la visión correcta sea compartida entre quienes financian el proyecto y quienes trabajan en él y entregan el producto deseado. El propósito del plan, pensado y cuidadosamente elaborado, es crear un vínculo entre todas las personas que participan en el proyecto. Este vínculo les ayuda a evaluar el progreso general del proyecto y a tomar decisiones que maximicen la producción dentro de la visión que se establece y del contexto en el que hay que tomar la decisión.

Disponer de un plan es importante en cuanto a las afirmaciones necesarias para alcanzar el valor previsto del proyecto respetando los plazos establecidos. Hacer un plan significa que el director del proyecto proyecta las actividades que pueden influir en el valor del proyecto. Esto incluye los calendarios de finalización del proyecto para entregar este valor. Este tipo de fijación se convierte en el punto de referencia con el que los inversores y la dirección evalúan el progreso general del proyecto.

Fundamentos de la planificación de proyectos Scrum

En Scrum, la fase de planificación suele constar de un sprint que es más corto que otros y dura 15 días más o menos. Todas las prácticas utilizadas en Scrum para los sprints de backlog o Scrums diarios se aplican a este sprint de planificación. Los resultados que se definen durante el sprint de planificación se utilizan para preparar la documentación del proyecto y el prototipo del proyecto. En caso de que no se pueda hacer el prototipo, la fase de planificación necesita entregar al menos la prueba de concepto que suele ser una parte de la funcionalidad que funciona en un entorno predeterminado. Así pues, lo primero en todo proyecto es determinar qué tipo de sistema va a construir el equipo del proyecto y cuál es la importancia de ese sistema.

En el enfoque tradicional, la planificación del proyecto consiste en la preparación completa de todas las tareas en todas las etapas con instrucciones exactas que cada miembro del equipo tiene que hacer y durante cuánto tiempo. La planificación tradicional del proyecto significa que todo el proceso de desarrollo está previsto y, por tanto, predeterminado. Este tipo de planificación requiere tareas programadas y dotadas de personal y actividades y el propio plan representa una forma de controlar el proyecto y gestionarlo en consecuencia. De este modo, el gestor del proyecto tiene la función de asignar tareas a cada miembro del equipo y darles un trabajo planificado de antemano. La metodología Scrum, sobre por el contrario, se basa en la agilidad y promueve la emergencia y la auto organización. De este modo, el equipo puede construir un sistema complejo aunque el entorno empresarial sea complicado.

Independientemente de las peticiones iniciales del proyecto, Scrum ayuda a los equipos de desarrollo a trabajar con tecnologías nuevas y también complejas, a veces incluso no probadas.

Aunque la visión del sistema en la fase de planificación se haya establecido, la realidad del producto y su funcionalidad de trabajo se conocerá después de que se hayan iniciado todas las actividades. Por eso la tecnología y los requisitos suelen cambiar durante la fase de desarrollo del proyecto.

Cuando hay una nueva oportunidad de negocio, el Product owner prioriza el backlog del producto y las funcionalidades del producto final cambian.

Cuando el Propietario del Producto vea esta nueva funcionalidad en funcionamiento, decidirá cómo debe liberarse o ajustarse dicha funcionalidad. También pueden producirse cambios si la nueva tecnología aparece entretanto, o si la que ya se utiliza no es adecuada para el proyecto.

En Scrum, las funcionalidades del sistema se definen sólo en el nivel más alto. Scrum se centra en las funcionalidades que están en primer lugar y son las únicas lo suficientemente detalladas para cualquier tipo de estimación adecuada. La funcionalidad que se define representa la prioridad a la equipo de desarrollo porque ese es el producto potencialmente entregable que tienen que entregar al final del sprint. También es el más valioso para la empresa. Estas funcionalidades Los detalles se suelen dar para una característica a la vez. Todavía, A veces puede haber hasta seis funcionalidades priorizadas en el backlog del producto.

Ya hemos mencionado que en Scrum, la dirección no tiene ninguna influencia en la definición y la división de las tareas para la fase de desarrollo. Ese es el trabajo de los equipos de desarrollo.

Tienen que hacer una lluvia de ideas y establecer el calendario de trabajo por sí mismos, lo que les motiva y les da la oportunidad de auto organizarse.

El equipo puede gestionarse a sí mismo durante toda la fase de desarrollo y el director del proyecto (Scrum master) sólo está ahí para guiarles si algo no va bien.

Nadie da al equipo un plan de proyecto con detalles de trabajo y calendarios; sólo reciben la lista de funcionalidades que hay que entregar. El flujo de trabajo y las asignaciones se determinan desarrollando un equipo sin influencias externas.

Scrum y los proyectos nuevos, no financiados o ya financiados

Si empiezas con un proyecto nuevo, necesitarás financiación. Todo inversor quiere saber si tendrá un retorno de la inversión (o ROI para abreviar) y cómo se beneficiará de el proyecto. Después de conocer estos pocos puntos, los inversores harán una evaluación en la que compararán el proyecto ofrecido a todos los proyectos competidores disponibles y su financiación. Para una mejor evaluación, los inversores deben tener suficiente información sobre la visión del proyecto; los riesgos a los que se enfrentará el proyecto y las hipótesis subyacentes sobre el producto.

La planificación de un nuevo proyecto es una forma de exponer a los inversores una visión con la que puedan evaluar su visión de la inversión y ajustarla si la consideran aceptable. Es un conjunto de entendimientos que deben ser comunes y de los que pueden surgir la colaboración y la adaptación.

Este tipo de entendimiento se convierte en la determinación de las expectativas y las medidas que se pueden comunicar y revisar.

A veces el proyecto puede ser aprobado para su financiación, pero todavía tiene que ponerse en marcha. Además, algunos proyectos intentaron ponerse en marcha pero eran demasiado complejos o su tecnología impedía cualquier tipo de avance.

Algunos proyectos ya han sido aprobados y financiados, pero aún no se han puesto en marcha. O quizás un proyecto ha intentado ponerse en marcha pero la complejidad de la tecnología o los requisitos han impedido cualquier avance. En ese caso, el representante del proyecto debe conocer tanto a los usuarios como a los clientes. En el método Scrum, esta persona sería su Product Owner. Usted le daría la autorización para hacer los primeros requisitos con alta prioridad para el backlog del producto.

Una vez que haya encontrado un propietario del producto adecuado, el siguiente papel que debe desempeñar es el del Scrum Master. Cuando esta persona es que se ha encontrado que hay que empezar con los Scrums diarios.

El primer backlog de producto que necesita hacer para su proyecto tiene que tener las funcionalidades básicas del negocio y los requisitos de la tecnología que va a utilizar.

Una vez definida la tecnología, el equipo construye un diseño preliminar y el marco en el que funcionará el sistema. Una vez terminado esto, el equipo tiene que implementar en el marco determinadas funcionalidades para el usuario.

A veces el equipo necesitará conectar la base de datos existente con algunas funcionalidades o hacer una base de datos preliminar para el proyecto. Si estas son las circunstancias de tu proyecto, entonces el objetivo de tu primer sprint está definido. Tienes que intentar entregar la pieza clave de la funcionalidad del usuario utilizando la tecnología que has seleccionado.

Una vez que el sprint backlog está en armonía con los objetivos del proyecto, puedes crear el entorno que el desarrollo necesita. Este es el momento en el que se configura todo el equipo de desarrollo, se define el código que se utilizará y se discute la gestión y las prácticas que se aplicarán durante el proyecto. En este también hay que empezar a implementar la tecnología prevista y construir una funcionalidad que pueda probarse en la plataforma realizada previamente por el equipo. Todas estas actividades son más o menos todo lo que ocurre durante el primer sprint completo.

Este sprint inicial tiene dos objetivos. En primer lugar, tiene que haber un entorno de desarrollo para el equipo para que puedan construir la mejor funcionalidad posible. Y en segundo lugar, la parte del sistema construida por el equipo de desarrollo que funciona es en realidad el entregable que se demostrará a sus clientes y al propietario del producto dentro del primer sprint de desarrollo.

Si entregas tu primera funcionalidad operativa rápidamente y con éxito, convencerás tanto al Product owner como a los clientes de que tu proyecto es real. Les mostrarás tu determinación y resultados reales y medibles y se involucrarán. El primer sprint es el paso más importante para cada nuevo proyecto porque te conecta a ti y a tu equipo con los clientes y los propietarios del producto. Les introduce en el ritmo regular de los sprints, en el que siempre pueden esperar los resultados que pidieron a través de sus requisitos.

El propietario del producto actualiza el backlog del producto mientras el equipo trabaja en su primer Sprint. Tenga en cuenta que Scrum no insiste en tener un backlog del producto completo. Sólo necesita tener suficientes requisitos para la duración de varios sprints siguientes. Una vez que los clientes y el propietario del producto tienen la sensación del enfoque de Scrum, empiezan a utilizar visiones más largas del backlog. Si la visión actual del proyecto ya no se ajusta a la realidad del mismo, el Product owner hará un nueva visión junto con los clientes. Cuando forjan una nueva visión, los requisitos de su cartera de productos también cambiarán.

En algunos casos, Scrum se utiliza para obtener un código generado para un proyecto ya existente. En otros casos, Scrum se implementa para ayudar a un proyecto que ya existe en términos de productividad y enfoque.

Esto suele ocurrir porque durante la fase de desarrollo los equipos tienen problemas para construir el complejo sistema mientras siguen los cambios en la tecnología y los requisitos. Puede ocurrir que el equipo se haya atascado intentando entregar documentos o modelos en lugar de la funcionalidad de trabajo para el negocio. Esto no significa que el equipo no tenga un buen entorno de desarrollo o una tecnología seleccionada, sólo significa que las prioridades no se han comunicado correctamente.

Si este es el caso de su nuevo proyecto, también debe nombrar a un propietario del producto que represente a los usuarios y clientes. Al igual que en el primer caso, esta persona tiene que presentar los requisitos re priorizados. El siguiente paso es también el mismo, ya que necesitas tener un Scrum master y empezar los Scrums diarios lo antes posible. La diferencia es que ahora ya tiene el equipo de desarrollo y algunos entregables. Usted necesita utilizar Scrums diarios para averiguar cuáles son los impedimentos. No se sorprenda si las reuniones diarias de Scrum duran horas en esta fase.

El equipo de desarrollo tiene que hablar de todos los problemas e intentar determinar por qué no han podido construir el software. Puedes motivar al equipo con un simple reto. Pregúntales qué pueden construir en un mes.

Esta puede ser una buena manera de hacer que el equipo trabaje junto y de demostrar que pueden desarrollar el software previsto en el proyecto. Hay que conseguir que el equipo se centre en la construcción de funcionalidades, ya que son importantes para el propietario del producto. La realidad es que el Propietario del Producto, en este caso, quedará impresionado por el hecho de que el equipo haya construido algo funcional en tan poco tiempo. La razón de esto es el hecho de que el equipo de enfoque anterior estuvo trabajando durante meses sin entregar ninguna funcionalidad de trabajo. Este tipo de equipo improductivo puede hacer que los clientes y los propietarios de los productos se den por vencidos.

Sistemas de control en Scrum

Scrum utiliza varios métodos para proporcionar un control externo en el proceso de desarrollo del sistema.

Estos controles son:

- Un backlog es una forma de control en la que tenemos que abordar la funcionalidad del producto y sus requisitos que no se han definido bien en la descripción actual de la versión del proyecto. Esto significa que en el backlog, Scrum se ocupa de las mejoras solicitadas por los clientes y de los errores o defectos del producto. También aborda las actualizaciones en términos de tecnología y competitividad del producto.

- En la fase de lanzamiento o mejora, Scrum utiliza elementos del backlog. Estos elementos se mejoran en la fase de lanzamiento del producto utilizando la información que los equipos reunieron sobre variables como la calidad, el tiempo y la fuerza de la competencia.

- Los componentes de cada proyecto utilizan paquetes como otra forma de control externo. Si se utilizan los paquetes, el producto cambia, siguiendo los elementos del backlog y un nuevo plan de lanzamiento.

- Una de las formas más utilizadas de control externo en Scrum es el cambio. Se prevé que los cambios deben ocurrir a cada paquete si quieren implementar mejoras de los elementos del backlog.

- En muchos casos, nos encontramos con problemas durante los procesos de desarrollo. Pero si queremos que los cambios se apliquen con éxito, debemos resolver los problemas técnicos que puedan surgir.

- Todo sistema en el proceso de desarrollo se enfrenta a riesgos. Los riesgos pueden afectar seriamente al proyecto y a su éxito. Por eso es necesario estar preparado y ser receptivo en esta fase. La evaluación de riesgos puede afectar a todas las demás fases y puede cambiar totalmente el curso del proyecto.

- Los equipos siempre tienen que aportar soluciones a estos riesgos y problemas. A veces, las soluciones a determinados riesgos o la resolución de problemas conducen a grandes cambios en la fase de lanzamiento del producto.

- Los equipos también deben estar preparados para hacer frente a los problemas que no se describen en cualquier método de control anterior. Puede haber algunas cuestiones generales del proyecto en diferentes fases de Scrum. Estas cuestiones suelen ser utilizadas por la dirección para gestionar adecuadamente los elementos del backlog. Por otra parte, los equipos los utilizan para encontrar soluciones y realizar cambios. Sin embargo, la gestión y los equipos no pueden controlar los riesgos o las soluciones de forma individual. Tienen que trabajar juntos si quieren aumentar su productividad. Además, estos mecanismos de control son cambiantes. Se revisan en cada reunión del Sprint, cuando todo el equipo los discute, modifica y concilia.

Entregables en Scrum

El producto que se entrega al final del proceso de desarrollo es flexible. El contenido de este producto depende de muchas variables, especialmente las ambientales.

Como ya se ha mencionado, algunas de estas variables son la financiación, el plazo, el trabajo de la competencia y la funcionalidad del propio producto. Cuando hablamos de factores determinantes para nuestros productos, tenemos que tener en cuenta la inteligencia del mercado. También debemos incluir los contactos de nuestros clientes y las habilidades de nuestros desarrolladores. En la fase de desarrollo se producen muchos cambios. Estos cambios o ajustes son frecuentes en los productos. Representan la respuesta del equipo a las variables del entorno. Hay que tener en cuenta que en Scrum se pueden determinar los entregables en cualquier fase del proyecto.

Equipo de proyecto en Scrum

El equipo del proyecto en Scrum es un equipo de desarrolladores que trabajan a tiempo completo en el producto. El equipo del proyecto también incluye a las partes externas que se verán afectadas por el lanzamiento de ese nuevo producto. Las partes externas son los clientes y las ventas de marketing.

Cuando se trata de procesos tradicionales de lanzamiento de productos, los grupos que no son desarrolladores no se incluyen en el proceso de desarrollo del sistema porque existe la posibilidad de complicar demasiado el proyecto.

También existe la posibilidad de que se interferencias que no son necesarias o útiles para el proyecto. Por otro lado, Scrum permite la participación de grupos externos aunque se trate de una participación controlada en intervalos de tiempo cortos. De acuerdo con el enfoque de Scrum, este tipo de retroalimentación aumentará los resultados de la liberación del proyecto. Es una herramienta orientada a objetos que ayuda a los desarrolladores a abordar los comportamientos correctos del producto y a tener una interfaz clara.

Las estrategias de Scrum tienen muchas similitudes con las estrategias del deporte llamado Rugby. El Scrum, al igual que el Rugby utiliza el entorno (en el Rugby es en el campo) para establecer el contexto de sus estrategias. Esto también les ayuda a establecer su sistema de controles externos (lo comparamos con las reglas del Rugby). Asimismo, Scrum utiliza su primer ciclo para hacer avanzar su producto (pelota) en el juego (o en este caso el proceso de desarrollo del sistema). Además, al igual que el Rugby evolucionó porque se rompieron algunas reglas del fútbol, el Scrum utilizó el mismo principio para evolucionar. Ambos lograron adaptarse a los cambios del entorno. Al final, el juego no terminará mientras haya cambios en su entorno (en Scrum, esto se refiere a las necesidades del negocio, el marco de tiempo, el trabajo de la competencia y la funcionalidad general del producto).

La metodología Scrum y sus ventajas

A diferencia de las metodologías de desarrollo tradicionales, Scrum no está diseñado para responder a los cambios del entorno sólo al principio del ciclo de mejoras. No está diseñado para responder a factores externos demasiado impredecibles. Estos enfoques más recientes, como la espiral de Boehm por ejemplo, siguen teniendo algunas limitaciones.

Esto se debe sobre todo a que no son lo suficientemente flexibles como para responder a todas las variables que pueden cambiar una vez iniciado el proyecto.

Por el contrario, Scrum representa una metodología que es flexible durante todo el proyecto, en todas sus etapas. Es un marco de trabajo diseñado para proporcionar mecanismos que controlen externamente la planificación del producto y su liberación. Scrum gestiona aspectos como la evaluación de riesgos, las variables del entorno, etc., y todas las demás cuestiones que pueden ocurrir durante el progreso del proyecto. Con esta flexibilidad, el equipo puede cambiar el proyecto en cualquier momento y crear entregables que evolucionen y sean más adecuados para su lanzamiento. Esto permite que el producto encuentre un mejor lugar en el mercado.

Scrum ayuda a los desarrolladores a encontrar soluciones para muchos problemas o ajustes diferentes que deben realizarse a lo largo de todo el proceso de desarrollo del sistema. Les permite aprender y adquirir experiencia para predecir los resultados de los cambios del entorno y crear una respuesta adecuada a esos cambios.

Esto tiene un resultado aún mejor si el equipo es pequeño y colaborativo. Scrum también tiene un modo de formación ambiental que está disponible para todas las partes involucradas en el proyecto. El principio básico de la metodología Scrum es la tecnología orientada a objetos.

De acuerdo con la filosofía de Scrum, los objetos que son realmente características del producto ya ofrecen su propio entorno que es discreto pero también manejable.

El código que tiene muchas interfaces entrelazadas durante los procedimientos no funciona bien en Scrum. Sin embargo, Scrum se puede aplicar a estos sistemas de desarrollo de procedimientos de forma selectiva. Se puede utilizar sólo en las secciones que ofrecen la orientación de datos que es fuerte, y se puede aplicar sólo en las interfaces claras.

Proyecto Scrum

Podemos estimar un proyecto Scrum a través de algunos de los criterios estándar de estimación. Sin embargo, cuando se trata de la metodología Scrum, la recomendación es duplicar esta estimación en términos de productividad. Racionalmente, todo esto es posible determinarlo sólo para el inicio del proyecto. El marco de tiempo real y el coste global del proyecto son las cosas que pueden cambiar a través del curso del proyecto, y dependen de las variables y su capacidad de cambio.

Se considera que Scrum tiene los dos aspectos más importantes de la estimación de proyectos. Estos aspectos son la aceleración y la velocidad en todas las etapas del proceso de desarrollo del sistema. Estos dos criterios se pueden predecir por sus funciones entregadas, o la estimación se puede hacer observando los elementos del backlog que se han completado. En estos términos, veremos que la aceleración y la velocidad del proyecto son menores al principio, ya que la infraestructura general del sistema está aún por construir o modificar.

Además, a medida que pongamos la función básica del proyecto en objetos, la aceleración aumentará. Aun así, la aceleración disminuirá cuando un equipo necesite desarrollar nuevas métricas para procesos empíricos. En este caso, la velocidad es alta y se mantiene hasta que se termina el desarrollo de las métricas necesarias.

Aplicaciones de Scrum

Estamos empezando a llegar a la recta final. Pero todavía hay mucho más que discutir.

Vamos a ver las aplicaciones de Scrum. Es decir, vamos a discutir cómo y dónde se puede aplicar Scrum. Esto le dará una perspectiva más amplia de cómo Scrum no se limita sólo al desarrollo de software. Dado que Scrum tiene aplicaciones transversales, definitivamente vale la pena entrar en una discusión más profunda sobre cómo Scrum se puede aplicar a su organización.

Nacido del desarrollo de software

Cuando se desarrolló Agile, las metodologías tradicionales de gestión de proyectos no habían sido capaces de abordar las cuestiones relativas a los entornos dinámicos y en constante cambio. Esto llevó a los gestores de proyectos a buscar alternativas que aceptaran el cambio y ayudaran a los desarrolladores de software a encontrar la forma correcta de abordar esta dinámica y, al mismo tiempo, aprovechar al máximo las técnicas de gestión de proyectos disponibles.

A partir de esta necesidad, enfoques como el de la Programación Extrema permitieron a los desarrolladores encontrar una serie de principios que podían abordar mejor las circunstancias a las que se enfrentan como desarrolladores en un entorno de volatilidad.

Desde 2001, el movimiento ágil ha propiciado la aparición de Scrum como una metodología viable que puede proporcionar a los desarrolladores una serie de pasos y procedimientos para crear un marco de proyecto propicio para obtener resultados.

Dado que ya hemos cubierto la historia de Scrum; vale la pena mencionar en este punto que la industria del software es el lugar más común donde se puede encontrar Scrum en acción. Pero no es el único lugar en el que Scrum puede ser implementado. De hecho, Scrum puede ser implementado en cualquier tipo de industria y negocio.

Comienza con la mentalidad ágil

En este sentido, la mentalidad ágil consiste en dar prioridad a las personas. En este caso, las personas que van primero son el cliente y los miembros individuales del equipo.

Cuando se pasa de obtener resultados basados en las frías métricas que son sólo números en una página a un enfoque en el que el éxito se mide por el éxito de los individuos, entonces se está preparando para una carrera exitosa en cada proyecto.

Uno de los factores de éxito más cruciales en Scrum es determinar si los miembros del equipo tienen la mentalidad correcta. Esto puede implicar tener que "vender" a los individuos sobre los méritos de Scrum, especialmente si han estado expuestos a otras metodologías de gestión de proyectos que defienden principios más rígidos.

El hecho de la cuestión es que cualquier persona que se dedica realmente a proporcionar el mejor valor en todo momento verá rápidamente los méritos de Scrum por lo que son. Siempre y cuando los miembros del equipo estén dispuestos a centrarse en la entrega de valor en todo momento, y no sólo "hacer el trabajo", entonces usted puede estar seguro de que tendrá éxito en el largo plazo.

Un enfoque transversal

Scrum tiene un enfoque transversal en el sentido de que se puede aplicar a prácticamente cualquier industria y negocio que exista. Esto es algo que es importante tener en cuenta ya que la gestión de proyectos es un campo diverso.

Dado que no existe una metodología "perfecta", se desarrollan constantemente nuevos enfoques. Por ello, cada enfoque trata de abordar las lagunas que otros enfoques no han podido resolver, ya sea por su obsolescencia o por la inadecuación de sus practicantes.

En cualquier caso, Scrum se puede implementar en casi todos los ámbitos de la vida. Cada vez más industrias están certificando a su personal en Scrum para que puedan abordar la gestión de proyectos, y las tareas diarias, dentro de un entorno ágil.

En consecuencia, ser "ágil" significa ser capaz de recortar la grasa de su organización y centrarse en obtener resultados en lugar de parecer inteligente. De hecho, parecerás aún más inteligente cuando seas capaz de cumplir tus promesas en lugar de tener que justificar a tu equipo por qué no se han cumplido los objetivos.

En este sentido, usted tiene el poder de elegir Scrum como un medio para llevar a su equipo a un enfoque más dinámico que puede permitirle ser más rápido, más rápido e incluso adelantarse al juego, especialmente en tiempos de incertidumbre.

Desde la industria farmacéutica hasta la fabricación y la externalización de procesos de negocio, Scrum ha ganado más y más tracción, ya que los practicantes de Scrum han sido capaces de avanzar en la aplicación de Scrum a diversas facetas del mundo de los negocios. Esto es algo que no debe tomarse a la ligera, ya que la mayoría de las organizaciones están en una búsqueda constante para mejorar sus procesos de tal manera que puedan reducir tanto el tiempo como el costo.

Dicho esto, es importante tener en cuenta que Scrum es sólo una de las metodologías bajo el paraguas de Agile. Por lo tanto, usted tiene una miríada de opciones que también puede comprobar. Al aprender más y más acerca de Agile, se puede ver lo beneficioso que es realmente ser ágil.

Otras metodologías a tener en cuenta

Si te tomas en serio lo de ser ágil, te animo a que consultes otras metodologías que pueden ayudarte a sacar el máximo partido a tu mentalidad ágil.

La primera es la fabricación ajustada.

Esta metodología se centra en recortar al máximo la grasa durante los procesos de fabricación. La fabricación ajustada consiste en reducir los errores y maximizar el rendimiento. A menudo, esto se consigue mediante la racionalización de procesos que no siempre son los más eficientes.

En la fabricación ajustada, la idea de que "el tiempo es dinero" se toma realmente a pecho.

Cuando uno se convierte en "lean", lo que está haciendo esencialmente es reducir los "residuos" de sus procesos. Así, este desperdicio puede verse como una pérdida de tiempo, una pérdida de dinero e incluso una pérdida de personal. A menudo, las empresas contratan más personal del que realmente necesitan. Además, dedicarán mucho más tiempo a tareas que pueden realizarse en un periodo de tiempo reducido.

Ahora bien, no estamos hablando de despedir a su personal y contratar a un grupo de robots para que hagan su trabajo.

No es así.

Lo que defendemos es tener la cantidad adecuada de personas, dentro de los procesos correctamente diseñados, que pueden dar resultados más eficientes. En consecuencia, la eficiencia se traducirá en mejores márgenes de beneficio y mayores ingresos para las empresas.

Para llegar a ser lean hay que adoptar un enfoque fuera de la caja en el que se esté dispuesto a considerar diferentes ángulos de los procesos que se considera que se tienen en frío. Pero es cuando se empieza a pensar fuera de la caja cuando se logra el verdadero progreso.

Además, convertirse en lean es una mentalidad, al igual que Agile, en la que se busca maximizar el tiempo de actividad. A medida que te vuelvas más ágil, tu tiempo de actividad será mayor. Por lo tanto, podrá aprovechar el ahorro obtenido en términos de tiempo y recursos.

Un gran complemento de la fabricación ajustada es Six Sigma.

Six Sigma es una metodología que rastrea los defectos e intenta encontrar las mejores formas de reducirlos. Así, el primer paso para los profesionales de Six Sigma es identificar el número de defectos que componen todo el proceso de fabricación.

Six Sigma es un complemento ideal para Scrum ya que tanto Six Sigma, como Scrum buscan encontrar las mejores formas de producir dadas las circunstancias con las que se está tratando. En este sentido, mantener una actitud madura sobre la realidad de una empresa es ideal para sacar el máximo partido a cualquier proceso de reestructuración.

Por lo tanto, Six Sigma trata de animar a los equipos de gestión a encontrar maneras de reducir la incidencia de los defectos. Esto se relaciona con las métricas en Scrum que buscan medir los defectos en líneas de código, por ejemplo.

El espíritu que impulsa a Scrum es la mejora continua. Esta es la misma actitud que impulsa a Six Sigma. Como tal, Six Sigma le permitirá cuantificar sus defectos de tal manera que usted puede ver dónde se encuentra, y luego, hacer un esfuerzo concertado para mejorar la calidad general de su proceso de fabricación.

Así pues, le animo a que compruebe estas metodologías mencionadas. Le ayudarán a encontrar elementos adicionales que pueden ayudarle a mejorar sus procesos generales de tal manera que pueda garantizar el desarrollo continuo a lo largo del ciclo de vida de los proyectos, así como, las tareas diarias de su organización.

Por ello, mantener la mente abierta será tan útil para usted y su organización como cualquier seminario o curso de formación de alto precio que pueda realizar. Ten en cuenta que invertir en ti mismo y en tu equipo siempre será beneficioso para garantizar unos resultados coherentes a tus clientes y partes interesadas.

Apilando Scrum a las metodologías tradicionales de gestión de proyectos

Dado que Scrum es relativamente nuevo en la escena de la gestión de proyectos, las metodologías de gestión de proyectos más tradicionales han sido cada vez más examinadas en la forma en que manejan muchas de las funciones asociadas a la gestión de proyectos.

Vale la pena señalar que la comparación que haremos en esta

sección no se trata de vender Scrum como un medio superior de gestión de proyectos. En todo caso, tanto Agile como la gestión de proyectos tradicional comparten muchos rasgos comunes.

Sin embargo, son sus diferencias las que parecen generar cierta controversia entre los defensores y los profesionales de las distintas metodologías de gestión de proyectos. Por ello, me gustaría señalar que es importante que conozcas bien los distintos enfoques existentes.

Cuando se familiarice con la miríada de enfoques de gestión de proyectos que existen, podrá elaborar una lista de elementos que podrá aplicar con confianza a su propio estilo de gestión de proyectos, así como ayudar a su equipo a reunirse en torno a lo que considera que es el medio más eficaz para llevar a cabo los proyectos.

Dado que Agile, y en consecuencia Scrum, aboga por una estructura jerárquica plana, todos los miembros del equipo Scrum tienen la misma voz en lo que se hace y cómo se hace. Se trata de un cambio fundamental con respecto a la gestión de proyectos tradicional, ya que el enfoque tradicional exige una estructura jerárquica en la que el director del proyecto reina de forma suprema.

Aunque ya hemos establecido claramente esta diferencia, es importante tener en cuenta que la gestión de proyectos tradicional se basa en un único punto de responsabilidad. No hace falta decir que esto puede resultar abrumador para esa persona que debe asumir la responsabilidad de todo un

proyecto.

Dicho esto, es importante tener en cuenta que la capacitación desempeña un papel fundamental a la hora de ofrecer a los equipos de proyecto la oportunidad de hacer las cosas como les parezca, dado que son los miembros del equipo los encargados de aportar el valor real al final del proyecto.

Además, la gestión de proyectos tradicional considera que los procesos son los elementos más importantes de un proyecto. Por ello, hemos afirmado que las personas son más importantes que los procesos. Por supuesto, incluso las personas con más talento necesitan contar con procesos y procedimientos claros en los que puedan confiar. Sin embargo, cuando se da más importancia a los procesos que a las personas, el talento de los miembros del equipo puede quedar sofocado.

Por ello, es importante fomentar la autonomía de los miembros del equipo. Esto puede lograrse permitiendo que los miembros del equipo utilicen su criterio, su juicio y su sentido común para dictar la forma en que abordarán las tareas que deben completar.

Se trata de otro cambio de mentalidad fundamental, ya que cuanto más se permita a los miembros del equipo pensar por sí mismos, menor será la carga de los jefes de proyecto. Por eso los enfoques tradicionales de gestión de proyectos dependen tanto de los directores de proyecto. Al final, es el director del proyecto quien soporta la carga de todo lo que sale mal.

Sin embargo, si el proyecto se desarrolla sin problemas y todo sale a pedir de boca, es el director del proyecto quien puede atribuirse el mérito de todo lo ocurrido en el proyecto.

Este es otro cambio de mentalidad fundamental cuando se trata de Scrum. Si el proyecto es un éxito, todo el equipo se lleva el mérito. En cierto modo, es como los deportes de equipo que no dependen de un solo jugador para marcar la diferencia.

Piensa en el rugby.

En el rugby, un solo jugador no puede marcar la diferencia. Un jugador puede llegar a ser un factor decisivo, pero un jugador no es suficiente para ganar un partido sin ayuda. De ahí viene el término "Scrum". Proviene del Rugby, un verdadero deporte de equipo en todos los sentidos.

Esta es la razón por la que la naturaleza colaborativa de Scrum está en la raíz de la forma en que se hace todo. Si los practicantes de Scrum realmente abrazan el camino de esta naturaleza colaborativa, entonces hay una buena probabilidad de que los proyectos en los que se embarque sean exitosos.

En cuanto a las metodologías tradicionales de gestión de proyectos, se propugna una división del trabajo más segregada y diferenciada. La intención de esta división del trabajo es fomentar la especialización entre los miembros del equipo, de manera que cada uno se dedique a su área de experiencia y produzca resultados.

Aunque esta lógica tiene todo el sentido del mundo, conduce a la ruptura de la comunicación e incluso a la competencia entre los distintos componentes del equipo del proyecto. Así, el director del proyecto suele ser un mediador entre las distintas secciones del proyecto. Sin duda, esto representa tareas adicionales que pueden no ser realmente necesarias. Esto no es un buen ejemplo de ser "lean".

Cómo hacer frente a la resistencia

El último tema que me gustaría abordar es la resistencia.

A menudo, los practicantes de Scrum encuentran resistencia, especialmente con aquellas personas que no están familiarizadas con los principios que sostiene Agile.

Esta resistencia se debe principalmente al hecho de que cada vez que se pide a las personas que cambien su forma de hacer las cosas e incluso de enfocar la vida, se encontrará resistencia. Dado que se trata de una respuesta perfectamente natural del ser humano, también es importante considerar que no todo el mundo está abierto a adoptar la mentalidad ágil.

En ese sentido, hay gente que preferiría no formar parte de los procesos ágiles y alejarse de lo que mejor conocen. Como tal, algunas personas creen que abogar por la implementación de metodologías ágiles se trata de reemplazar las ideas y creencias anteriores ya que Scrum es de alguna manera mucho mejor que otras metodologías.

Como he dicho antes, Scrum no es "mejor" que otras metodologías de gestión de proyectos. Simplemente es "más adecuado" para algunos tipos de proyectos y sectores. Esta es una diferencia clave, ya que no todos los proyectos son iguales, y ciertamente no todos los campos tienen las mismas características.

Por eso es tan útil el atractivo transversal de Scrum. Sin embargo, aprovechar al máximo el talento y los recursos disponibles es una obligación para todos los directores de proyectos. Por lo tanto, ser capaz de comunicar los beneficios de Scrum a los miembros del equipo es un valioso primer paso en el camino para convertirse en ágil.

A medida que recorre los caminos para convertirse en ágil, los miembros de su equipo pueden plantear objeciones sobre por qué los enfoques ágiles y Scrum no son el mejor camino a seguir. Uno de los problemas más comunes que plantea la gente es la falta de una estructura jerárquica.

Dado que la jerarquía es algo que está profundamente arraigado en la psique de todos los seres humanos, puede ser difícil para algunas personas hacerse a la idea de que no hay un jefe, sino que es un equipo de "jefes" el que dirige el proyecto.

Además, algunas personas pueden resistirse a que la implementación de Scrum por lo general requiere algún tipo de re-capacitación o cursos que deben tomarse. Como tal, la resistencia puede ser ciertamente fuerte, especialmente entre las personas mayores que pueden no ser demasiado aficionadas a tomar cursos o pasar por los esfuerzos de reentrenamiento.

Sin embargo, ciertamente vale la pena aprovechar su tiempo para aprender más sobre cómo Scrum puede tener un impacto directo en la forma en que usted trabaja y cómo su organización puede beneficiarse de ir Agile. Además, los equipos que adoptan Scrum suelen estar más unidos y dar mejores resultados.

A medida que los individuos comienzan a ver las formas en que Scrum puede ser implementado de una manera positiva, la mentalidad ágil comenzará a afianzarse dentro de la cultura de su organización. Con el tiempo, Scrum y Agile se convertirán en una segunda naturaleza hasta el punto de que todo girará en torno a esta nueva cultura.

Así que, sin duda, le animaría a motivar a su personal para que vea más de cerca cómo Scrum y Agile pueden ayudarles a convertirse en

un equipo mucho mejor. Dado que Agile se basa en la continuidad

mejora, entonces el primer concepto importante que hay que adoptar es

exactamente eso: la mejora continua.

Como tal, la mejora continua comienza con los individuos de su organización comprometiéndose a mejorar continuamente los procesos, los resultados y, lo que es más importante, a sí mismos. Por lo tanto, abordar la mejora y el desarrollo

continuos debe convertirse en la norma entre todos los miembros del equipo.

Dicho esto, su organización pronto se convertirá en un caldo de cultivo para el éxito a medida que los miembros del equipo sean cada vez más conscientes de la necesidad de ayudarse mutuamente a mejorar. Esto es algo que no puedo recalcar lo suficiente: la naturaleza colaborativa de Agile. Sin ella, todo el edificio se viene abajo.

Además, la colaboración genera confianza entre los miembros del equipo. Cuanto más aprendan los miembros del equipo a confiar los unos en los otros, más dispuestos estarán a asumir las funciones y responsabilidades que les pide Agile. Además, cuando los miembros del equipo confíen realmente en los demás, desarrollarán instintos agudos en los que podrán percibir todo lo que ocurre a su alrededor.

Esto es igual que en los deportes. Cuando los compañeros de equipo se conocen a la perfección, pueden producir esos "pases sin mirar" simplemente porque saben dónde van a estar sus compañeros. Así, esta conexión entre compañeros de equipo puede llevar a producir resultados de forma consistente.

Por último, me gustaría subrayar la importancia que tiene el liderazgo en el éxito de un equipo. Cuando el liderazgo de un equipo es capaz de dar un ejemplo de coherencia y dedicación, eso es algo en lo que un equipo puede unirse. Si bien es cierto que Agile no aboga por el liderazgo en términos de ser el jefe, Agile sí propugna un concepto de liderazgo en el que los líderes deben convertirse en el estándar por el que los miembros del equipo deben actuar.

Métricas en Scrum

Uno de los principios básicos de la gestión eficaz de proyectos es la elaboración de indicadores que permitan seguir el progreso de un proyecto. Sin una medición sólida y cuantitativa del rendimiento del proyecto, es casi imposible medir con precisión la eficacia del mismo. De hecho, ofrecer una medida cualitativa de la eficacia de un proyecto proporciona un alcance muy limitado de lo bien que va el proyecto.

Por lo tanto, es vital que los líderes del proyecto desarrollen una serie de indicadores que puedan ser utilizados para determinar el progreso del proyecto y verificar qué tan bien se han logrado los resultados del proyecto. Partiendo de esta premisa, Scrum, al igual que cualquier otra metodología de gestión de proyectos, busca utilizar indicadores, formalmente conocidos como Indicadores Clave de Rendimiento (o KPI) para medir el éxito del proyecto y hacer un seguimiento de sus resultados.

Estudiaremos los indicadores clave de rendimiento (KPI) que pueden utilizarse para seguir el desarrollo del proyecto con el fin de garantizar el cumplimiento de los resultados establecidos al inicio del mismo.

¿Quién se encarga del seguimiento de los KPI?

El primer punto que hay que tener en cuenta es: ¿quién se encarga del seguimiento de los KPI?

La medición del éxito general del proyecto y el progreso es un esfuerzo de colaboración, como todo lo demás en Scrum. El Product Owner está a cargo del proceso de información general, especialmente cuando se informa al cliente y otras partes interesadas sobre el progreso del proyecto.

Además, el Scrum Master se encarga de recopilar la información relevante que se utiliza para generar los indicadores. Por ejemplo, esto se refiere al seguimiento de los resultados de las tareas individuales del Sprint que se acumulan a los elementos del Product Backlog.

El equipo de desarrollo también se encarga de hacer un seguimiento de su propio progreso, como el número de horas que se han trabajado y que quedan en el sprint, el progreso que han hecho en sus tareas individuales, además de los errores o problemas encontrados en la parte de pruebas de los entregables.

Hay que tener en cuenta que incluso si el Product Owner está a cargo de la compilación de los KPIs para el proyecto, esto no significa que el Product Owner tiene la autoridad para "supervisar" el proyecto. Por favor, tenga en cuenta que Scrum propugna un concepto de transparencia y responsabilidad mutua. Esto significa que todo el mundo está a cargo del seguimiento del progreso del proyecto y no sólo el Product Owner.

Además, el Scrum Master se limita a hacer un seguimiento de las tareas que se van completando de tal manera que si hay problemas que surgen dentro de el proyecto en sí, el equipo de desarrollo tiene la oportunidad de plantearlas en el siguiente momento disponible, que sería la reunión diaria de preparación.

Por lo tanto, no hay un rastreador o supervisor oficial. Todos se encargan de vigilar a todos. Si alguna vez hay algún problema disciplinario, el equipo, en su conjunto, tiene la responsabilidad y la autoridad para tratar el asunto entre ellos. Esta es una de las características más importantes de los equipos auto organizados.

Métricas y KPIs de Scrum

Las métricas utilizadas en Scrum forman parte del grupo más amplio de KPI ágiles. Estas métricas sirven como parámetros por los que se mide el progreso del proyecto de forma objetiva y cuantitativa. Ahora bien, hay otras métricas y metodologías que podrían entrar en juego, como la combinación de un proyecto Scrum con Six Sigma o el uso de métricas Kanban que rastrean el flujo de trabajo.

El hecho es que hay una amplia gama de métricas que se podrían utilizar, y todos dependen del propio proyecto. Como tal, los practicantes de Scrum rápidamente se dan cuenta de que no hay dos proyectos iguales y todos pueden terminar requiriendo diferentes métricas para medir sus resultados.

No obstante, existen tres grandes tipos de métricas que pueden utilizarse para generar KPI.

- **Medición de los resultados.** Estas métricas miden la producción del equipo Scrum y la cantidad de valor que se proporciona a los clientes. Esta medición puede ser en términos de tiempo ahorrado, reducción de costos, aumento de las ventas, o cualquier otro tipo de impacto que el proyecto ha tenido en el cliente. Asimismo, los entregables pueden medirse en términos de sus funcionalidades individuales. Esto se refiere a las características específicas del proyecto y a cómo se puede hacer un seguimiento para garantizar que el producto final hace lo que se supone que debe hacer.

- **Medición de la eficacia.** Estas métricas miden la eficacia general y el éxito del equipo Scrum. Hay una gran cantidad de métricas aquí. Algunos que se destacan son el retorno de la inversión (ROI), el tiempo de comercialización, y así sucesivamente. Estas métricas se centran en el impacto que las acciones del equipo Scrum tuvieron en el propio negocio, o incluso en la industria.

- **Medición del equipo Scrum.** Estas métricas buscan determinar la salud general del equipo en términos de satisfacción de los miembros, la rotación, e incluso el desgaste. Esta medición permite al Scrum Master y al Product Owner determinar si la forma en que se está manejando el proyecto es apropiada, si el ritmo se está moviendo demasiado rápido, o si hay otras consideraciones que deben tenerse en cuenta.

Las tres grandes categorías de métricas descritas anteriormente son para proporcionar una idea de lo que el equipo Scrum debe producir, donde se encuentran en términos de progreso general del proyecto y si hay algún problema potencial que podría ser detectado antes de tiempo y tratado de una manera proactiva.

Por lo tanto, corresponde al Product Owner ayudar al Scrum Master a determinar si el equipo está disparando en todos los cilindros o si hay algún problema dentro del equipo que debe ser abordado de inmediato.

Además, es importante que el Propietario del Producto sea consciente de cómo las métricas de otras disciplinas, como Six Sigma, podrían ayudar al Equipo de Desarrollo, y a cualquier otra parte interesada, a tener una mejor perspectiva de lo bien que va el proyecto. En última instancia, el éxito del proyecto se mide en la satisfacción del cliente y en la consecución del objetivo general del proyecto. Además, el éxito de un proyecto se mide por la cantidad de valor que finalmente se entregó al cliente como resultado de los entregables.

Ahora, profundicemos en los detalles de cada una de las tres grandes categorías que hemos descrito anteriormente.

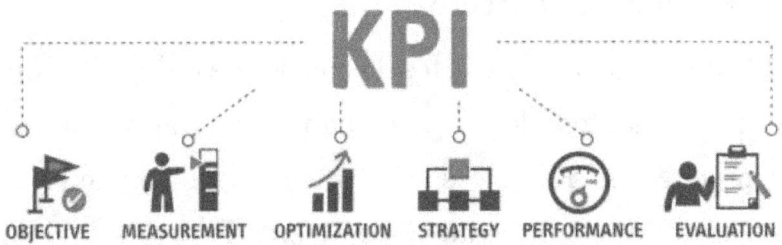

Defectos que se escapan

Esta métrica registra el número de errores que el equipo de desarrollo ha encontrado durante el desarrollo del producto. Esta métrica en particular es ideal para el seguimiento de aquellos productos que dependen de las pruebas para asegurarse de que funcionan bien.

Esta métrica se puede utilizar en la fabricación, el desarrollo de software, la industria farmacéutica, e incluso la producción de alimentos. Si se mira en esos términos, se puede poner Scrum para utilizar en cualquier campo en el que se rastrean los defectos. La gran diferencia entre Scrum y otros sistemas de fabricación como la Calidad Total es que usted no está esperando hasta el final del ciclo de producción para ver dónde están los defectos. Con Scrum, usted puede medir cuántos errores están apareciendo durante la fase de fabricación. Por lo tanto, usted será capaz de determinar si hay correcciones que deben hacerse.

Densidad de defectos

Y, en cuanto a los defectos, la métrica de la densidad de defectos mide cuántos defectos se han encontrado por unidad de producción. En el caso del software, por ejemplo, se podría hacer un seguimiento del número de errores por líneas de código. En el caso de la fabricación, se podría hacer un seguimiento del número de errores por cada mil unidades de producción. Las medidas pueden variar, pero el concepto es el mismo. Por ello, es importante hacer un seguimiento de esta medida, ya que es vital para asegurarse de que se tiene el número correcto de defectos.

Equipo de velocidad

Esta es una medida más parecida a la de Scrum. En esencia, la velocidad del equipo se mide por el número de historias de usuario completadas en un sprint, o la cantidad de elementos del Product Backlog finalizados.

Ahora bien, esta métrica no es exacta en el sentido de que algunos sprints pueden dar lugar a la finalización de un número significativo de productos mientras que otros sprints pueden producir un número muy limitado. Todo depende del desglose de trabajo real que se haya determinado al inicio del sprint.

Sin embargo, es una medida útil para el seguimiento del trabajo real que el equipo de desarrollo está logrando por sprint.

Sin embargo, puede ser injusto comparar un sprint con otro, ya que las condiciones pueden cambiar y la dinámica del proyecto puede requerir un conjunto de tareas en lugar de otro.

Por lo tanto, esto puede llevar al equipo a producir un alto número de productos en un sprint, mientras que el número restante de sprints puede producir una menor cantidad de productos.

Al final del día, el equipo sirve como medio de seguimiento de la cantidad de trabajo realizado. A medida que el trabajo completado se acumula, el equipo Scrum puede ver el éxito de sus acciones.

Sin embargo, una advertencia: en el caso de que haya varios equipos Scrum, es importante evitar la seguridad de la velocidad del equipo como medio para comparar el rendimiento del equipo.

A menos que haya varios equipos que realicen exactamente las mismas tareas (lo que no tendría sentido), no se podría hacer una comparación "de manzanas a manzanas".

Esto significa que, aunque un equipo aparentemente está haciendo más trabajo que otros equipos, esta medida no es justa, ya que cada equipo está trabajando en tareas completamente diferentes. Por lo tanto, se trata de una métrica errónea a la hora de utilizarla como comparación entre equipos.

Quemado de Sprint

El Sprint Burndown es una medida en la que se dividen las horas totales de trabajo del sprint por el número de días de trabajo disponibles.

Supongamos que un equipo Scrum tiene cuatro semanas para completar un sprint. Entonces, vamos a suponer que están trabajando 8 horas al día durante una semana de 5 días, eso es 20 días de trabajo a un ritmo de 160 horas totales de trabajo.

Esto significa que cada día, 8 horas se marcarán en la tabla de Burndown. Si el equipo está funcionando bien, puede que no haya necesidad de trabajar horas extras. Sin embargo, puede ser que el equipo de desarrollo haya encontrado problemas y necesite dedicar algunas horas extra. Esto se reflejaría en el número de horas que el equipo trabaja diariamente.

De este modo, se puede trazar el trabajo del equipo generando un gráfico de barras que represente el número de horas trabajadas por día.

La línea de tendencia del gráfico bajaría gradualmente hasta llegar a cero a medida que el número de horas se agota.

El Sprint Burndown Chart sirve como organizador gráfico en el que el equipo puede ver hacia dónde se dirigen en términos de las horas restantes en el sprint frente a la cantidad de trabajo restante. Hay que decir que si todo marcha perfectamente y el trabajo asignado a ese sprint lleva menos tiempo del previsto, el tiempo sobrante se asigna automáticamente a las pruebas. De este modo, no se pierde tiempo.

Tiempo de comercialización

Esta métrica rastrea la cantidad de tiempo que el proyecto Scrum realmente toma antes de que el producto comience a generar ingresos para el cliente. Por lo tanto, este sería el número de sprints que le tomaría al equipo Scrum antes de que el producto final sea lanzado oficialmente y comience a generar ingresos para el cliente.

Consideremos un lanzamiento de software como un videojuego. El equipo de Scrum ha determinado que tomaría cuatro sprints de cuatro semanas antes de que el equipo de Scrum tenga una versión de demostración disponible para probar. En este punto, el juego no estaría a la venta todavía, pero la especulación anticipada proporcionaría al cliente algo de tracción. De este modo, se está creando valor sin estar realmente a la venta.

Cuando el videojuego esté totalmente operativo y listo para generar ingresos, entonces el equipo Scrum tendrá la liberación final del producto para el cliente. En este punto, el cliente puede empezar a generar ingresos a partir de la liberación final del producto.

Esta medida también depende de los procedimientos de pruebas alfa y beta del equipo Scrum. Podría ser que las pruebas beta pueden ocupar todo un sprint ya que el producto en sí es muy extenso. Y una vez que las pruebas beta se completa, el producto puede entrar en el mercado bajo las directrices de las pruebas alfa. Como tal, esto puede representar otro sprint completo mientras se resuelven los errores finales del producto. Como se puede ver, el tiempo de comercialización se vuelve más y más crítico a medida que el proyecto crece en tamaño y alcance. Por lo tanto, es crucial para el equipo Scrum establecer plazos realistas para que el cliente pueda ser consciente de la cantidad de tiempo que el proyecto necesitará antes de que el producto final sea lanzado.

Retorno de la inversión (ROI)

Esta métrica puede utilizarse en ambos lados del balón.

Para el equipo Scrum, su trabajo genera un ingreso a la empresa que los ha contratado para prestar el servicio al cliente.

Así, el ROI para la empresa que emplea al equipo Scrum puede medirse en términos de los costes asociados a cada sprint frente a lo que el cliente ha pagado realmente por los servicios prestados.

Esto es bastante sencillo, y el equipo Scrum probablemente generaría costos en términos de salarios, equipos y otros materiales utilizados para producir el producto final para el cliente. Dado que el equipo Scrum puede ser empleado por una empresa externa al cliente, esta empresa externa, tal vez una empresa de consultoría tendría que hacer una inversión inicial en el equipo y la formación con el fin de obtener el equipo Scrum plenamente operativo.

Por parte del cliente, éste medirá el gasto que surgió del pago real de los servicios prestados por el equipo Scrum. Este pago podría ser calculado y acordado de varias maneras. Al final del día, el cliente espera generar muchos más ingresos en comparación con el gasto en que incurrió durante la producción de los resultados del proyecto.

La forma más fácil de desglosar los costes de un proyecto Scrum es por sprint. Dado que cada sprint puede tener actividades muy diferentes vinculadas a ellos, el equipo Scrum puede reducir o aumentar los costos en función de las acciones que se realizan.

Cómo construir un equipo Scrum

Scrum es un marco general que los distintos gestores de proyectos pueden utilizar para los procesos de aplicación. Proporciona la estructura necesaria para ejecutar con éxito los proyectos, que son complejos por naturaleza. Mientras que Scrum es increíblemente útil en su adaptabilidad a los diferentes temas, no es un enfoque de talla única. Como un proyecto y sus partes interesadas varían, por lo que los miembros del equipo y los roles apropiados que deben llenar serán diferentes. Al construir un equipo Scrum, esto es algo que debe ser considerado cuidadosamente. Por ejemplo, un equipo Scrum que trabaja en una aplicación para una tienda en línea variará significativamente de un equipo Scrum que trabaja en el desarrollo de la integración de un juego de Xbox. Uno requerirá conocimientos técnicos de sistemas de backend y comercio electrónico, mientras que el otro requerirá diseñadores gráficos e ingenieros de sonido.

Dependiendo de la complejidad de un problema, la creación y selección de un equipo puede ser más difícil. Algunos proyectos pueden incluir muchas variables desconocidas que podrían dejar a un equipo sin habilidades relevantes y más especializadas. Con el fin de atender a una variedad de desafíos y temas, el marco de Scrum esboza tres responsabilidades principales para asegurar que la mayoría de las bases y responsabilidades están cubiertas.

1. El propietario del producto

El propietario del producto desempeña un papel fundamental a la hora de enmarcar un proyecto y garantizar que el equipo alcance sus objetivos clave. Es responsable de la parte comercial del proyecto en términos de responsabilidad del proyecto en su conjunto y de garantizar que la visión del proyecto quede clara para todos los miembros del equipo. Una de las principales herramientas que utiliza el propietario del producto para conseguirlo es la lista de tareas pendientes del producto.

Con una lista de prioridades bien organizada que se revisa y modifica constantemente a medida que cambian las necesidades, el propietario del producto es capaz de controlar y dirigir el enfoque del equipo de manera más eficaz. La comunicación dentro del equipo Scrum también es responsabilidad del propietario del producto.

Tiene que asegurarse de que todos los miembros del equipo entienden claramente los objetivos generales del proyecto, así como cualquier cambio necesario que se haga en el alcance del

proyecto.

El papel del propietario del producto es mejor que lo asuma alguien que entienda perfectamente cómo es el producto final y la funcionalidad que se espera que ofrezca. Lo ideal es que sea una persona con experiencia en pruebas de productos o en marketing, aunque esto no es un requisito estricto. La capacidad de comunicar con claridad es el atributo más importante que debe tener una persona. No sólo tiene que asegurarse de que entiende perfectamente lo que se espera del cliente, sino que también tiene que transmitir claramente este mensaje al equipo y mantener la comunicación durante todo el proceso de desarrollo. La capacidad de un gerente de producto para prever y medir lo que las futuras condiciones del mercado pueden ser o lo que los competidores están desarrollando puede ayudar en su éxito en la orientación de un equipo Scrum.

El enfoque que adopta el propietario del producto en la gestión de un equipo también puede ser un factor determinante en el éxito del equipo. No debe adoptar un enfoque de micro gestión o dictadura y permitir que el equipo sea dueño de su espacio y sus tareas con autonomía. Esta función debe garantizar que trabaja con todos los miembros del equipo para proporcionar claridad cuando sea necesario y una comunicación continua.

Otra responsabilidad importante del propietario del producto es evaluar la finalización de los criterios de la historia de usuario dentro de un sprint y si está o no "Hecho".

Son la medida de aseguramiento de la calidad dentro de los equipos Scrum y necesitan evaluar constantemente si la calidad proporcionada está a la altura, que se espera.

Disponer de habilidades relacionadas con la toma de decisiones empresariales en relación con la funcionalidad y la rentabilidad también será pertinente para el éxito de un propietario de producto.

Una de las últimas responsabilidades clave del propietario del producto es evaluar y mantener el retorno de la inversión. Tiene que ver el proyecto desde el punto de vista del usuario final y asegurarse de que el producto que se está desarrollando ofrece una solución creíble al problema que se intenta resolver. El propietario del producto también tendrá que priorizar el desarrollo de características individuales y dirigir al equipo con una visión clara para garantizar que se logre el producto final deseado. Tendrá que responder rápida y eficazmente a cualquier contratiempo u obstáculo al que se enfrente el equipo, lo que vuelve a poner de manifiesto la importancia de este miembro del equipo para mantener la comunicación.

Incluso si todos los demás miembros del equipo cumplen eficazmente sus funciones, un propietario del producto ineficaz o incompetente puede hacer descarrilar un proyecto exitoso. Por tanto, es la piedra angular del éxito del proyecto.

El propietario del producto está involucrado en cada paso del proyecto y mantiene esta participación a lo largo del mismo. Se les exige que lleven muchos sombreros al representar los intereses de todas las partes implicadas en el proceso de desarrollo.

2. *El Scrum Master*

El Scrum master es responsable de asegurarse de que cada miembro del equipo entiende su papel específico y los objetivos generales del proyecto.

A lo largo de un proyecto de Scrum, serán mentores, entrenadores, y proporcionarán apoyo a todos los miembros del equipo, mientras se aseguran de que se adhieren a las prácticas específicas y la teoría de la metodología Scrum. Siempre deben predicar con el ejemplo y ejercer la paciencia, mientras que el equilibrio de la consideración de todos los aspectos del proyecto y sus propietarios de tareas. El Scrum master trabaja en colaboración con el propietario del producto para gestionar el backlog del producto y encontrar maneras de asegurar que se racionaliza continuamente.

El Scrum master también es responsable de garantizar que todos los miembros del equipo tengan una comprensión clara de lo que se debe lograr exactamente y para cuándo. Esta es una tarea crucial cuando se trata de cambios dentro de un proyecto y el enfoque iterativo de Scrum. Se espera que tomen cualquier acción necesaria para ayudar al equipo a completar con éxito un proyecto. Junto con el propietario del producto, deben asegurarse de que se elimine cualquier impedimento u obstáculo para el éxito del equipo.

Un Scrum master siempre debe ser consciente de lo que un equipo puede crear dentro de un tiempo determinado para que puedan evitar que un equipo se comprometa demasiado lo que pueden lograr de manera realista dentro de un sprint específico. El exceso de compromiso en la entrega puede causar estrés y ansiedad dentro de un equipo, algo que el Scrum master debe asegurarse de evitar siempre que sea posible. Este estrés innecesario obstaculizará el progreso del equipo y conducirá a la reducción de la productividad.

El Scrum Master debe desafiar a los demás miembros del equipo a pensar de forma innovadora y en lo que es posible. Debe hacer preguntas de forma orientadora, lo que anima a los miembros del equipo a responder a sus propias preguntas para facilitar el aprendizaje y el desarrollo de los equipos.

Aunque el Scrum master no es responsable de la ejecución exitosa de un equipo, su papel es vital en el apoyo y la orientación del equipo. Son fundamentales en el funcionamiento entre bastidores de un proyecto. La diferencia más significativa entre un líder de equipo y un Scrum master radica en el hecho de que un líder de equipo lidera físicamente el equipo, mientras que un Scrum master observa al equipo, se asegura de que se adhieren a los procesos de Scrum, y que la metodología Scrum se realiza con éxito. El Scrum master no debe interferir con las decisiones tomadas por el equipo en torno a los detalles del desarrollo. En su lugar, operan en una capacidad de asesoramiento. Ellos sólo intervendrán activamente cuando es evidente que los procesos requeridos por las metodologías de Scrum no se siguen.

El Scrum master comparte con el propietario del producto la responsabilidad de eliminar los obstáculos de un equipo.

Por lo general, estos problemas se clasifican en tres categorías diferentes: la primera es la de los problemas que el equipo no puede resolver.

Estos problemas pueden ser retrasos en la infraestructura, adiciones de última hora a la funcionalidad por parte de actores externos o insuficiencia de hardware necesario para probar los productos desarrollados.

El segundo tipo de problema, que podría surgir, está relacionado con las consecuencias no deseadas de las decisiones estratégicas. Pueden surgir conflictos de intereses, o los miembros del equipo pueden verse afectados negativamente por las decisiones que se tomen. Esto lleva al tercer tipo de problema, que un Scrum master será responsable de gestionar, y que es el manejo del elemento más personal de liderazgo relacionado con los propios miembros del equipo.

3. El equipo de desarrollo de Scrum

El desarrollo real de un producto se lleva a cabo por el equipo de desarrollo de Scrum, que es un grupo de individuos que trabajan juntos para desarrollar y entregar un producto final. Este equipo podría incluir miembros del equipo como analistas de negocio, desarrolladores de software o probadores de productos.

Para que estos miembros del equipo trabajen de forma cohesionada, es importante que todos ellos comprendan el objetivo común. Este equipo es responsable de la entrega real del producto y, por lo tanto, también tiene que responder de los fallos en la entrega, pero también compartirá el reconocimiento y la celebración de los éxitos del proyecto. El equipo de desarrollo debe informar sobre su progreso diario en los Scrums diarios, así como compartir cualquier éxito o desafío al que se enfrenten.

Por lo general, se espera que un nuevo equipo de Scrum tarde unas semanas en ponerse en marcha y entregar un incremento del producto que se ajuste al 100% a las instrucciones.

Los miembros del equipo necesitan tiempo para adaptarse a trabajar juntos y construir relaciones interpersonales que permitan un gran trabajo en equipo. Este equipo tiene una cantidad significativa de autonomía que pueden decidir de forma independiente la cantidad de trabajo que pueden entregar en un próximo sprint y comprometerse con eso en consecuencia. La forma en que un equipo Scrum opera en este puede, esencialmente decidiendo los proyectos y la autogestión, es el ejemplo perfecto de la esencia de Scrum en acción. El gestor de Scrum no delega el trabajo que se debe realizar. Esto lo hace el propio equipo de desarrollo.

Scrum Master vs. Director de Proyecto

A través de todos estos diferentes roles y equipos, usted podría preguntarse cuáles son las principales diferencias entre un Scrum master y un director de proyecto. Al revisar los diversos roles de un Scrum, puede parecer que el rol de gestión de proyectos sería redundante. Sin embargo, toda la premisa de Scrum es manejar el proceso de gestión de proyectos de una manera totalmente diferente. Tradicionalmente, los gestores de proyectos eran los responsables de la toma de decisiones finales y los que debían asumir la responsabilidad de los fracasos. En este sentido, un rol tradicional de gestión de proyectos comparte la responsabilidad con un gestor de proyectos. Un director de proyecto, por definición de rol, tomará decisiones sobre la solución de problemas, mientras que un Scrum master proporcionará entrenamiento y orientación a un equipo de desarrollo en la resolución de problemas.

Los gestores de proyectos suelen seguir un enfoque más tradicional para la resolución de problemas. Esencialmente, Scrum trabaja para distribuir las tareas que normalmente realiza un director de proyecto, a varios miembros del equipo Scrum. Esto puede hacer que los jefes de proyecto se sientan fuera de lugar, pero no los hace necesariamente redundantes.

Los jefes de proyecto todavía tienen un gran papel que desempeñar en la implementación y la transición de un equipo en la aplicación de la metodología Scrum. Una forma clave en la que un director de proyecto haría eso es a través de la formación de los empleados en la transición y la comprensión de Scrum. Podrían manejar la formación ellos mismos o contratar a un entrenador externo.

Una vez que Scrum se ha implementado y está en pleno apogeo, es la responsabilidad del director del proyecto para ayudar en la presentación de informes y cuestiones de cumplimiento relacionadas con todos los proyectos. Tienen que asegurarse de que los equipos se adhieren a las normas de la industria a través de auditorías de cumplimiento y la identificación de los riesgos. Estas son tareas cruciales que no son cumplidas por los miembros de un equipo Scrum, por lo que el papel del director del proyecto sigue siendo pertinente para el éxito general del equipo.

El papel de los jefes de proyecto en Scrum

A medida que haya leído esta guía y los roles específicos de un equipo Scrum, es posible que haya comenzado a preguntarse qué papel asume un director de proyecto tradicional durante Scrum.

A primera vista, puede parecer que este papel se vuelve redundante cuando se implementa Scrum. La necesidad de un director de proyecto en Scrum es a menudo debatida, sobre todo porque el objetivo final de la adopción de Scrum es que los equipos sean auto-organizados y sean capaces de navegar por gran parte de su desarrollo sin demasiada orientación.

El papel del propietario del producto y el maestro de Scrum, por definición, incluyen responsabilidades, que normalmente son llevadas a cabo por un director de proyecto, por lo que la función de un director de proyecto dentro de Scrum sigue siendo objeto de debate. Sabemos que un propietario del producto es responsable de la comprensión de las necesidades del cliente, la evaluación comparativa de la competencia, y asegurar que el equipo de desarrollo tiene una imagen clara de las expectativas del cliente. El Scrum master es un líder interno y trabaja en estrecha colaboración con el propietario del producto y el desarrollo para apoyar el proceso de desarrollo, mientras que el equipo de desarrollo da su opinión sobre lo que se puede lograr dentro de los plazos determinados, y una vez aprobado, trabajan para lograr los resultados acordados. Esto parece dejar muy poco espacio para un director de proyecto, ya que las funciones que tradicionalmente realiza el director de proyecto las hace el equipo de Scrum.

Muchas de las funciones y responsabilidades de un director de proyecto están cubiertas por los tres roles principales dentro de un equipo Scrum:

- Determinar y establecer el enfoque del proyecto (Scrum Master)

- Asignación de tareas (equipo de desarrollo)

- Abordar cualquier obstáculo o problema (Scrum Master/Product Owner)

- Priorizar los requisitos de un proyecto (Product Owner)

- Gestión del riesgo del proyecto (todos los miembros del equipo Scrum)

Redefinición del papel del director de proyecto en Scrum

Si bien es cierto que los equipos Scrum pueden operar sin el papel de un gerente de proyecto, un gerente de proyecto calificado sigue siendo un activo para el proceso de gestión de Scrum. Los gestores de proyectos, a través de un conjunto de habilidades diversas y valiosas, pueden cumplir un papel dentro del equipo Scrum, ya sea como propietario del producto, Scrum master, o el equipo de desarrollo.

Jefe de Proyecto - Scrum Master

Los gestores de proyectos están capacitados para comunicarse y negociar con las partes interesadas, aplicar la gestión del cambio y gestionar los calendarios y los plazos previstos. La función de Scrum master es muy popular para un gestor de proyectos, ya que las funciones son relativamente similares.

Si hay líneas de información existentes entre el director del proyecto y el resto del equipo Scrum, el Scrum master no sería un gran ajuste para un director de proyecto.

Esto se debe a la comunicación y a la retroalimentación (y posiblemente al rechazo) que puede ser necesaria entre los miembros del equipo y al hecho de que pueden sentirse cómodos al rechazar a su gerente.

Jefe de Proyecto - Scrum of Scrums Master

Las grandes organizaciones pueden tener muchos equipos

trabajando en grandes proyectos de desarrollo a través de múltiples equipos en los que la coordinación relacionada con la planificación y las pruebas debe tener lugar. Las dependencias entre los equipos y los posibles bloqueos deben ser gestionados cuidadosamente. Un Scrum of Scrums master tiene la responsabilidad de revisar las dependencias que puedan existir entre los equipos y coordinar las actividades para evitar que estas retrasen el progreso de los equipos Scrum. Este es un papel que requiere habilidades de negociación y comunicación avanzada y podría ser grande para un gerente de proyecto avanzado.

Gestor de proyectos - Gestor de programas

Aunque los roles de Scrum cubren un gran número de áreas y funciones necesarias para el desarrollo, hay una serie de decisiones o tareas que a menudo se pasan por alto.

Entre ellas se encuentran la elaboración de presupuestos, la contratación y el despido, y las revisiones de rendimiento. En caso de que surjan disputas entre el equipo, una persona ajena a las tres funciones principales puede ser decisiva para alcanzar resoluciones.

Esta es una función que podría desempeñar un gestor de proyectos en apoyo del equipo Scrum.

Como los equipos Scrum están construidos para ser auto-organizados y relativamente autosuficientes, la transición a Scrum puede dejar a un gerente de proyecto sintiéndose fuera de lugar. Sin embargo, los gestores de proyectos a menudo tienen habilidades valiosas que complementan un equipo Scrum y hacen que el proceso sea más fluido. Hay una serie de elementos de un proyecto, que deben ser considerados en la determinación de cómo un gerente de proyecto podría encajar en cualquiera de los tres roles principales o un papel de apoyo adicional. Estos elementos incluyen la escala y la complejidad del proyecto, el tamaño del proyecto, el perfil de riesgo, la ubicación geográfica del equipo, la gobernanza y la consideración comercial.

1. *Escala y complejidad*

En caso de que un proyecto implique a un pequeño equipo que opere desde el mismo lugar en un proyecto relativamente sencillo, no se suele considerar necesario un director de proyecto. Como hemos mencionado, todos los elementos del proyecto serán cubiertos por los roles de Scrum. Sin embargo, los proyectos, que son más complejos y tienen múltiples componentes ponen diferentes demandas en el equipo, y un director de proyecto podría ser vital para abordar y llevar a cabo las tareas de apoyo que son cruciales para el éxito del equipo.

2. *Tamaño del proyecto*

A medida que un proyecto crece en tamaño y alcance, se vuelve intrínsecamente más complejo. Algunos proyectos pueden implicar a varios equipos y requerir un nivel adicional de coordinación y apoyo. Para estos proyectos de mayor envergadura, el apoyo de un gestor de proyectos es muy útil.

3. *Perfil de riesgo*

Uno de los beneficios de la aplicación del marco de Scrum es la forma en que el riesgo se reduce a través del enfoque iterativo y las oportunidades de corrección del curso. Dicho esto, todavía hay riesgos adicionales que pueden presentarse a lo largo de un proyecto que requieren ser identificados, informados y gestionados activamente. Los riesgos identificados al principio de un proyecto deben ser supervisados en todo momento, así como centrarse en la identificación de los riesgos que aparecen a medida que el proyecto avanza. Esta visión global del riesgo es ideal para un gestor de proyectos.

Roles no centrales en Scrum

Así como hay roles esenciales en Scrum, también hay roles no esenciales. Si bien estos roles no son obligatorios para un proyecto Scrum y pueden incluso no estar tan involucrados como los otros roles, siguen siendo muy importantes porque pueden desempeñar un papel importante en los proyectos. Estos roles incluyen las partes interesadas, los proveedores, y el cuerpo de guía de Scrum.

Partes interesadas

Stakeholder es un término que incluye colectivamente a los clientes, patrocinadores y usuarios que frecuentemente colaboran con el Product Owner, el Scrum Master y el Equipo Scrum. Su trabajo consiste en aportar ideas y ayudar a iniciar la creación del servicio o producto del proyecto y proporcionar influencia a lo largo del desarrollo del proyecto. El cliente es la persona concreta que compra el producto o servicio del proyecto. Es perfectamente posible que el proyecto de una organización tenga clientes dentro de la misma organización (clientes internos) o clientes fuera de ella (clientes externos).

Un usuario es una persona u organización que utiliza el servicio o producto del proyecto. Al igual que los clientes, puede haber usuarios internos y externos. Incluso es posible que los clientes y los usuarios sean la misma persona. El patrocinador es la persona u organización que proporciona apoyo y recursos al proyecto. También es la persona a la que todos deben rendir cuentas al final.

Proveedor

Los proveedores son personas u organizaciones externas. Proporcionan servicios y productos que no suelen encontrarse en la organización del proyecto. Ayudan a aportar cosas que de otro modo no habrían existido.

Órgano de Orientación de Scrum

El Órgano de Orientación de Scrum es opcional y se compone de un grupo de documentos o de un grupo de personas expertas. Es su trabajo definir las normas de gobierno, la seguridad, los objetivos relacionados con la calidad, y otros parámetros vistos en la organización. Son estas directrices las que ayudan al Product Owner, al Scrum Master y al Equipo Scrum a llevar a cabo su trabajo de una manera consistente.

El Cuerpo de Orientación de Scrum es también una buena manera para que la organización sepa cuáles son las mejores prácticas, y cuáles deben ser utilizadas en todos los proyectos de Scrum. Es importante tener en cuenta que el Scrum Guidance Body no toma realmente ninguna decisión relacionada con el proyecto. En cambio, se utiliza como directrices y una forma estructural para todos en la organización del proyecto para consultar la cartera, el proyecto y el programa. Es especialmente útil para los Equipos Scrum, que pueden mirar o pedir el Cuerpo de Orientación Scrum para el asesoramiento siempre que lo necesiten.

Errores de gestión de Scrum que hay que evitar

Aunque los principios de Scrum son simples y relativamente fáciles de entender, hay una serie de errores comunes que se producen. Estos son relativamente fáciles de evitar una vez que se han identificado.

1. ***Subestimar el esfuerzo que supone el cambio a Scrum/Agile***

Después de obtener una comprensión inicial de Scrum y sus principios y herramientas clave, un director de proyecto puede tener la impresión de que hacer la transición a Scrum puede ser un proceso sin problemas. Aunque Scrum es un marco sencillo de entender, una transición exitosa implica más esfuerzo consciente y determinación que la prevista. En situaciones más complejas, los problemas a superar pueden requerir mayores niveles de experiencia en la gestión de Scrum y el compromiso de seguir hasta que se superen los baches iniciales.

El ritmo rápido de Scrum con un alto nivel de resultados esperados puede llevar a un equipo algún tiempo para adaptarse. También puede haber mayores niveles de estrés asociados con el cambio a ágil, que un director de proyecto puede no anticipar.

El enfoque recomendado es esperar que la transición sea desordenada y prever tiempos de espera prolongados debido a los retrasos y frustraciones con el cambio.

Los cambios en la forma de colaborar de un equipo pueden encubrir a menudo problemas organizativos subyacentes que deben resolverse. Entre ellos, suelen estar la mala comunicación, la falta de confianza y la falta de responsabilidad.

Encontrarse con estos problemas y superarlos puede parecer desalentador al principio, pero al abordarlos de frente, un equipo tendrá más éxito a largo plazo. La clave para superar estos desafíos es esperar que puedan surgir y retrasar inicialmente los efectos y la aplicación de Scrum. No se desanime, ya que la naturaleza de Scrum y su enfoque en el trabajo en equipo, la transparencia y la responsabilidad seguirá abordando y erradicando los problemas comunes dentro de los equipos que ya pueden haber estado presentes.

2. Ejecución sin atenerse a las normas

Muchos equipos implementarán Scrum bajo la dirección de un director de proyecto, e inicialmente serán educados y bien versados en todos los elementos clave y las prácticas de Scrum, incluyendo el uso de artefactos de Scrum, teniendo Scrums diarios, y asegurando una comunicación coherente entre los miembros del equipo. A medida que los proyectos avanzan y los equipos se fatigan, es tentador para los equipos a aflojar lentamente las prácticas y el uso de las herramientas, que inicialmente acataron. Muchas organizaciones no cumplen con el requisito de aplicar sistemáticamente todos los elementos de Scrum.

No sólo es importante que se sigan las prácticas que forman parte de Scrum, sino que es importante que los principios explicados al principio de esta guía, en los que se basan estas prácticas, se discutan y comprendan de forma coherente.

3. Crear complicaciones innecesarias

A medida que se implementa Scrum y se acostumbra a utilizarlo como un marco general, puede ser tentador permitir que otras prácticas y marcos más pequeños se cuelen en sus operaciones diarias. Si bien facilitar el uso paralelo de otros marcos con Scrum es uno de sus muchos atributos positivos, es importante mantener la implementación de Scrum tan simple como sea posible.

Las herramientas de colaboración y mejora son constantemente lanzadas para hacer Scrum más fácil de implementar. Aunque puede ser tentador profundizar directamente en la compra o el uso de estas herramientas, asegúrese de no gastar un tiempo precioso en la implementación de herramientas cuando el refinamiento de los elementos simples de Scrum sería un mejor uso de su tiempo y energía.

4. Utilización del Scrum Master como mensajero

A medida que el Scrum master se comunica con el equipo en su conjunto, e individualmente en una base de uno a uno, puede ocurrir que los miembros del equipo comienzan a utilizar el Scrum master como un mensajero, en lugar de ejercer su deber de comunicarse abierta y honestamente con otros compañeros de equipo.

Los desarrolladores también podrían, a través de su interacción naturalmente más regular con el Scrum master, dirigir cualquier pregunta que tengan en relación con, por ejemplo, una historia de usuario, al Scrum master en lugar de directamente al propietario del producto.

Este tipo de comunicación debe evitarse a toda costa, ya que socava uno de los principios clave de Scrum relacionados con tener siempre canales abiertos de comunicación. Esta comunicación indirecta también puede estar relacionada con la pérdida de tiempo ya que, en este ejemplo, el Scrum master tendría que ponerse en contacto con el propietario del producto primero y luego transmitir la respuesta al desarrollador. Una opción más eficiente sería que el desarrollador se pusiera en contacto con el propietario del producto directamente. Si se deja que la comunicación indirecta continúe, podría causar falta de comunicación entre el equipo en su conjunto.

Recursos útiles

Así que, en este punto, espero haber logrado pintar una imagen clara de lo que es Agile, y cómo Scrum puede convertirse en una metodología eficaz para usted y su organización. Por lo tanto, esto implica abrazar la mentalidad ágil y hacer cambios en su mentalidad general para abrazar los puntos más finos de Scrum.

Sin embargo, es posible que se pregunte por dónde puede empezar. Esto es especialmente cierto si usted no está familiarizado con Scrum o Agile. Si esta es la primera vez que ha profundizado seriamente en la mentalidad ágil, entonces podría estar ansioso por aprender más acerca de cómo se puede establecer el camino hacia la adopción de Agile con el fin de aprovechar todo su potencial.

Puede que estés buscando recursos adicionales que te ayuden a empezar tu andadura en Agile con buen pie.

Por favor, siéntase libre de compartir los conocimientos que ha aprendido aquí con sus colegas y compañeros de equipo. Usted puede convertirse en un agente de cambio mediante la aplicación de este conocimiento de tal manera que los que te rodean pueden aprender más sobre la mentalidad ágil y los puntos más finos de Scrum.

También podría estar interesado en realizar algunas sesiones de capacitación o reuniones en las que pueda discutir cómo Agile puede beneficiar a su organización y si Agile es realmente adecuado para usted y su organización. Si bien es cierto que

Agile tiene una aplicación transversal en varios campos, puede haber razones válidas por las que Agile podría no ser una buena opción para su organización.

Sin embargo, estoy seguro de que cuanto más aprenda sobre Agile, más verá cómo muchos de los principios subyacentes en Agile, y por extensión Scrum, se pueden aplicar a su organización. Por supuesto, este no es el tipo de proceso que puede suceder de la noche a la mañana, pero vale la pena tomar una mirada más profunda.

Al dar a Scrum una consideración seria, usted estará abriendo la puerta para hacer algunos cambios interesantes en la forma en que se lleva a cabo el negocio en su organización. Por supuesto, no tengo ninguna duda de que su equipo está actualmente comprometido en hacer la mayor parte de su oportunidad de entregar valor, pueden no ser plenamente conscientes del potencial que se encuentra en la adopción de un marco, como Scrum, que puede traer una cierta, "lógica a la locura".

Sin embargo, es posible que no se sienta totalmente seguro de dirigir un proceso orientado a Scrum. Al menos no todavía. Por lo tanto, usted podría estar buscando otras fuentes en las que puede obtener más ideas y perspectivas sobre la aplicación de Scrum en su organización.

Encuentre un gran entrenador ágil

Una de las mejores fuentes de conocimiento y experiencia en el mundo Agile es un experimentado y reputado Agile Coach. Un buen Agile Coach te llevará a ti y a tus compañeros de equipo a través de los rigores de Agile, más específicamente de Scrum, y te ayudará a ver cómo la implementación de Scrum puede ayudarte a mejorar tus procesos generales.

Además, un entrenador ágil trabajará con usted y su equipo para ayudarle a mejorar su conocimiento y comprensión general de Agile. Al hacer esto, el Agile Coach ayudará a todos los miembros involucrados en este proceso de transición a ser muy conscientes de cómo Agile puede ponerse en práctica en prácticamente todas las facetas de la operación de su organización. Por lo tanto, puede estar seguro de que será capaz de hacer un caso fuerte para la implementación de Agile dentro de su organización.

Además, un buen entrenador ágil es un tipo de persona que puede sostener su mano a través de todo un proyecto Scrum. Pueden sentarse al margen mientras su equipo entra en el campo. Cuando se producen errores, el Agile Coach será rápido para ayudarle a encontrar la solución adecuada a las deficiencias que su equipo ha hecho. Esto permitirá a sus compañeros de equipo encontrar su lugar legítimo dentro de la mentalidad ágil de tal manera que usted puede aprovechar al máximo sus puntos fuertes mientras les permite crecer fuera de cualquier limitación que puedan tener.

Por supuesto, un entrenador ágil puede no ser barato, pero la inversión general ciertamente valdría el tiempo y el dinero. No obstante, es posible que su organización no esté en condiciones de contratar a un consultor a tiempo completo para esta función.

Entonces, ¿qué otras opciones hay para que su equipo se familiarice con Agile y Scrum?

El efecto multiplicador

Una solución que las empresas y organizaciones utilizan cuando no tienen medios para contratar consultores a tiempo completo o costosas empresas de formación es hacer que un puñado de miembros de la plantilla reciba formación de los expertos y luego multiplique sus conocimientos y experiencia.

Al hacer esto, la organización puede asegurar que el crecimiento como resultado de la implementación de las metodologías Agile y Scrum puede nacer desde dentro de la empresa. Teniendo en cuenta que los expertos y consultores tienen los conocimientos técnicos para ayudar a su organización a despegar, vale la pena mencionar que hay individuos igualmente calificados dentro de su organización que también pueden aprender de los profesionales y luego convertirse en excelentes entrenadores por derecho propio.

Así, su organización podría optar por enviar a algunos empleados a un curso de formación, tomar una clase en una universidad local o realizar un curso de formación en línea. Estas opciones abren el debate a algunas posibilidades interesantes.

En primer lugar, ¿realmente necesita su personal ausentarse del trabajo para asistir a un seminario de formación o a una clase?

Si cree que vale la pena dar tiempo libre a algunos miembros del personal para que asistan a la formación en persona, entonces puede seguir ese camino. Sin embargo, es posible que la decisión de pedir tiempo libre no sea la más acertada. Al fin y al cabo, el tiempo que el personal no trabaja significa que es un tiempo en el que las tareas no se realizan.

Ahora bien, puedes pedir al personal que vaya en su tiempo libre. Esto puede, o no, ser atractivo para algunos. Pero puedes estar seguro de que si alguien toma una clase en su tiempo libre, es porque está comprometido con el aprendizaje. Pero esto nos lleva a otra posibilidad interesante: los cursos online.

Hay varias empresas que ofrecen cursos de formación online en Agile y Scrum. Ofrecen una serie de cursos y certificaciones que se pueden obtener. Aunque no toda la gente está interesada en obtener una certificación oficial, tener una de estas certificaciones es una gran manera de ganar algunas credenciales valiosas. Por lo tanto, algunas personas están interesadas en certificarse en los campos de Agile y Scrum.

Estas son algunas de las empresas más reconocidas en el negocio de la formación Agile en línea:

- **Scrumstudy.com.** Ofrecen todo tipo de cursos y programas de formación que van desde cursos introductorios gratuitos hasta certificaciones completas. Te animo a que veas sus cursos gratuitos y luego veas sus opciones de pago. Creo que encontrarás algunas opciones interesantes para ti y tus compañeros de equipo.

- **Scrum.org**. Esta empresa es muy similar a Scrumstudy. Ofrecen una ruta de aprendizaje que conduce a la certificación, además de proporcionar algunos contenidos gratuitos a los alumnos. Esta empresa también ofrece clases y seminarios de formación que puede reservar en persona dependiendo de su ubicación.

- **Scrum Alliance.** Este es uno de los mayores actores en el mundo de la formación Agile. Tienen una serie de cursos y seminarios de formación a los que se puede asistir tanto en línea como en persona. Por lo tanto, le animo a echar un vistazo a cómo la Alianza Scrum puede ser capaz de ofrecerle la solución de formación adecuada.

- **Instituto de Gestión de Proyectos (PMI).** El PMI es la empresa que está detrás de la tradicional certificación de Profesional de la Gestión de Proyectos (PMP). Se trata de la certificación de gestión de proyectos más respetada. Los titulares de la certificación PMP son considerados profesionales en su campo. Sin embargo, el PMI tardó un poco en adoptar el movimiento ágil. No obstante, el PMI tiene ahora su propio programa de formación Agile, que sin duda merece la pena consultar.

- **Alianza Ágil.** Al igual que la Scrum Alliance, la Agile Alliance se centra en el movimiento ágil más amplio. Por lo tanto, su enfoque no es sólo en Scrum, sino en todas las cosas ágiles. Esta es una gran fuente de información que puedes consultar. Tienen un repositorio muy extenso de información que se puede comprobar de forma gratuita. Por lo tanto, yo recomendaría su sitio web para sus necesidades de investigación ágil.

Así que, ahí lo tienes. Espero que estés ansioso por empezar el camino que te lleva a una mentalidad ágil.

Como he mencionado anteriormente, Agile no es para todos, y ciertamente no es para todas las organizaciones. Sin embargo, espero que le des una oportunidad a Agile y Scrum. Después de todo, no tienes nada que perder y sí mucho que ganar en un nuevo y dinámico mundo Ágil.

Conclusiones sobre SCRUM

Espero que este libro haya sido capaz de ayudarle a obtener una comprensión de los principios, prácticas y valores subyacentes de Scrum. Al tomar la oportunidad de aprender más sobre Scrum, usted está comenzando el viaje de mayores oportunidades a medida que ejecuta la entrega de proyectos del más alto nivel, apoyándose en los valores que sustentan Scrum. Usted debe tener el conocimiento no sólo para enseñar a los miembros de su equipo acerca de Scrum y sus eventos y procesos, sino también tener la base para seguir construyendo para su carrera de Scrum y gestión de proyectos.

Si usted es una persona que busca convertirse en un experto en el ámbito de la gestión de proyectos, entonces usted ha dado un gran paso para ser un profesional experimentado en la ejecución de ágil, y más específicamente, Scrum. El siguiente paso es seguir aprendiendo sobre Scrum a través del proceso de implementación y el aprendizaje y la educación continua. Perseguir una certificación formal es una manera de dar el siguiente paso en su carrera de gestión de proyectos. Alternativamente, usted podría simplemente utilizar lo que ha aprendido a través de la lectura de esta guía para implementar los valiosos procesos y prácticas de Scrum en cualquiera de los proyectos en los que pueda trabajar en el futuro.

El marco ágil aboga por el aprendizaje y la mejora continuos de los equipos y de lo que pueden producir.

Ya sea que sigas estrictamente las reglas y directrices que has leído aquí para implementar Scrum, o simplemente extraigas sólo las que son aplicables a ti específicamente, estarás dando un paso positivo hacia tu crecimiento y mejora y la de tu equipo. Lo importante es que, en consonancia con el precepto de aprendizaje ágil, debes transmitir la mayor cantidad de conocimientos a los miembros de tu equipo a lo largo del proceso de Scrum.

Una vez que haya creado su equipo Scrum y haya iniciado el proceso de desarrollo, puede afinar y ajustar el proceso para corregir cualquier inconsistencia o desafío que usted o su equipo puedan enfrentar. Tenga en cuenta que usted puede tener un número de diferentes desafíos, que puede enfrentar en las etapas iniciales de la implementación de Scrum. Esto es parte del curso y con el tiempo llevará a su equipo a ser más establecido y eficaz en el desarrollo de productos. Recuerde que debe ser paciente, obtener ayuda de un entrenador ágil si es necesario, y disfrutar del proceso y de las habilidades recién adquiridas.

El siguiente paso, tras el dominio de esta guía, podría ser alistarse en una certificación de gestión de proyectos Scrum, de las cuales hay muchas. Estos se dividen más comúnmente en los tres roles principales dentro del marco de Scrum, dependiendo de la función que usted elija para perseguir, así como las calificaciones.

Por ejemplo, implementar Scrum e integrarlo con Kanban. Aunque la implementación de Scrum es relativamente fácil, el dominio de Scrum requiere más paciencia y esfuerzo. La obtención de una cualificación puede proporcionarle más confianza para liderar con seguridad un equipo Scrum, y un proceso de desarrollo complejo, así como escalar con éxito el proceso para proyectos más grandes a través de múltiples equipos.

Si usted es un gerente de proyecto en el sentido tradicional, usted todavía será capaz de utilizar su amplio conjunto de habilidades para complementar cualquier equipo Scrum. Aunque los debates aún continúan en cuanto a cómo su papel puede encajar en Scrum, dependiendo de sus habilidades clave, usted será un activo valioso para cualquier equipo Scrum.

www.ingramcontent.com/pod-product-compliance
Lightning Source LLC
Chambersburg PA
CBHW071801080526
44589CB00012B/642